Andreas Montag

Karl der Grosse

Andreas Montag

KARL DER GROSSE

oder Die Suche nach Julie

Roman

BUCH
CLUB
65

ISBN 3-7464-0091-0

Berechtigte Ausgabe für buchclub 65, 1080 Berlin

Lizenz-Nr. 444-300/130/87 · 7001
Printed in the German Democratic Republic
Gesamtausstattung: Bernd-Michael Dehnert
Satz: Offizin Andersen Nexö, Graphischer Großbetrieb,
Leipzig III/18/38
Druck und Bindearbeiten: Karl-Marx-Werk Pößneck V 15/30
Best.-Nr. 639 356 7 BC

Für Bettina

… die Intensität des Willens zum Weiterleben
hängt von der Möglichkeit ab,
mit sich selbst fertig zu werden,
eine gewisse Gesetzmäßigkeit in der bisherigen
Entwicklung der eigenen Unausgeglichenheit
zu erkennen.

Franz Jung
Aus dem Briefwechsel
zwischen Claire und Franz Jung

Die Geschichte, die hier zu erzählen ist, beginnt in M., mittelgroßer Stadt im Anhaltischen, über die es wenig zu sagen gäbe, stünde das große Werk nicht am Rande der Stadt. Das eigentliche Zentrum von M., nicht aber dieser Geschichte. Sie beginnt in M., genauer gesagt: auf dem Bahnhof der Stadt. Fettige, gelbgraue Nebelschwaden ziehen; es scheint dies einer der Tage zu sein, an denen die Dämmerung vom Morgen bis zum Abend reicht, ohne daß es einmal richtig hell würde. Eben hat am Bahnsteig zwo eine Lautsprecherstimme den Reisenden im lieblichen Dialekt des Landstriches eine Mitteilung gemacht, wovon der Sachverhalt kein angenehmerer wird. Weiteres Ausharren ist vorerst aussichtslos, von achtzig Minuten war die Rede, so leert sich der Perron, mählich, ohne Hast. Was zu versäumen nicht geraten schien, Sitzungen, Tagungen, Konferenzen, wird versäumt werden, verspätet erst wird dieser und jener schweinslederne Aktenkoffer seinen Inhalt preisgeben können.

Es ist neun Uhr morgens, da betritt Karl, mitten im dünnen Strom der gleich ihm hier Festgehaltenen, das Bahnhofsrestaurant. Einer hält dem nächsten die schwere Pendeltür, so treten sie ein, und mit ihnen kommt die feuchtkalte Luft, in der sich Rauch mit stechendem Ammoniak verbindet – ein Geruch, der übermächtig ist gegen den faulender Blätter, jenen todessehnsüchtigen Duft, wie manche Dichter ihn nennen.

Tür zu, ruft einer der Trinkenden, ein kleiner Grauhaariger mit grauem Gesicht. Zu dessen Tisch steuert Karl, obgleich er den Mann nicht kennt. Solchen Zufall versagt uns die Geschichte, daß jener Mann etwa Karls Lehrausbilder im Produktionsunterricht war. Karl wünscht einen guten Morgen und schlägt im letzten Moment noch mit den Knöcheln der geballten rechten Hand auf den Tisch. – Morgen, morgen ist Dienstach, sagt der Grauhaarige und kippt seinen Schnaps, läßt Bier nachlaufen, indes Karl ein Lächeln versucht, ein möglichst neutrales, denn der Mann, der jetzt auch sein Bierglas in einem Zuge leert, ist ihm nicht ganz geheuer: Du machst deine Nachtschicht bei Muttern im Bett, was. – Das hat nicht einmal unfreundlich geklungen, es war eine Feststellung: eine Grenze mitten übern Tisch, quer durch den schmutzigen Aschenbecher. Daß er nicht springt, wundert sich Karl. Da gibt es für ihn nichts zu sagen, kein zähes Gespräch über die Wetterlage muß begonnen werden. Ungeniert bestellt Karl ein Kännchen Kaffee, schlägt das Bier – es lag schon in der Luft – glatt aus, läßt's zurückschweben in des Kellners großer, roter Hand. Irgendein Vorortzug wird angesagt. Der Grauhaarige holt ein paar Münzen aus dem Anorak, wirft sie, schon stehend, auf den Tisch: Bis morgen, ruft er dem Kellner zu, der grüßt mit zwei zur Schläfe erhobenen Fingern zurück. Der Grauhaarige geht, und mit ihm ein Dutzend Frauen und Männer, gleichmütig, nicht zu schnell, den Weg zum Zug, nach Hause. Karl und der Grauhaarige werden einander nicht wieder begegnen. Karl, der aufbricht zu einem Lehrgang, was stimmt und auch nicht stimmt. Aber das weiß Karl noch nicht, hier, in der Bahnhofsgaststätte von M., beim lauen Kaffee. Vielleicht ist da etwas von einer Ahnung. (Auch Karls Großmutter hatte es mit Ahnungen, wovon noch die Rede sein wird.) Eine Ahnung von dem Mädchen Julie, das gar nicht so heißt? Damit fängt alles an.

Als der Zug endlich Bitterfeld erreicht, nach kurzem Halt verläßt, nordwärts, geht es schon auf zwölf. Karl sitzt am Fenster, die Beine lang ausgestreckt. So reist er gern: allein in einem Abteil, ohne die Gefahr, in ein Gespräch verwickelt zu werden oder doch unfreiwilliger Ohrenzeuge sein zu müssen. Vor einigen Wochen, als Karl nach Thüringen fuhr, zur Mutter, hatten ihn zwei gesetzte Herren bedrängt, ob es in den Läden seiner, Karls, Stadt – und welche war es doch gleich, M., aha, dort müßte es doch aber … Nein, hatte Karl gesagt, dort auch nicht, keine Flasche Nordhäuser zu kriegen, geschweige Lunikoff. – Und Goldbrand, wollten die beiden wissen, Goldbrand! Schwärmte einer der Herren, ohne Karls Antwort abzuwarten: Du kennst doch den Bichler, was? Fred? Nee, den Heinz, du wirst doch den Bichler Heinz kennen oder nich', na siehste, und der hat bei meim' Schwager seiner Silberhochzeit, was ich dir sage, ein ganzes Rohr vom feinsten Goldbrand. Wie der zu Hause gekommen ist, sagter, er weiß es nich', abern andern Tag kein Kopp, nich' so'n bißchen. – Der Sprecher zeigte seinem Freund dabei einen winzigen Abstand zwischen Daumen und Zeigefinger. Karl hatte sich in die Fensterecke gedrückt, hoffte unauffällig zu sein, in Ruhe gelassen zu werden. Gelang aber nicht. Zustimmung oder Ablehnung, jeweils im rechten Moment, als Preis fürs Zuhören: Ob der HSV Deutscher Meister wird oder nicht, wo nun doch dieser Engländer weg ist, diese Ausländer überhaupt, hüben wie drüben, die soll'n doch, sollen die! Da war die Rede von Kameltreibern, was doch aber ein ehrbarer, keineswegs leichter Beruf ist, dachte Karl. Sagte es aber nicht. Karl schwieg, auch noch, als das Gespräch der beiden Herren endlich im besetzten Paris angelangt war, wie scharf dort die Weiber! (Denen nach der Befreiung zu Tausenden die Köpfe kahlgeschoren worden sind, als sichtbares Zeichen für alle.) Karl schwieg zu den Reden der Männer.

Ich hasse es, ein Deutscher zu sein. Von der Statistik ungefragt dazugezählt zu werden – steht in Karls Tagebuch.

Sein »Geheimes Tagebuch« nennt er die Briefe, die er spätabends, wenn Frau und Kind längst schlafen, schreibt. Sorgsam bewahrt Karl diese Briefe in seinem Fach des braunen Schrankes. Briefe, die nie abgeschickt werden, die alle beginnen: Meine liebe Julie. – Karl ist sich der nahezu lächerlichen Romantisierung, die in dem Namen mitschwingt, durchaus bewußt. Aber niemand außer ihm selbst ist da, vor dem Karl sich zu rechtfertigen hätte. Niemand außer ihm sucht nach ihr – niemand weiß von seiner Suche nach Julie. Dessen ist sich Karl sicher. Ohne diese Gewißheit kann er sich sein Leben nicht vorstellen.

Karl sitzt, ausgestreckt, und raucht. Die Landschaft ist jetzt schon sehr märkisch, weite Wiesen durchbrochen von Nadelwäldern, diese gekreuzt von tiefgefurchten, sandigen Wegen, aus deren steilen Rändern Wurzeln wie Arme ragen. Mittag ist vorüber, Karl wird die Eröffnung des Lehrganges versäumen, sicher das schlechteste aller Zimmer bekommen: wer zuletzt kommt, mahlt zuletzt oder wird von den Hunden gebissen, an denen es in Berlin nicht mangeln soll. Karl regt das nicht auf, er sitzt und raucht eine weitere Zigarette, ohne daß wer sagt: Du rauchst schon wieder! – Und sieht aus dem Fenster. Unbesehen bleibt das Buch im Koffer. Der Zug aber fährt, teilt das Land, über dem sich Karls Blick irgendwo, weit vorn, verliert. Das hat mit Julie zu tun. Angenehme Melancholie, wenn die Gedanken in einer Stimmung verfließen. Da durchfährt der Zug Jüterbog. Karl gibt sich alle Mühe, die Schilder nicht wahrzunehmen: er will sie gar nicht sehen, aber er sieht sie doch. Zu gut kennt er die Strecke, wenn's auch Jahre her ist, daß er sie fuhr. Erfahrung ist ein tückisch' Ding, meldet sich auch ungebeten, was Karl einen Moment lang verstimmt. Da ist es geschafft, die letzten, spärlichen Häuser bleiben zurück, ein ländliches Bild. – Häuser, die ebensogut in Oklahoma stehen könnten, denkt Karl. Er hat keinerlei Vorstellung von Oklahoma, was Karl jetzt zugute kommt. Weiße Flecke in der Vorstellung eines Menschen haben auch Vorteile. Jenseits des Wissens von den Dingen beginnen phantastische Landstriche, voll von niegesehenen Farben und Getier. So hat Karl als Kind Stunden in der Nähe des Bahnhofes von G. verbracht, den Zügen nachsehend. Wohin die fahren mochten, das hat Karl so genau nicht wissen wollen, hat Ehrfurcht mehr denn Neid empfunden angesichts der Leute, die an den Fenstern saßen und vorbeifuhren, nach der Mongolei wie Sven Hedin, dessen Bücher Karl mehrmals gelesen hatte, oder nach Wittstock an der Dosse. Karl ist nicht viel gereist als Kind. In den Jahren, da der Krieg noch sehr nahe war und das Geld knapp, reiste man nicht weit. Und gar zum Vergnügen! Bleibe im Lande und nähre dich redlich, ist einer der ungezählten Sprüche, die Karls Großmutter, für jede Lebenslage passend, bereit hielt. Wenn Karl nach Stunden, bei Anbruch der Dämmerung, sich losriß, nach Hause lief, entlang dem düsteren Stadtpark, war ihm nicht angst, selbst vor der Schloßbande nicht, von der die Legende ging, sie raube einsame Passanten aus. Auch würden nächstens Frauen gefangen und nackicht(!) an Bäume gebunden oder mitgenommen in die rätselhaften Keller des Schlosses. An dem Punkt wurde nur noch geflüstert: Denkt doch an den Jungen, der ist sowieso zu weit! –

Mutter hatte immer Angst, weinte und schimpfte, schlug Karl jedoch trotz mannigfacher Androhung nie: »Wieder am Bahnhof, wo es so zieht (wie Hechtsuppe!), und ohne Pullover!« Es war die Rede vom Tod, den Karl sich dort noch mal holen würde, jedenfalls aber Angina, die käme so sicher wie das Amen in der Kirche. Was die Angina betraf, da behielt Mutter oft recht, wodurch die Sache nicht besser wurde. Großmutter hingegen brachte dann wortlos eines ihrer Hausmittel: ein Leinensäckchen, gefüllt mit heißen Pellkartoffeln, vorn übern Hals gelegt, dreimal am Tag, das half allemal. Auch Tee mit Honig sollte gut sein, aber woher Honig nehmen, wo es doch keinen gab, nicht einmal zu stehlen, allenfalls dort, wo der niegesehene Onkel Fritz wohnte, im Fränkischen. Von dort schickte er zweimal im Jahr welchen, Schwartauer Honig, den besonders guten aus Bad Schwartau, das mitnichten im Fränkischen zu suchen war. Das verwirrte Karl, und er fragte die Mutter danach. – Du wirst mir noch mal ein Loch in den Bauch fragen, sagte Mutter. Das interessierte Karl. Schließlich wurde aber nichts daraus. Wirre Gedanken waren in Karl, die fiebernd sich verbanden zu einem Bild, zu dem Züge und Zugluft und Honig gehörten, Karls früheste Erinnerung an Honig. Ein Bild, das Karl bei jeder Bahnfahrt wieder aufsteigt, beim Aus-dem-Fenster-Sehn, auch jetzt.

Karl steht im Gang, der Zug steht vor Schönefeld, jeden Moment muß er anrucken, die letzten Meter hinein, nach jenem wüsten Bahnhof, eher Bauplatz zu nennen, Haltepunkt auf kaum erforschtem Grund. Karl hat sich noch eine Zigarette angesteckt, da er nun einmal in der Schlange der Wartenden steht. Als ob dieses drängende Stehen im Gang, türwärts, irgendeine Wirkung hätte auf den Mechanismus, der schließlich dem Zug die Bremsen löst. Wie die Kälber stehn sie da, steht Karl mittendrin, bis der Mann hoch oben, in gläserner Stellwerkskuppel, mit dem Gleichmut des Olympiers einen Hebel umlegt, zwischen zwei Bissen in ein dick bestrichenes Leberwurstbrot. Das Signal geht hoch, Einfahrt. Der Mann im Stellwerk faltet womöglich in dem Moment sein Butterbrotpapier zusammen, da der Zug abermals hält, was nun seine Richtigkeit hat: Achtung Reisende, eingefahrener Schnellzug, planmäßige Ankunftszeit war sowieso, fährt weiter, natürlich fährt er weiter, nach Stralsund, soso.

Da steht Karl glücklich auf dem Bahnsteig. Auf dem

Flugplatz drüben hebt eine Maschine ab, neidlos sieht ihr Karl dabei zu, seinetwegen soll sie nach Frisco fliegen. – Karl geht langsam den Bahnsteig zurück, der Zug ist weitergefahren, die eiligen Leute haben sich zerstreut. Karl hat Platz auf diesem hölzernen, windigen Unding, Brücke geheißen, die glitschigen, ausgetretenen Stufen hinauf. Der Wind schmeißt Dreck in die Augen. Augen zu und hinein in die nächste Pfütze, das spritzt. Einmal hat Karl fast vier Stunden Zeit auf diesem vorgeblichen Bahnhof zugebracht, totgeschlagen, geflucht und gezittert vor Kälte, schließlich nur noch gezittert. Aber was soll Karl mit dieser Erinnerung, jetzt! Er ist angekommen, da wartet die Stadtbahn. Sie wird Karl zum Alexanderplatz bringen, und vom halbstündigen Sitzen auf hölzernen Riemchen wird ihm der Hintern weh tun.

Dann entschlossen hinab in die labyrinthischen Gänge, zur Untergrundbahn. Karl wird dabei einen populären italienischen Schlager zu pfeifen versuchen, nicht gedenkend des Umstands, daß er weder pfeifend noch singend, summend oder wie auch sonst nur zwei Töne herausbringt, die dem Original gleichen oder doch ähnlich sind; kein Gedanke an Weib und Kind, die jetzt ihrem gewohnten Tagwerk nachgehen, jetzt und in dreißig Jahren. Karl spielt dort keine Rolle mehr.

Karl ist angekommen, feuchtkalten Montagmittags, bald um zwei ist es, und bis Sonntag sind hundert Jahre Zeit. Karl wird die U-Bahn bis zum Ende auskosten, Pankow-Vinetastraße, da ist Schluß, dann mit dem Bus, ein paar Stationen weit.

Das Schulungsheim macht einen gediegenen Eindruck, vornehmer preußischer Fabrikantenstil, rote Klinker, allerlei Giebelchen. Dahinein geht Karl, fragt den erstbesten Mann nach der Lehrgangsleitung und hat sie schon: Sie steht ihm in Gestalt des Leiters gegenüber, Karl hat Glück. Der Mann, sagen wir, Genosse Krause, zaubert eine Liste aus dem Nadelkordjackett, Groß wie klein, sagt Karl. Hahaha, sagt der Leiter, er versteht einen Spaß, Groß, Groß, FFFFFFF macht der Leiter, das Alphabet hinab, FFFFFFF, dann GGGGGGG! – Ahhh, da weitet sich des Leiters Auge, da haben wir ihn ja, Groß, Karl aus M. Karl bejaht, wird abgehakt, Zimmer 17, bitte sehr, da hat der Leiter zum zweitenmal gezaubert, einen Schlüssel mit Plastikanhänger, auf den die Zahl 17 geprägt ist. Danke, sagt Karl. – Es ist ein Einzelzimmer, sagt der Leiter, und Karl noch einmal: Danke. – In diesem Punkt hat er sich also geirrt, das schlechteste Zimmer ist's mitnichten, die Hunde haben nicht gebissen, oder Karl ist nicht der letzte. Nein, das ist er nicht. Nebel in der ganzen Republik: Anner Küste solln sie nich mal die Ostsee erkannt haben, scherzt der Leiter, kurzum – morgen früh geht es erst los, aber dann! – Karl ist mit Krause ins Restaurant gegangen, nobel ist es da. Er bekommt natürlich noch ein Mittagessen, wieso natürlich um drei, denkt Karl und ißt Eier mit Kartoffelsalat. Dazu gibt es vom Leiter ein Merkblatt, das Verhalten im Hause betreffend, Tischzeiten, was im Brandfall zu tun ist. Dann gehen sie, der Leiter in sein Zimmer, an dessen Tür Gen. Krause, Lehrg.-Ltr., steht, Karl in seins. Karl hat frei bis morgen früh acht Uhr. Da beschließt er, schon heute zu Georges zu fahren, der eigentlich Georg heißt, wohnhaft Dunckerstraße, Berlin, Prenzlauer Berg. Plötzlich eilig, als wäre etwas zu versäumen, packt Karl seine Reisetasche aus, verstaut Wäsche und Bücher, die Schreibmappe aus täuschendem Kunstleder, Socken. Kaum ein Blick fällt auf das weißbezogene Bett, spiegelnde Waschecke, den Radioapparat! Hinaus und hinweg läuft Karl, im offenen Mantel. Es ist ihm ein Tag geschenkt worden, dem Nebel sei Dank. Den hat Karl heute morgen noch verflucht, auf dem Bahnhof von M. M., denkt Karl flüchtig, was ist denn das? – Arme, schmutzige Stadt, die ihn seit Jahren trägt, behaust und nährt. Nicht genug, daß ihrer stets nur schmählich gedacht wird, nun auch verleugnet: Undank ist der Welt Lohn.

Während Karl, eilig, wie wir wissen, märkischen Sand unter die Füße nimmt, zum Bus rennt, den er in der letzten Biegung entschwinden sieht – er wird sich also zwanzig Minuten in Geduld üben müssen –, während dieser Zeit, da außer Kiefern und Villen inmitten weitläufiger Grundstücke nichts sonst Anlaß zur Betrachtung bietet, wagen wir einen Ausflug nach M., in Karls Häuslichkeit hinein, aus der er am Morgen dieses Tages aufgebrochen ist. Es geht auf vier Uhr, die Wohnung ist noch leer: Der Vorraum klein, beinahe quadratisch, drei Türen gehen von ihm aus, leuchtend weiß gestrichen. Dazu die Wohnungstür. Zwischen den Türen ein Spiegel neben Kleiderhaken aus Messing, ein Schuhschrank, dessen eine Tür sich geöffnet hat, aufgestoßen von einem eleganten, sehr hochhackigen Damenschuh, dessen Schwarz sich deutlich abhebt vom hellen Belag des Fußbodens, obszön liegt er da, sich öffnend unserem Blick, verhöhnend der Herrschaft Ordnung und Reinlichkeit. Zeigt her eure Schuh'. Möglicherweise ist der unbotmäßige Schuh nicht von ungefähr dem Schrank entfallen, vielmehr entsprungen! Karls Großmutter, die sich neben wärmenden Leinensäckchen und mancherlei anderen Dingen auch auf Okkultismus verstand, hätte Präzedenzfälle zu nennen gewußt, bei denen leblose Dinge in Bewegung geraten waren, derart kündend von der Veränderung bestehender Gleichgewichte: Kriegsausbrüche, Sturzgeburten, Währungsreform. Sollten sich Karls unklare Absichten, die kommende Zeit im Prenzlauer Berg und Berlin-Mitte betreffend, tatsächlich im linken Schuh seiner Ehefrau Marion materialisiert haben? Wir können es nur vermuten! – Von der Küche ist wenig zu berichten, sie ist rauhfasertapeziert, weißemailliert und um den Herd herum verziert mit blauweißen Holländerkacheln aus dem Wunderstoff Leukorthen, derart trotzend den übermütigen Spritzern heißen Fetts, dem glasigen Dunst kochenden Kohls. Auf dem Kühlschrank befindet sich ein Vogelbauer, auf dessen sanft schaukelnder Stange ein Wellensittich hockt, blauweiß gefiedert, passend zu den Kacheln am Herd. Das Tier heißt Peter, genannt Peterle (von Frau Marion und Sohn Mike), und spricht entgegen den Versicherungen des Händlers kein Wort, was Karl zur Annahme gelangen ließ, der Wellensittich sei nicht nur blauen Gefieders, nein – auch blauen Blutes, weswegen ihn Karl hartnäckig mit Prinz Charles anspricht. – So sauber wie die Küche sind auch die anderen Räume, das Schlafzimmer, das aussieht wie alle Schlafzimmer, das Kinderzimmer, das vom Schlafzimmer aus betreten wird und sehr klein ist: Raum für Tisch und Stuhl und Bett, eine Ecke zum Spielen. Im Wohnzimmer endlich beschleicht uns die Lust zum Bleiben, einfach zu pfeifen auf den Fortgang der Geschichte. Wer weiß, wohin die noch führt. Jetzt, da Karls Bus in Richtung Pankow gleich auftauchen muß, wäre noch Zeit, ihn umkehren zu lassen, retour ins Zimmer 17 oder zu einem Skat mit anderen Delegierten im Klubraum, bei ein paar Flaschen überschüssigen Exportbieres aus dem sächsischen Städtchen Radeberg.

Aber die Dinge nehmen ihren Lauf, ungeachtet dieser schönen Regalwand aus Fichtenholz, die Karl selbst gebaut und mit Büchern gefüllt hat, abgetrotzt dem Volksbuchhandel für manche Mark, ungeachtet auch der ledernen Sitzecke, mattbraun wie der wuchtige Eichenschrank. – Jetzt, da sich nähernde Schritte und die laute Stimme eines Kindes davon künden: Marion und Mike kehren heim ins vaterlose Haus, ziehen wir uns schleunigst zurück, denn nicht hier wird der Faden von Karls Geschichte weitergesponnen. –

Jetzt schließen sich zischend die pneumatischen Türen

des Busses hinter Karl, klirren zwei Groschen der grünen Zahlbox in den Schlund, reißt Karl sich sein Billett an gezacktem Metall ab von der Rolle ganz gleich aussehender Scheine, fortlaufend numeriert, damit alles seine Ordnung hat. Nichts an der Nummer 12752 weist auf Außergewöhnliches hin. Oh, tückische Eigenart der alltäglichen Dinge, wir kennen sie zur Genüge, wie sie auch Karl geläufig ist: Du gehst eine beliebige Straße entlang, mit irgendeinem Ziel, und sei es, kein besonderes Ziel zu haben, und der Himmel ist bewölkt oder auch blau, in der Luft ist Lindenblüte oder der Uringestank, mit dem die Harnstoffanlage des Werkes deine Stadt beschenkt – jedenfalls ist alles wie immer, denkst du, während das, was du Schicksal, Zufall, Liebergott (je nach Konfession) zu nennen gewohnt bist, grinsend vor dem Bildschirm seines Computers sitzt, auf dessen mattweißer Scheibe sich deinem Kurs eine rote Linie stetig nähert und ihn trifft: Da, an der übernächsten Ecke, fällt dir jauchzend die Tante in den Arm, deren Lieblingsneffe du bist und die im Augenblick all ihre dringenden Wege beiseite schiebt, um dich zu begleiten. Von jenem legendären Ziegel ganz zu schweigen, der dir, vom Dach stürzend, den Schädel demoliert hätte, aber zum Glück ... Von dieser Art ist Karls Ahnungslosigkeit. Womöglich hätte er sonst sofort (Der Bus ist voll besetzt!) das Notsignal betätigt, den roten Knopf in Augenhöhe, die letzte Chance. Verpaßt. Furchtlos, voll unklarer Erwartung, aber mit unumstößlicher Zuversicht, steuert Karl zu Georges, nun in der Untergrundbahn, hin zur Station Schönhauser Allee, wo er aussteigen müßte, so hat es Georges in seinem Brief geschrieben. Allein der Umstand, daß die Bahn hier, ihrem Namen hohnsprechend, zu Tage tritt, läßt Karl auf seinem Platz verharren. Dieses Vergnügens, der Spannung beim stufenweisen Herausklettern aus dem Schacht will Karl sich nicht entschlagen, er fährt weiter, bis zum Senefelderplatz. Die Eile, in der Karl sich noch vor einer Stunde befand, ist einem genußvollen, nicht anders als erotisch zu nennenden Hinauszögern gewichen. Überflüssigerweise schieben wir hier ein, was ohnehin jedem klar geworden ist:

Karl läuft blindlings hinein in Verstrickungen subjektiv tragischer Art, wie die Philosophen es nennen. Er ist glücklich und glücklich heraus aus allem, und das für eine Woche, die ihm ewig dünkt an diesem dunklen, feuchtkalten Abend, die Rykestraße entlang. Er stolpert – ein letztes Zeichen, er sieht es nicht.

Lassen wir Karl seinen Weg nehmen; die Schönhauser ist er zurückgegangen, vorbei am Jüdischen Friedhof bis hin zum »Wörther Eck«, dessen Versuchung er widerstand, dann die Wörther entlang, an der Husemann vorbei, die er besser hätte nehmen sollen, aber noch ist sich Karl seiner Wege nicht sicher, ohne daß er sich fremd fühlte. (Die Kollwitz war ihm entschieden zu breit gewesen.) Kunststück, sich in solchen Straßen nicht zu verlaufen! Endlich erreicht Karl die Dimitroff. Diese in Richtung U-Bahnhof Schönhauser entlang laufend, schließt Karl den Kreis. An der Ecke Dunckerstraße obsiegt Karls Appetit auf ein Bier, also hinein in die »Schlachteplatte«, in die Reihe der Männer am Tresen. Hier fühlt er sich wohl, schweigend mit den anderen, die gleich ihm die Handbewegungen des Wirtes verfolgen, der Gläser spült und füllt. Die Bewegungen dieser großen, roten Hände sind sparsam, aber zugleich von der Eleganz eines Künstlers. Hier, am Tresen, wird nicht gestritten, palavert wie an den Tischen ringsum, allenfalls ein träges Wort, ein Kopfnicken dient der Verständigung. Unaufgefordert bekommt Karl ein zweites Bierglas anstelle des ersten, rasch geleerten, vorgesetzt. Da, hinein in sein Wohlbehagen und fünf Minuten Fußweges nur von seinem Ziel entfernt, denkt Karl, woran er keinesfalls hatte denken wollen: Gestern, zur gleichen Zeit, habe ich, noch in M. … Karl unterbricht sich laut: Einen Korn bitte! – Und der Wirt weiß, wie nötig Karl den Schnaps jetzt hat, füllt einen Doppelten ein. Es gibt Gastwirte, denen das Diplom der Psychologie ehrenhalber verliehen werden sollte. Keineswegs Alfred, diesem Ausbund an Instinktlosigkeit! Wollen Sie wohl bitte meine Bedienung zufrieden lassen, mein Herr, hat der Mensch zu Karl gesagt, als er der Ulla zum Abschied die Hand küßte. – Das ihm, Karl, der schon fast zehn Jahre lang bei Alfred verkehrt! Jetzt hat Karl nur ein verächtliches Lächeln übrig für Alfred, ein zweiter Korn wischt es weg, tilgt die Erinnerung. Ein Bier wird er noch trinken, dann geht er zu Georges.

Georges ist zu Hause. Er sitzt in einem seiner beiden Korbstühle, die früher die Laube der Großeltern zierten, aber die Laube ist nicht mehr. Da, wo einst Kohlrabi im Erdreich stak, verläuft jetzt die Grenze. Auf dem hölzernen Rauchtisch zwischen den beiden Stühlen befinden sich ein sehr voller Aschenbecher, eine Schachtel Zigaretten der Marke Karo, ein Wegwerffeuerzeug sowie zwei Flaschen Rotwein, deren eine noch halb gefüllt ist. Keine Gläser. Im Sessel jenseits des Tisches sitzt Klara, deren braune Augen groß und staunend auf Georges gerichtet sind. Der sagt: Komm schlafen, Klara. – Und steht auf, läßt die Jeans vom mageren Körper fallen, zieht ein farbenverschmiertes T-Shirt übern Kopf und Klara zu sich hoch. Georges küßt Klara, Klara küßt Georges, der ihr mit einer Hand unter den ellenlangen Wollpullover fährt. – Und wenn noch wer kommt, wendet Klara ein. – Und wenn das Haus einstürzt, finden sie unsere nackten Leichen huuh, antwortet Georges, Klaras Hose, reißverschlüsselte, öffnend. – So fallen sie auf Georges' Bett, ein urtümliches Holzgestell, das mit Matratzen und ein paar Wolldecken belegt ist. Und lieben einander, so gut sie können, mit aller Kraft, die der Wein noch stärkt, kreisend in beider Körper, die Sinne schläfrigwach, am Scheitelpunkt, bevor man in die Trunkenheit fällt. Das könnte noch lange dauern, bis die beiden, Georges und Klara, zu einem Ende kommen, da schlägt die Klingel an, bricht sich das grelle Geräusch Bahn durch alle Sperrgürtel um Klara und Georges. – Scheiße, sagt Georges, indes sein Samen Klara noch trifft, die – langsamer auftauchend – im neuerlichen Geschrill, Georges zu halten versucht. Der ist schon aufgestanden. – Vergiß es, Mädchen, sagt er über die Schulter, beim Hoseanziehn. – Öffnet endlich, draußen steht Karl.

Guten Tag, Georges, sagt Karl.

Karl sieht Georges vor sich stehen, mit verschwitztem Haar, bloßem Oberkörper; ein Geruch von Wein und Rauch und Schweiß geht von Georges aus.

Störe ich dich, fragt Karl, unsicher geworden im sekundenlangen Zögern des anderen, der da steht und starrt. Wie soll Karl wissen, wo der eben noch, vor zwei Minuten war. –

Karl? Natürlich, Karl! – Jetzt hat Georges Karl erkannt, der Mechanismus eines Wiedersehens nach zehn Jahren ist in Gang gesetzt, nun wird in wenigen Minuten ein Feuerwerk abgebrannt, Worte, Satzfetzen schießen hoch und kobolz, rot und gelb, grün und blau, das irrlichtert über jenes Stück Leben, damals, als sie Freunde wurden, und weißt du noch, der, wie hieß er noch gleich ... Dazu brüderliche Stöße vor die Brust, Lachen, Kopfschütteln. Dann erlischt die Illumination, das Feuerwerk ist vorbei und hat nichts erhellt. Nichts, was wichtig wäre zu erfahren. Das ist das Schwerste: Wieder von vorn anfangen zu müssen, das verlorene Maß im Umgang miteinander neu bestimmen. Immerhin hat keiner der beiden, Karl nicht und Georges nicht, jenen Standardsatz gebraucht, der da heißt: meingottduhastdichaberverändert (bzw. auch umgekehrt: duhastdichjaüberhauptnichtverändert, was ebenso niederschmetternd ist). – Georges hilft Karl aus dem Trenchcoat, den der hauptsächlich deshalb gekauft hat, um wie Humphrey Bogard auszusehen, war allerdings inkonsequent: Karl kann sich nicht für einen Hut entscheiden, d. h. nicht nur für einen bestimmten nicht, sondern für Hut schlechthin. Mir passen Hüte nicht, sagt Karl stets auf diesbezügliche Fragen. Erinnert sich der Schirmmütze, die einst Ausdruck seiner soldatischen Würde und Verpflichtung war. – Fesch siehst aus, hatte die Mutter gelobt, in jenem, dem Bayrischen verwandten Tonfall, den sie gern gebrauchte. Fesch siehst aus, ist einer der Sätze, die Karl nicht vergißt. Er hat es der Mutter nie gesagt, wozu auch. Er hätte einen anderen, häufig gebrauchten Satz zur Antwort bekommen: den, daß der Junge alles so schwer nimmt. – Wenn ein Mensch, der dir nahesteht, berechenbar wird, beginnst du ihn zu verlieren, steht in einem von Karls Briefen an Julie. –

Georges wirft Karls Mantel über eine Truhe im Flur, ein paar Flocken Staub wirbeln träge empor. Das macht Karl wieder Mut: diese Sorglosigkeit hat er an Georges immer gemocht, ja bewundert. Karl nimmt es als Indiz für seine Hoffnung, nicht einfach einen Besuch zu machen, einen alten Kumpel wiederzusehn: Diese achtlose Geste, schon im Gehen den Mantel, teures Stück in hellem Braun, auf die Truhe zu werfen, die aufsteigenden Flokken Staub – da ist Vertrautheit. – Georges schiebt Karl ins Zimmer, ruft dem Mädchen Klara zu, über Karls Schulter hinweg: Das ist mein Freund Karl. – Zu Karl sagt er: Ich mach'n Topf Tee. – Und ist weg, Karl kriegt die Tür ins Kreuz, daß er zwei Schritt weit ins Zimmer stolpert, auf Klara zu, die noch immer im Bett liegt und von deren bloßer Existenz Karl nicht die geringste Ahnung hatte, bis jetzt. Klaras Gegenwart droht Karls wiedergefundenes Selbstbewußtsein zusammenfallen zu lassen. Was ist das Staubaufwirbeln eben im Flur, zaghaftes Erkennen, gegen den Tatbestand einer fremden, obendrein, nach den bloßen Schultern und Armen zu urteilen, nackten Frau in Georges' Bett! Karl weiß einen Moment, bevor er errötet, daß er gleich erröten wird. – Guten Tag, sagt Karl schließlich, verkneift sich eine Entschuldigung: Immerhin hat ihn Georges ja selbst hineingeschickt, wissend, was Karl vorfinden würde. Offenbar hält Georges das für normal. Karl beschließt, es auch normal zu finden. In Potsdam, traditionsreicher preußischer Garnisonsstadt, wo Karl und Georges einander bekannt und freund wurden, dank dem unerforschlichen Ratschluß der Einberufungsbehörden, hatte sich freilich keine Gelegenheit ergeben, den Umgang mit nackten Frauen in des anderen Bett in Erfahrung zu bringen. – Ich bin Klara, sagt Klara und lächelt Karl arglos an. Kennt ihr euch schon lange? – Ein Jahr, antwortet Karl, ein Jahr vor zehn Jahren. – Das scheint Karl hinreichend als Vertrauensperson zu bezeichnen, jedenfalls setzt sich Klara auf, mit einem Ruck, daß die Decke bis zum Bauch hinunterfällt, Klaras Brüste entblößend. – Klara sagt: Ich hab' Georges vorletzten Sommer anner See getroffen, und wo ich nun einmal nichts anhatte, hat er mich gefragt, ob ich mich von ihm malen lasse, so als Akt. – Karl schwitzt beim Versuch, zwar Klara, nicht aber ihre Brüste anzusehn. Gelingt nicht. Wegschauen wäre unhöflich, da Klara zu ihm spricht, und zweitens würde Klara annehmen, Karl fände die Situation peinlich. Oder sie begänne, an der Ansehnlichkeit ihrer Brüste zu zweifeln, was durchaus ungerechtfertigt wäre – da ist Karl nun doch Mann genug. – Wenn's Tee gibt, werd' ich mal aufstehn, sagt Klara, Tee dauert immer lange, und ihr habt euch zehn Jahre nicht gesehn! – Wie sie's sagt, geht Klara auch schon der ungewollte Hintersinn ihrer Rede auf, schlägt sie sich die Hand vor den Mund, ruft: Aber das macht natürlich nichts, um

Himmels willen, du verstehst das doch richtig, ich red' aber auch einen Mist! – Sagt's und steigt aus dem Bett – keinesfalls hastig oder Karls Blicken nur den Rücken preisgebend. Ruhig und sicher bewegt sich Klara im Raum, sucht ihre verstreuten, wenigen Kleidungsstücke vom Boden des Zimmers zusammen, legt, noch nackt, eine Schallplatte auf. Und sonderbar: mit der Selbstverständlichkeit der Bewegung des nackten Leibes, Klaras Tanz – ja, es scheint, als tanze sie, schwindet Karls Furcht, ist das Zimmer weniger fremd. Karl zündet sich eine Zigarette an, fragt, auf ein Bild weisend, das an der Wand lehnt: Bist du das, Klara? – Da steht eine junge Frau in einem kahlen Raum. Die Frau ist schwanger. – Ja, sagt Klara unbefangen, ich hab' ein Kind. Und das Bild ist schön geworden. Ich möchte, daß er's mir gibt, aber ... – Klara zuckt die Schultern, was heißen soll: Diese Künstler! – So sitzen sie sich gegenüber, Karl und Klara, wie vor einer Stunde Klara und Georges. Da bringt Georges den Tee in einer riesigen Kanne, Klara stellt Gläser, Zucker, eine Kerze dazu. Karl holt einen lederbezogenen Stuhl, der zwischen den Fenstern stand. Sie trinken Tee, die Musik von der Schallplatte hat Karl noch nie gehört. Der Tee ist gut, die Musik, nur Gitarre, gefällt Karl. Karl geht es gut.

Schweigen, sitzen, Tee trinken und nichts sagen müssen ist gut. So lange, bis einer die Stille nicht mehr aushält. In diesem Fall ist es Klara, die zu reden beginnt, die fragt, ob Karl tatsächlich Karl hieße oder dies nur ein Spitzname sei. Und wenn sie, Klara, zu neugierig wäre, sollte Karl das getrost sagen. – Nein, sagt Karl, so heiße ich wirklich. Meinem Großvater zuliebe, der nichts mehr von dieser Geste gehabt hat, weil er starb, noch bevor ich geboren wurde. Dafür hab' ich über alle Schuljahre geschleppt an diesem Namen wie Sisyphos an seinem Stein: Stets, wenn ich fast oben war, übern Berg, und alle hatten sich gewöhnt oder ein neuer Gegenstand des Spottes war aufgetaucht, der mich den anderen gleichstellte, da geschah es bestimmt, daß ein neuer Lehrer kam, der bei der ersten Nennung meines Namens stockte, und es begann erneut. Karl der Große nannten die mich, und aus dem naheliegendsten Grund: Ich heiße Groß. Karl Groß. – Karl zuckt resigniert die Schultern. Es gibt halt Sachen, heißt das, gegen die man nichts machen kann. Selbst berühmte Persönlichkeiten entgehen diesem Schicksal nicht, ob ihres Namens, Aussehens oder ihrer zündenden Reden wegen verunglimpft zu werden. Verhohnepipelt. Nur kriegen die das nicht zu spüren, oder es macht ihnen nichts aus. Jedenfalls käme kein Kaiserkönigministerpräsident auf die Idee, den, der ihn schmähte, mit den Mitteln zu bekämpfen, die seinerzeit Karl zu Gebote standen – Karl, dem eher kleinwüchsigen, der einmal dem dicken Helmut in jähem Zorn einen steinharten Schneeball akkurat aufs Auge schmiß, mit solcher Wucht, daß Helmut zu Fall kam, sich unfreiwillig setzte und Karl ein paar Wochen lang, bis der Schnee schmolz, nicht allein frei von Spott blieb, sondern gar Ansehen genoß. Am meisten hat sich Karl selbst über seinen Meisterschuß verwundert, wenn er auch sein Staunen klüglich verbarg. Seither hat Karl in sich die Überzeugung genährt, über sich hinaus zu können, wenn er es nur stark genug will.

Georges lächelt, ein bißchen hintergründig. Karl erkennt das Lächeln und freut sich mit Georges, der seinerseits Karl an der Sprache erkannt haben wird, am Gebrauch tückisch langer Sätze, in deren Schlingen sich Karl doch nie verfängt, auch heute nicht. Damit war gesagt, was zu sagen war; im Lächeln von Karl und Georges taut dieser Eisklotz Zeit, dreihundertfünfundsechzig Tage mal zehn, einfach weg. Überschaubar liegen die Einschlüsse, was Georges, was Karl geschah seit jenem Abend, als sie sich auf der unlängst von Karl wieder betretenen, windigen Holzbrücke, Bahnhof Berlin-Schönefeld, voneinander verabschiedeten – Georges in Richtung der Stadtbahn gehend, Karl zum Fernbahnsteig, wo er, erbärmlich frierend, vier Stunden stand. Natürlich waren beider Anschriften beim jeweils anderen wohl verwahrt, jedoch: Briefeschreiber sind sie beide nicht gewesen, und Illusionen hatten sie auch keine mehr. Zu verschieden war ihr Herkommen, und die Rückkehr dorthin war mit dieser letzten Militärfahrkarte, die jeder von ihnen bei sich trug, einstweilen, auf längere Sicht fixiert, gar dienstlich gesiegelt.

Am Ende die letzte Tat von Jörg, einstigem Freund beider – dann ein Schwein, wie's in keinem Buche steht. – Hast du Jörg mal wieder gesehen, fragt Karl eher beiläufig. – Denn das war vorbei, machte Karl nicht mehr wild. – Nein, sagt Georges, hab' ich nicht. – Und zu Klara: Der hat damals Freifahrten verschoben, bis sie ihn erwischt haben. – Was habense mit dem gemacht, will Klara wissen. – Nischt. Der hat prima Berichte gepinselt, 'n guter Junge, der Jörg. – Armes Schwein, sagt Klara, ohne daß einer widerspricht. Georges gießt Tee nach, und zwischen den Schlucken berichten Georges und Karl. Viel ist es nicht. Was sind zehn Jahre!

Georges ist geblieben, was er war: Plakatemaler bei der DEWAG: »Kommt zum Wohngebietsfest – es ladet ein der Webeah«, sone Sachen halt. – Georges sagt, es sei nicht der Rede wert. Und abends malt er. Alle zwei Wochen mit Kindern in einem Klub, das macht ihm Spaß. – Ansonsten? Leben, lieben, Rotwein trinken. Und Klara seit anderthalb Jahren. – Nein, sie wohnen nicht zusammen, auch ist Klaras Kind nicht von Georges gezeugt, was nichts zur Sache tue, sagt Georges: Kinder gern haben, das ist wichtig. – Da schließt sich Karl an. Nicht minder knapp gerät sein Bericht, wenn auch der Ton sich unterscheidet von dem, den Georges angeschlagen hat: zufrieden ist Karl nicht. Da sind Weib und Wohnung und Kind, wir wissen es schon, und, Georges hat sich's denken können, auch Studium, dessen Abschluß Karl berechtigt, die Berufsbezeichnung »Bibliothekar« zu führen, so steht es auf dem Zeugnis. Ein Zeugnis übrigens, das zu den schönsten Hoffnungen berechtigt, und zudem ist Karl ein Mann, rares Objekt für Kaderleiter in dieser Branche, sozusagen ein Hecht im Karpfenteich – was Wunder da, wenn Karl es weit gebracht hat für seine Jahre: Abteilungsleiter mit steigender Tendenz.

Es kann einem schlecht werden, sagt Karl: Da lebst du und denkst, war das alles, lebst und schwimmst in einem Fluß, in den du gestoßen worden bist, was du normal findest, schwimmst da also lang und hast nicht mal die Chance zu ersaufen. – Karl ist fast erschrocken über das, was er da redet. Hört sich das sagen, ohne es je zuvor auch nur in Gedanken eingestanden zu haben: Meingott, denkt Karl, das Schlimmste ist, daß es stimmt.

In dieses Schweigen, denn auch Klara und Georges hat es die Worte verschlagen – dahinein tritt Julie. Karl erkennt sie sofort, ihre Stimme, die sagt: Hallo. – Ihr Haar, das sie aus der Stirn hinter die Ohren streicht. Georges und Klara stehen auf, beide einen Namen rufend, nicht Julie, aber Karl fällt auf solche billigen Täuschungsmanöver nicht herein. Diese Tricks kennt jedes Kind aus einschlägigen Märchen. Karl wird die erste Probe bestehen. – Julie, sagt er leise, in die Begrüßung der drei anderen. – Was sagst du, fragt Georges. – Nichts, antwortet Karl. Es ist nichts. – Karl muß Zeit gewinnen. Aber auch später, ganz zuletzt, da ihn die Bahn gleich treffen, da Karl unter die Räder kommen wird – auch dann wird Karl nicht benennen können, woran er Julie erkannt hat. Mit dem ersten Blick.

An diesem Abend ist noch viel geredet worden, wird sich Karl später erinnern, aber was es da zu reden gab, wird das Gedächtnis nicht liefern können, und wollte ihn einer totschlagen! Karl vergißt nicht, was um ihn geschieht – er nimmt es gar nicht erst wahr. Karl sitzt und starrt: eine Eigenart, die schon Karls Lehrer beobachteten, durch die sie sich mißachtet fühlten, ignoriert. Frühe Zeichen von Insubordination, später als Individualismus (ein böses Wort!) und Arroganz ausgelegt. – Karl träumt mal wieder, sagte die Mutter. Damit kam sie der Sache entschieden näher, sie, die selbst keine Träume mehr hatte. Karl starrt also, nur daß es hier, in Georges' Zimmer, niemanden kränkt, auch kein zärtliches Verständnis herausfordert: übern Kopf streichen etwa! Karl starrt, nun gut, soll er starren. Klara und Georges unterhalten sich mit Julie. Georges scheint etwas Komisches erzählt zu haben, Karl sieht sie lachen, auch Karl lacht.

Marion, Karls Frau, wird später erzählen, und keiner ist, der sie davon abbrächte, genau jener Abend sei es gewesen, an dem sie eine merkwürdige, unerklärliche Unruhe erfaßt habe, daß sie nicht lesen, nicht fernsehen konnte, daß sie nach Mitternacht noch schlaflos lag, frierend: die Hände mehr schützend als sehnsüchtig zwischen die Schenkel gepreßt. Karls okkultistisch beschlagene Großmutter hätte dazu, würde sie es erlebt haben, nur überlegen gelächelt: Da habt ihr's – der Schuh am Nachmittag war das erste Zeichen! –

Karl indes denkt keinen Augenblick an Marion, obwohl er es ihr doch versprochen hat! (Denkst du auch mal an mich? – Gewiß.) Er muß sich nicht einmal mehr gewaltsam eines Gedankens an zu Hause entschlagen, denn solcher Gedanke bedürfte irgendeines Anstoßes, etwa Gewissenspein wegen ehebrecherischen Tuns. Statt dessen greift er Klaras Satz auf, der zu ihm vordringt: Ob man nicht nach ein paar Flaschen Wein gehen sollte. Karl stimmt zu, erklärt auch ungefragt seine Bereitschaft, die Sache zu übernehmen. Geld lehnt er ab, nicht aber Julies Angebot, ihn als Berater zu begleiten. Karl gelingt es, einigermaßen unbeteiligt zu wirken. Er ist stolz auf sich. Nebeneinander gehen sie die vier Treppen hinab, Karl und Julie. Das Haus ist voller Gerüche, von gekochtem Kraut, Zigarrenrauch. Da hindurch und übern Hof gehen sie, zum Vorderhaus. Irgendwo schreit ein Kind. Schweigend gehen sie nebeneinander bis zur nächsten Eckkneipe, begegnen keinem, sehen sich plötzlich an. Dies ist die Schlüsselszene. Darüber sind sich Karl und Julie später einig, auch wenn sie Julies Satz an Karl: Bist du immer so schweigsam? und Karls karge Antwort: Oft. – völlig verschieden auslegen werden. In der Kneipe kauft Karl zwei Flaschen Wein, nicht den algerischen, sagt Julie, der ist teuer und gepanscht; Karl nimmt Cabernet, zwei Flaschen, Julie kauft eine dazu, keine Widerrede! – Und zwei Bier, sagt Julie, wo wir nun einmal hier sind. Prost, Karl! – Sagt's, und setzt das Glas entschlossen an. – Tatsächlich, sagt Karl, du kannst es. – Ich kann was? fragt Julie. – Bier, frisch gezapftes Bier ausm Glas trinken, unter der Blume weg, daß der Schaum drauf bleibt, statt im Gesicht, an der Nase. Wie's die meisten Frauen machen. – Soso, sagt Julie, das kann ich! Was glaubst du, was ich alles kann! – Und lächelt Karl dabei an, daß Karl, wenn er's zu beschreiben versuchte, nichts anderes einfiele als der untaugliche Begriff »strahlend«. Die Sonne strahlt vom Firmament, strahlend blauer Himmel ... Dieses, Julies, Strahlen (um beim Wort zu bleiben) ist von ganz anderer Art, etwas Unaussprechliches verheißend, worauf sich Karl nicht glaubt berufen zu können. Karl bestellt zu seiner Sicherheit noch zwei Bier, schiebt eine Münze übern Tresen, nun ist das Zuprosten an ihm. – Prost – Julie, sagt er dann entschlossen. – Julie? – Aber Karl erklärt jetzt nichts, wie könnte er! Auf dem Rückweg, die Treppen hinauf, zu Klara und Georges, erzählt Karl Julie von seinem Lehrgang, wo der stattfindet, wie lange er dauern soll. Nur keine Luft ranlassen, denkt Karl. Solange er redet, kann sie nichts fragen, sagen, was Karl nicht hören will, solchen Satz womöglich: Wie kommst du nur auf Julie, komische Namen, die einem so angehängt werden. Immer wollen einem die Männer andere Namen anhängen. –

Klara lobt die Menge des mitgebrachten Weines, Georges flucht der Korken, die nur der Klassenfeind in die Hälse gestopft haben kann: Und was findet ihr dabei komisch, schreit Georges, in gerechtem Zorn, daß Karl wahrhaftig einen Moment lang zögert, bevor er lacht. Vom Wein wird ihnen warm, und Wein, heißt es, lockert die Zunge. Auch Karl redet, blödelt, lacht mit. Georges erzählt eine wahre Geschichte aus dem Leben der DEWAG – es ist dies ein Witz, den Karl schon im M. gehört und belächelt hat. Karl lacht mit, warum soll er Georges die Pointe verderben. Jene Leute, die bei jedem Witz, jeder Neuigkeit sofort abwinken, gelangweilt, überlegen: Kenn' ich – die sind die schlimmsten. Die alles schon hinter sich haben. Die hätten Julie niemals getroffen. Julie, deren Blick Karl jetzt wieder sucht, forschend nach einer Spur ihres Lächelns. Vorhin, in der Kneipe, hat Karl genug mit sich zu tun gehabt, mehr als genug, so daß es ihm erst jetzt wieder bewußt wird – jetzt, da Julie seinem Blick ebenso lächelnd begegnet. – Es ist schon elf durch, stellt Julie fest. – Sie will gehn. Klara bleibt heute bei Georges, das Kind ist bei Klaras Mutter. Sagt Klara. Und sie, Klara, hat noch etwas abzumachen mit Georges. Das sagt sie nicht. – Karl geht mit Julie, sein Abgang ist plausibel, nach zwölf macht die U-Bahn dicht, Gitter zu. Und was dann? Also geht Karl mit Julie. Nächtliche Straßen: blau, wird Karl sich erinnern ... orange Julie, wegen des Mondes.

Nein, nach Hause bringen läßt sich Julie nicht, womöglich versäumte Karl deswegen die Bahn. Nein, Julie wird Karl begleiten. Der U-Bahnhof liege ohnehin so gut wie am Weg für sie. – Nur, sagt sie, damit du dir nichts einbildest. – Da schweigt Karl lieber, weiß er nicht, woran er mit ihr ist. Karls Erfahrungen, wie es ist, wenn man eine Frau kennenlernt, liegen lange zurück, und auch da, in der Zeit, bevor er Marion begegnete, tat Karl sich schwer. Mit jenem Mädchen etwa, dessen exotischen Namen er schon damals nur mit Mühe behalten konnte. Auch jetzt kommt er nicht drauf. Sie hat Karl völlig verunsichert, als sie ihn einmal zur verabredeten Zeit empfing, mit nichts als einem dünnen Höschen und Büstenhalter angetan: erklärte, noch eben schnell baden zu müssen, und entschwand, ohne die Tür hinter sich zu schließen, ins Badezimmer, zog sich ohne Umstände aus, rief ihn, Karl, gar zu sich, ob er ihr nicht den Rücken waschen könnte. Karl konnte, Karl hätte aber noch ganz anderes gekonnt. Statt dessen schickte sie ihn einfach weg, weil sie sich nun anziehen müsse. Karl ist nie klug aus dieser Szene geworden, sooft er sie bedachte.

Karl schweigt. Die wenigen hundert Meter bis zur Station sind schnell gegangen. – Willst du gar nicht wissen, was ich bei Georges gewollt habe, fragt Julie. – Doch, beeilt sich Karl zu versichern. – Georges ist der Vater meiner Tochter. Seit Georges und ich getrennt leben, verstehen wir uns, wie alte Freunde. Ist komisch, wie? – Ich wußte nicht, daß Georges ein Kind hat, sagt Karl, wir haben uns zehn Jahre nicht gesehen. Und Klara? – Klara und Georges können gut miteinander, in jeder Beziehung, glaub' ich. Aber Klara sagt, sie will lieber allein bleiben. Georges sagt das auch, und er meint es auch so. Das ist der Unterschied. – Woher willst du das so genau wissen, fragt Karl, dem das alles ein bißchen zuviel ist, mit einem Mal und nach diesem Tag! – Nun, sagt Julie, das ist einfach: Georges sagt mir solche Dinge ohnehin, und Klara hab' ich jeden Tag um mich, im Krankenhaus, da bleibt nichts verborgen. – Karl erfährt, daß Klara und Julie Krankenschwestern sind, natürlich nur Frühdienst, wegen der Kinder. – Viel zu verdienen ist da nicht, sagt Julie. – Da steigen sie schon die Treppe hoch, zum U-Bahnhof Schönhauser Allee. – Gefalle ich dir, fragt Julie unvermittelt, und die Direktheit der Frage wirft Karl beinahe um, um ein Haar vor die einfahrende Bahn, daß er nichts kann, als die Hände nach Julie auszustrecken statt einer Antwort. Was sagt man in solcher Lage? Da küßt ihn Julie sehr schnell, nicht aber flüchtig, auf die Wange. Karl, in der Tür stehend, ruft: Ich besuche dich, ja? – Und Julie winkt, ruft ihrerseits etwas, das Karl im Zischen der sich schließenden Tür nicht versteht. Die kurze Fahrt lang verharrt Karl in dieser Stellung, an der Tür lehnend, den Kopf, als wäre noch ein Wort zu fangen, vorgebeugt. Erst im Bus fällt Karl ein: Er weiß nicht Straße noch Hausnummer, zweifelt aber keinen Moment, daß er Julie finden wird. Gleich morgen früh wird er Georges anrufen, dessen Nummer hat er, kein Problem. An diesem Abend gibt es keine Probleme für Karl, auch das verschlossene Grundstück des Schulungsheimes stellt keine Schwierigkeit dar. Zimmer 17 wird erreicht werden. Geschickt, wie nie zuvor bei ähnlichen Gelegenheiten, flankt Karl übern Zaun, im Vorbeigehen eine Hand auf einen Betonpfeiler gestützt, und aus der Bewegung heraus der Sprung, keiner hat's gesehn! An diesem Abend, in der folgenden Nacht ist Karl weit weg von allem, was da täglich sich vollzieht, das Sterben und das Geborenwerden, Nahostkrieg und UNO-Resolution, das Atmen seiner Frau, seines Kindes. Karl ist, wenn nicht über seinen Schatten, so doch über einen Zaun gesprungen. Der Umstand ist erstaunlich genug. – – –

Als Karl erwacht, rumpelt die erste Straßenbahn die Prenzlauer Allee entlang, stadtauswärts, nach Pankow. Es ist Sonntag, die Woche vergangen. Fort sind sieben atemlose Tage. Hundert Jahre, hatte Karl am Montag gedacht. Weißes Licht des Mondes erhellt das Zimmer, verloren liegt eine Puppe zwischen Tisch und Bett. Heute wird Karl zurück nach M. fahren, am Vormittag. In fünf, sechs Stunden ist er schon unterwegs, der Gedanke schreckt Karl so, daß er aufspringen will, sich aber, halb aufgerichtet schon, zurückgleiten läßt: Neben ihm liegt Julie, in ihrem festen Kinderschlaf, die Arme gekreuzt, als hielte sie sich fest, umarmte sie sich selbst. Karl schüttelt unwillkürlich den Kopf bei der Vorstellung, die schlafende Julie sei die Frau, die ihn mit aller Kraft der Arme und Beine an sich preßte, mit unkenntlicher Stimme schrie, so, daß am hellichten Tage die Leute, denen sie im Haus begegnet waren, verstehend gelächelt hatten: Wir wissen Bescheid! – Karl greift eines der Gläser, die stehen noch am Bett, halbvoll mit Wein, einem leichten, trockenen Wein aus Griechenland. Ein Bekannter hat Julie die gigantische Zweiliterflasche aus Westberlin mitgebracht. Der Wein hat sein Aroma bewahrt, trotz der Wärme im Zimmer. Ohne Begierde sieht Karl die schlafende Frau; kein Gedanke daran, was immerhin möglich wäre und erklärlich! Ihr etwa den Rücken zu streicheln, bis zum Nacken hinauf, und schließlich, wie zufällig, das aufgerichtete Glied unter der schönen Wölbung ihres Hinterns hinweg und vorwärts zu schieben, zu den sanftesten ihrer Lippen. Nein. Schon am Abend, als sie genug vom Wein hatten, war Karl nicht darauf aus gewesen, mit Julie zu schlafen, hatte sie nicht mehr als streicheln wollen, festhalten. Endlich hatte ihn Julie genommen, was ihr gutes Recht war! Karl aber hatte sie viel zu früh allein gelassen. – Karl Groß, Menschenskind, hatte Julie gesagt, du brauchst nicht nur eine Geliebte, du brauchst auch noch eine Mutter. – Karl hatte darauf geschwiegen und Julie gestreichelt, wie ein Sohn seine Mutter nicht streichelt, und gedacht, was kann sie dafür, verdammt, sie hat ein

Recht, es auch noch zu schaffen. Und beinahe schien es so, als würde Karl ihr mit aller Zärtlichkeit hinaufhelfen können, wohin sie, zuckend, unterwegs war, da hatte Karl gesagt: Ich brauche dich. Als Geliebte und Mutter und Kind. Verstehst du, das kannst du doch nicht trennen, ich kann's jedenfalls nicht. – Und Julie war jäh abgestürzt, so wich sie vor Karl zurück: Nein. – Nebenan hustet Julies Tochter im Schlaf. Karl hofft, daß sie nicht wach werden wird dabei, hält den Atem an, als ob er damit auch alle anderen Geräusche verstummen lassen könnte: das aufdringliche Ticken des Weckers in der Küche, das verschlafene Tschilpen des Sperlings, der sich vor dem Fenster niedergelassen hat. Da gibt das Kind wieder Ruhe. – He, Brüderchen, sagt Karl zu dem Sperling, dein Leben möcht' ich haben. – Aber der versteht nicht, wirft Karl einen schrägen Blick zu und fliegt davon. Fly, fly away, fällt Karl nichts Gescheiteres ein als ein idiotischer Schlager, my pretty flamingo ... Von wegen Flamingo, wider Willen muß Karl grinsen.

Bevor sie einschlief, hat Julie Karl geküßt, und Karl war dieser Kuß nicht anders erschienen als jener am ersten Abend, auf dem U-Bahnhof Schönhauser Allee: Eine Verheißung, worauf ... Karl denkt einen Moment lang an Marion, aber da ist keine Empfindung, die an Gewissensnot erinnern könnte. Wie er ihr begegnen wird – er weiß es nicht. Weiß nicht, wie er durch die Straßen von M. gehen wird, seinen Sohn begrüßen. Karl grübelt nach einem klassischen Fall, einem Präzedenzfall, den die Literatur doch hergeben müßte! Da erweist sich Karl als würdiger Vertreter seines Standes, versucht, die Welt durch Bücher zu erklären. Aber es fällt ihm kein Beispiel ein. – Und wie will er, Karl, den Vorwürfen im Betrieb begegnen, wenn ihn morgen oder in drei Tagen Wölfel, sein Chef, zu sich ruft, und Burglinde wird dabei sitzen, die Partei.

Nur eine Nacht hat Karl in dem ihm zugewiesenen

Zimmer des Heimes verbracht, tags lose Reden geführt zwischen herzhaftem Gähnen und einen Tag ganz und gar gefehlt. –Einfach gefehlt, das wird ein Nachspiel haben, sage ich Ihnen, waren Krauses Worte gewesen, am Samstag, als der Lehrgang im geselligen Beisammensein versoffen wurde. – Okay, hatte Karl mit einem Wort geantwortet, so gleichgültig war es ihm da. –

Julie regt sich leise schnaufend, Karl sieht sie an, wie sie ruhig weiterschläft. So ruhig wird sie ihn heute gehen lassen, zärtlich – und für immer. Karl weiß es ja. Das hält ihn wach. – Du denkst, hatte Julie noch gesagt, du steigst aus deinem Leben einfach um in meins, wie auf dem Bahnhof von einem Zug in den anderen, nee, Karl, meinetwegen steig aus, aber dann wirst du dir selbst weiterhelfen müssen. – Und was machst du? – Ich lebe weiter. Liebe. ’n reichen, älteren Herrn heiraten, irgendwann vielleicht. Oder auch nicht. Karl wiederholt sich den Satz gottweißwieoft – nein, zynisch hat das nicht geklungen. Das ist das Schlimmste daran.

Der Dienstag fing an, wie alle Tage für Karl seit Jahren begonnen hatten: um sechs Uhr klingelte der Wecker, den hatte Karl am Abend zuvor, allen Stürmen zum Trotz, nach geglücktem Sprung über den Zaun, aufgezogen. Karl wunderte sich, im Halbschlaf noch, darüber, nicht im gewohnten Doppelbett zu liegen, und dann, als er das geklärt hatte, darüber, wieso er überhaupt hatte schlafen können! Karl war ein wenig enttäuscht, daß die Begegnung mit Julie nichts vermocht hatte gegen die Übermacht der Müdigkeit – so erklärlich die auch war. Karl schaltete das Radio ein, die gefälligen Melodien irgendeines Frühprogrammes, mit denen den verschlafenen Werktätigen der Tag schmackhaft gemacht werden soll – es war ganz wie zu Hause, in M. Oder doch fast, denn zur ersten Zigarette fehlte die Tasse Kaffee. Immerhin stellte Karl befriedigt fest, offenbar als erster wach zu sein, denn ringsum herrschte noch Stille, auch die Toilette war leer und strahlte in unbefleckter Sauberkeit ihrer weißen Fliesen. Karl wusch sich, zog sich an: braune Kordhose, ein frisches Hemd, blauweiß gestreift. Wüßte hier einer von mir, dachte Karl, dann wüßte er auch, daß heute ein besonderer Tag ist. Braun und Blau sind Karls Lieblingsfarben, genauer: dunkles Braun und mattes, wie ausgewaschenes Blau. Von eben solcher Beschaffenheit war Karls Anzug, darin fühlte er sich wohl. Als Kind hatte Karl erbitterte Kämpfe mit Mutter und Großmutter ausgefochten, weil er bestimmte Kleidungsstücke instinktiv ablehnte, in Farbe und Schnitt. Ganz zu schweigen von den erniedrigenden Leibchen, an denen die Strapse wie vier Ersatzpenisse baumelten, bis die wollenen Strümpfe daran befestigt wurden. Manchmal hatte sich ein Strumpf gelöst, war – in der Hofpause etwa – quälend langsam, aber unaufhaltsam am Bein hinabgerutscht, wo er schließlich am Knöchel einen Wulst bildete. Und keine Chance war, den Schaden zu beheben – mit welcher Begründung hätte er ausscheren sollen aus der Kolonne, in der sie, immer zu zweien hintereinander, zu gehen hatten. Als Karl zehn Jahre alt geworden war, hatte er sich durchgesetzt: seitdem wählte er sich seine Kleidungsstücke selbst aus, unterlief schon damals die übliche Trennung nach Alltagskleidung und solcher für Sonntage. –

Als Karl rasiert und gekämmt vorm Spiegel stand, war es sieben Uhr; auf dem Flur begann es lebendig zu werden, Türen klappten, Pantoffeln schlurften. Karl zog sein Bett glatt, zum ersten und auch zum letzten Mal. Das wußte er freilich nicht, ahnte es nicht einmal: Wie sonst hätte er mit der zufriedenen Ruhe des Pünktlichen sein Zimmer verschließen, zum Frühstück gehen können! Wieder war Karl der erste, fand Brötchen und Wurst auf dem reinlich gedeckten Tisch, auch Honig. Der Kaffee, den die Serviererin ihm brachte, langersehnter Kaffee, war stark und umsonst obendrein. Da trat der Lehrgangsleiter auf, Gen. Krause, lächelte anerkennend, setzte sich: Sie gestatten doch? – zu Karl. Karl gestattete. Jaja, er habe einen schönen Abend gehabt, einen alten Freund besucht. – Soso, sagte der Leiter, einen alten Freund, und lächelte listig. – Karl zog es vor, sich seinem Honigbrötchen zu widmen. – Der Honig ist wirklich ausgezeichnet, sagte Karl, Sie sollten ihn probieren.

Langsam füllte sich der Raum, Karl hielt kauend Ausschau nach bekannten Gesichtern, entdeckte endlich die Schröder. Mit der hatte er studiert, nun ja, die Gabi Schröder, er würde sie begrüßen müssen. Dick war sie geworden, sah Karl. Da machte er sich ein Bild und aus dem Bild ein Urteil. Tat Gabi Schröder einfach ab. Sie schied aus jedem Kalkül. Karl hoffte lediglich, es würde kein Kummerspeck sein. Er haßte es, tragische Ehegeschichten anhören zu müssen. Hochmut kommt vor dem Fall, hätte Karls Großmutter dazu gesagt.

Wenig später, der Leiter war auf und davon, er müsse letzte Hand anlegen, natürlich nicht an sich, hahaha, kam Gabi zu Karls Tisch, eine Kaffeetasse in der Hand. Tatsächlich, sie ist ziemlich fett, dachte Karl. – Hallo Karl, sagte Gabi, setzte sich: Bin ganz schön fett geworden, wie! – Und brannte sich eine ewig lange Zigarette an von der Art, die Frauen bevorzugen und über die Karl stets sagt, es sei schade ums Geld, da die Dinger nach nichts schmeckten. Gabi rauchte in tiefen, professionellen Zügen – was Karls Ahnung noch verstärkte. Und richtig, da fragte sie schon, betont locker, wie Karl die Ehe bekäme, denn verheiratet sei er doch sicher noch, oder? – Ja, sagte Karl, es geht so. Kann nicht klagen. – Sie schwiegen einen Moment, Karl dehnte die Zeit, bis die fällige Gegenfrage zu stellen war, mit einem Schluck Kaffee: Und bei dir? – Ich bin geschieden. – Karl gratulierte sich im stillen zu seiner Beobachtungsgabe. Immerhin traf ihn so der folgende Bericht nicht unvorbereitet, die sarkastisch erzählte story vom Windhund, der in dem blutjungen Stück straffen Fleisches, Brust und Hintern (Arsch, sagte Gabi) die Erfüllung gesehen haben wollte: Aber die macht ihm jetzt die Hölle heiß, sagte Gabi und freute sich eine Spur zu laut. – Dann ist's ja gut, sagte Karl, ich meine – da hast du ja eigentlich Glück gehabt, wie? – Klar, antwortete Gabi, mehr trotzig als überzeugt: Wir reden später noch, ja? – Karl nickte und erhob sich dankbar, denn der Leiter hatte händeklatschend an der Tür Stellung bezogen, blies zum Aufbruch.

Der Schulungsraum empfing Karl mit angenehmer Kühle. Auf spiegelndem Parkett waren Tische und Stühle in Hufeisenform aufgestellt, mehr an eine Konferenz erinnernd denn an einen Lehrgang, zu dessen Zielen der Leiter – Mein Name ist Krause, wie Lehmann, hahaha – in den folgenden Minuten Stellung zu nehmen beabsichtigte. Die Begrüßung war vorüber. Krause stürzte sich kopfüber in sein Referat, leitete es ein mit einem Lunatscharski-Zitat zum Bibliothekswesen und der Herkunft dieses Wortes von einer richtungsweisenden Äußerung des Genossen Lenin. Karls freudige Hoffnung, der Zeitraum von sechzig Jahren bis zur Gegenwart könnte recht schnell überbrückt werden, zerstob jedoch jäh, als Krause nach kurzem Luftholen entschlossen und um so tiefer in die Zeiten sprang, sich wiederfindend in Gesellschaft bücherabschreibender Mönche des Mittelalters, von denen er sich mühsam löste, um bis zum seligen Gutenberg vorzudringen, den Fortschritt würdigte in einem Atem aber mit der reaktionären Praxis des Bildungsprivilegs in der feudalen und bürgerlichen Gesellschaftsformation. Nach wenigen Minuten gab Karl den Versuch auf, Krauses verschlungenen Wegen durch die Weltgeschichte, nun auch die Kontinente querend, zu folgen. Karl besann sich der früher von ihm meisterhaft beherrschten Kunst, einem Referenten scheinbar mit äußerster Spannung zu folgen, wie, um nicht eines Wortes zu entbehren – statt dessen dachte er an ganz anderes, Angenehmeres. Während Krauses wohlgesetzter, monotoner Rede waren Karls Gedanken bei Julie, versuchte er, ihr Gesicht zu beschwören. Wie würde sie ihn empfangen, wenn er käme?

Um zehn Uhr war Pause. Im Restaurant gab es Kaffee, auch Schnaps. Karl fragte die Frau am Tresen nach dem Telefon. Ja, natürlich, er dürfe telefonieren, gleich links, im Durchgang zur Küche: Wohin? Berlin, das ist ja noch Ortsnetz. Bitte sehr. – Karl ließ zwei Groschen in den Margarinebecher neben dem Telefonapparat fallen, wählte, hatte Glück. Der Mann am anderen Ende der Leitung, wahrscheinlich der Abteilungsleiter, rief laut nach Georges, es knackte im Hörer: Ja, fragte Georges, ach du bist es, was gibt's denn, biste nachm Westen abgehaun letzte Nacht? – Mit einem Mal kam sich Karl sehr klein und hilflos vor. Wie ein Kind in Erwartung verdienter Schelte, im Bewußtsein, Dummheiten angestellt zu haben. Georges auch nach der Wohnung seiner ehemaligen Frau zu fragen ... Überhaupt – waren die beiden verheiratet gewesen, Georges und Julie? Aber was tat das zur Sache. Und das Kind ... – He, Karl, bist du noch dran, rief Georges. – Ja, sagte Karl, ich bin noch dran. Ich hab' nachgedacht, wie ich's dir am besten sage, weißt du, mir ist das ziemlich peinlich, gerade dich – Karl blieb stekken, holte tief Luft und sagte, nicht aber, ohne nochmals abzusetzen: Georges, ich möchte dich um die Adresse von ... um die Adresse des Mädchens von gestern abend bitten. Ich will Julie (nun hatte er den Namen doch gesagt) besuchen. – Georges war einen Augenblick lang still, bevor er zu lachen begann. Karl war verwirrt: Georges, rief er. – Der lachte immer noch. Karl sah ihn vor sich, wie ihn das Lachen schüttelte, aber es war kein böses Gelächter, nein: Georges lachte wie über einen guten Witz. – Nee, sagte Georges endlich, mit knapper Luft: Das ist'n Ding, einfach großartig. Kommt der Mensch nach Berlin, und was macht er – verliebt sich am ersten Tag! Du bist doch verliebt, wie? – Ja, sagte Karl, gewiß, aber müssen wir das hier, ich meine, können wir nicht lieber mal ein Bier trinken gehn, dieser Tage? – Karl war die Selbstverständlichkeit, mit der Georges über Dinge sprach, die er, Karl, sich kaum eingestand, unheimlich. Schließlich war doch nichts geschehen, abgesehen von Julies Kuß, und er wollte gehn und Julie wiedersehn. – Okay, sagte Georges, ich sag' dir mal die Adresse durch. – Danach fuhr er fort: Ob wir allerdings zum Biere kommen, liegt ganz bei Julie. So nennst du sie doch. – Ja, sagte Karl, Julie. – Und Georges, unerwartet ernst: Ich hoffe, daß du sie mit offenen Augen liebst. – Ehe Karl zu einer Erwiderung auf diesen dunklen Satz Zeit fand, hatte Georges aufgelegt. Nachdenklich ging Karl am Tresen vorbei, zurück ins Lokal. – Na, hat es geklappt, fragte die Kellnerin freundlich. – Wie bitte? Ach so, ja, es hat geklappt, vielen Dank. Und bringen Sie mir bitte einen Kaffee und einen doppelten Kognak. – Es regnete. Während Karl in kleinen Schlucken abwechselnd Kaffee und Schnaps trank, starrte er aus dem Fenster auf die nasse, schwarze Asphaltstraße. Dahinter, im Regen verschwimmend, hohe, dunkle Kiefern.

Als er Marion traf, war Hochsommer, aber ein frischer Luftzug vom See drang bis in die Stadt, machte die Hitze erträglich. Karls Erinnerung an diese Sommertage ist verworren, sonderbar zersplittert. Einzelne Bilder wollen sich nicht in einen Ablauf fügen lassen. Wie hat er sie angesprochen? Er muß sie doch angesprochen haben. Da ist einfach ein Loch. Tanzen waren sie, aber das war später, auch das nächtliche Bad im See. Sie waren nackt und ängstlich voreinander, wagten nicht, sich anzusehn, drehten einander aber auch nicht den Rücken zu. Schwammen weit auf den See hinaus. Die bewegten Spiegelungen des Lichtes auf dem Wasser. Der Gedanke, was wäre, wenn er jetzt einen Krampf bekäme oder weißgottwas, mitten drin! Daran erinnerte sich Karl, drehte das leere Schnapsglas zwischen den Fingern: Wieder am Ufer, frierend, rieben sie sich die Haut, und Karl wagte es nun doch, Marion anzusehen, berechnend, daß nach dem kalten Bad eine Erektion, die ihm peinlich gewesen wäre, nicht zu befürchten war: Marions kleine Brüste, die sie nicht verbarg, jetzt nicht. Karl hatte dann, noch in dieser Nacht, mit Marion geschlafen, aber ehe er bei Tageslicht ihre Brüste sehen, gar berühren durfte, waren Wochen vergangen. Und Karl hatte noch viel länger gebraucht, bis er begriff, warum.

Den Dienstag verbrachte Karl, indem er immer aufs neue die ersten Bilder von Marion beschwor. Nach der Kaffeepause hatte ein wissenschaftlicher Bibliotheksrat, was einem General durchaus gleichkommt, sich herabgelassen, eine Einführung in die neuesten Erkenntnisse der Katalogisierung zu geben. Bis siebzehn Uhr wollte er das, in fataler Zeitnot, so sagte er, geschafft haben. Am nächsten Tag fände ein Seminar statt, und sie, die verehrten Kollegen, seien herzlichst aufgefordert, ihre zweifellos vorhandenen Fragen zu stellen. Karl indes folgte Dr. Kimmes Vortrag keinen Augenblick, hatte auch keinen Vorsatz dazu. Dachte fortgesetzt an Marion und sich vor acht Jahren, um nicht, wie am Morgen, an Julie zu denken. Lachhaft, wie die Katze, die ihren Schwanz zu fassen versucht.

Dem Eingang des Hauses gegenüberstehend, in dem Julie wohnte, dachte Karl einen Satz, den er keinem Dichter hätte durchgehen lassen: Das Herz schlägt mir bis zum Hals! Bis hierher hatte Karl zielstrebig eines nach dem anderen getan: den Schulungsraum rasch verlassen, im Restaurant zwei Flaschen Wein gekauft, Gabi Schröder hakenschlagend abgehängt, Bus und U-Bahn schnell erreicht. Nun aber gewahrte er seine Aufregung, zitterte nicht allein wegen des Novemberwindes, während ihm doch unter den Achseln hervor, den Körper hinab, Schweiß rann in klebrigen Tropfen. Karl haßte das, auch den Geruch, den er unzweifelhaft, zöge er auch nur den Mantel aus, an sich wahrnehmen würde. So wollte er keineswegs vor Julie hintreten: mit allzu deutlichen Zeichen der Unsicherheit, ja Angst. Machte deshalb kehrt, ein paar Schritte zurück, bis zur rettenden Kneipentür. (Dies ist eine Geschichte, in der nicht nur ständig geraucht, sondern auch entschieden zuviel getrunken wird!) Hinterm Tresen, einem uralten, verschnörkelten Exemplar, hingen gemalte Sprüche wie dieser: Een Bier und 'n Korn uffn Schmerz / streichelt die Seele / beruhigt det Herz!

Karl stellte sich zu den Männern am Tresen, obwohl er, der Schwäche in den Knien wegen, lieber gesessen hätte. Aber sitzend einen Entschluß zu fassen ist schwieriger als stehend.

Karl wollte nichts, als die Verheißung des Spruches hinterm Tresen an sich erfüllt sehen. Das Herz beruhigen. – Herrgott, redete er sich nach dem ersten Schnaps zu: Was ist dabei! Ich besuche sie, wir trinken ein Glas, alles Weitere wird sich fügen. – Schlimm war nur, daß Karl ja durchaus wußte, was er wollte, sich etwas in den Kopf gesetzt hatte, das seinerseits klar und bei Julie alles andere als klar war. – Du bist doch verliebt, wie – hatte Georges am Telefon gesagt. Wenn Georges nun aber Julie angerufen, ihr von Karls Anruf berichtet hätte? Der Gedanke kostete den zweiten Schnaps. Und der Schnaps tat seine Schuldigkeit: Karl spürte, wie seine Gedanken, gleichsam betäubt, ruhiger wurden, die Sinne wach, aufzunehmen das träge Gewoge der Leiber im Rauch der Zigaretten und billigen Zigarren, Stimmen, Gesichter.

Dicht bei Karl stand ein riesiger Kerl in Zimmermannshosen, kariertem Hemd, mit der rechten Hand sein Bierglas haltend, die linke auf dem Hintern einer weißblonden Frau. – Was sachste zu Union, Professor, redete der Wirt den Großen an, in einem Ton, der die Antwort schon enthielt. – Der Große winkte ab, weitausholend mit der Hand, die das Bierglas hielt. Das Bier schwappte übern Rand, der Blonden auf die Bluse. – Du machst mir ja naß, kreischte die auf. – Der Wirt lachte: Anders geht's nun mal nicht, Fräulein! – Du altes Schwein, sagte die Blonde, aber keineswegs empört, eher so, als hätte sie nichts anderes zu hören erwartet. Hier wußte wohl jeder, was er vom anderen zu erwarten hatte. – Ich krieg' noch 'n Kirsch, sagte die Blonde. – Der Große, den der Wirt Professor genannt hatte, schwankte ein wenig. Unwillkürlich krallte sich seine linke Hand fester in den Hintern der Frau: Du kneifst die Backen zusammen wie Miß Germania, haha, so ein Spaß, die deutsche Geschichte vögeln! Alfons, gib mir noch 'n Bier! – Dann, plötzlich zu Karl gewandt: Schneit es endlich? – Wie bitte, fragte Karl irritiert. – Ob es schneit, frag' ich, brüllte der Professor. – Nein, sagte Karl, aber wir haben doch auch erst November. – November, wiederholte der Große: November, was heißt das schon. – Die letzten Worte hatte er ganz leise, wie zu sich, gesprochen: Und ich sage dir, es gibt keinen Schnee diesen Winter, niemals mehr. Ich steh' hier und warte, aber es schneit nicht. Ich weiß, daß es nie mehr schneit. Aber ich warte. – Karl fiel keine Antwort ein, die er dem Professor hätte geben können. Obwohl ihn die merkwürdige Rede gefesselt hatte, so sinnlos sie Karl auch schien. – Passense auf, gleich fällt er um, sagte der Wirt zu Karl, beiläufig, im Bewußtsein, recht zu behalten. – Bevor Karl dazu kam, den Satz des Wirtes zu bedenken, rutschte der Professor gemächlich, zeitlupenhaft, in die Knie, verharrte einen Augenblick lang, dann schlug er seitlich hin, hart mit dem Kopf auf den geölten Bretterboden. Der Wirt nickte Karl zu: Na bitte, hieß das. Dann packte er, der viel kleinere, den Professor unter den Armen und schleifte ihn am Tresen vorbei nach dem Hinterzimmer. Rasselnd kündeten die Perlenschnüre noch eine Weile von dem Geschehen, indes die Kneipe weiteratmete, in Rauch und Lärm. Vereinzelt Gelächter. Der Anschlag der Tür: Automatischer Türschließer, Deutsches Reichspatent, las Karl.

– Trinkst du 'nen Kirsch mit, fragte die Blonde Karl – Und der Wirt: Zwei Kirsch? – Er hatte gerade seinen Platz hinterm Tresen wieder eingenommen. – Einen, sagte Karl, für mich bitte nicht. Ich hab' noch was vor. – Die Blonde lächelte verstehend: Schade. Der eine säuft, bis er umfällt, von wegen Miß Germania – und du hast was vor. – Sie kicherte: Ist sie schön? – Ja, sagte Karl, sie ist schön. –

Karl legte Geld auf den Tresen, er wollte jetzt gehen. – Mach's gut, du, wie heißt du eigentlich, fragte die Blonde. – Karl. – Karl? Na, dann viel Glück, Karl! –

Über die Straße, über den Hinterhof ging Karl, verharrte vor der Tür des Hauses, besah sich den Lindenbaum. Am Brunnen, vor dem Tohore, fiel Karl ein, und: Sühüßer Traum. Dann begann er entschlossen den Aufstieg.

Aus Julies Wohnung, im vierten Stock (Wer auf sich hält, wohnt im vierten Stock, sagt Julie später.), durch die unscheinbare, hölzerne Tür, drang Kindergeschrei. Badezeit, zwischen sechs und sieben. Die Stunde, in der sich alles überschlägt, da müde Kinder ihren müden Eltern gute Vorsätze und Schweiß austreiben. Die Stunde der Ohrfeigen, des Geschreies. Karl hörte und erkannte und wunderte sich ein wenig.

– Hallo, sagte Karl, als Julie ihm öffnete. – Die zog mit feuchten Händen Karls Kopf an den ihren: Komm 'rein, Karl. Das Kind ist in der Wanne. – Karl trat in die kleine Küche – ein bunt bemalter Schrank, ein Regal, am Fenster ein Tisch, Blick auf den Lindenbaum, darüber Himmel.

Mitten in der Küche saß das Kind in einer Plastikwanne, fragte: Wer is'n das, Mama? – Das ist Karl, ein Freund, antwortete Julie über die Schulter: Ich mach' uns einen Tee. – Schön, sagte Karl, der noch unschlüssig stand, irgendwo zwischen Tür und Wanne, naßgespritzt wurde von dem badenden Kind. – Entschuldige, sagte Julie, setzte das Teewasser auf und nahm Karl endlich den Mantel ab: Setz dich hin, Mann Gottes! – Mann Gottes, kicherte das Kind. – Wieso denn der Gott einen Mann hätte, wollte das Kind wissen. – Das ist so eine Redensart, sagte Julie. – Schnickschnack, sagte Karl, Mumpitz. Verstehst du? – Du erzählst Mumpitz, stellte das Kind kategorisch fest. – Julie und Karl sahen einander an und lachten. – Los, 'raus aus der Wanne, entschied Julie. – Das Kind protestierte: Noch sei Zeit, und die Füße müßten noch gewaschen werden und der Hals. – Julie ließ das nicht gelten, hob das zappelnde Kind aus der Wanne, trocknete es ab. – Brühst du bitte den Tee, bat Julie Karl: Trag ihn ins Zimmer, Zucker und Tassen sind drin, aufm Regal.

Karl ging und tat, wie ihm geheißen. Brühte den duftenden Tee, ließ ihn genau zwei Minuten lang ziehen, bevor er ihn abgoß, und ging mit der Kanne hinüber ins Zimmer. Er deckte den Tisch mit den schönsten Tassen, die er finden konnte, aus zartem chinesischem Porzellan. Zündete eine Kerze an. – Bleibt der hier, hörte Karl das Kind in der Küche fragen und Julies Antwort: Sei nicht so neugierig! –Karls Puls beschleunigte sich erneut beträchtlich, wie vorhin schon, in Betrachtung des Hauses. Da saß er also, nach aller Aufregung angekommen, immerhin. Julie brachte das Kind zu Bett – so war Karl eine

Frist gegeben, Atempause, Bedenkzeit. Karl fiel die Geschichte von Marlene ein. – Um nicht an Julie zu denken, gehen mir immerfort alte Liebschaften nach, dachte Karl und zählte damit unbewußt auch Marion den alten Liebschaften zu. – Wie komme ich jetzt auf Marlene, murmelte Karl vor sich hin, führte eines seiner Selbstgespräche, zu denen Marion, ertappte sie ihn dabei, spöttisch und ernst zugleich sagte: Bevor du mit mir redest, sprichst du lieber mit dir selbst. –

Karl entsann sich eines Gespräches. Das war Wochen her. Ein Schulfreund, den er zufällig getroffen hatte, teilte ihm mit, Karls fast gewordener Schwiegervater sei abgesetzt worden, man munkele, wegen Selbstüberhebung. Marlenes Vater war also Rentier geworden, gefallen vom Sockel lokaler Größe in die Tiefe der Bedeutungslosigkeit. Karl versuchte, sich die Bitternis des Mannes vorzustellen, eines längst noch nicht alten Mannes übrigens, den kein Dienstwagen mehr holt, kein Ziviler mehr bewacht, wozu auch! – Was aus Marlene geworden sei, hatte Karl den Freund gefragt. Der wußte es nicht genau: Sie sei wohl verheiratet, irgendwo im Vogtländischen. – Viel war mit dem Freund ohnehin nicht anzufangen gewesen. Zahnarzt war er geworden, Humanmedizin wäre ihm lieber gewesen, das wußte Karl noch. Jochen ging mit keiner Silbe darauf ein, lobte seinen Beruf, bot Karl auch an, einen Blick in dessen Mund zu werfen. Das Gespräch war schnell erschöpft gewesen. Sie hatten beide zur Uhr gesehen: meingottsospätschon.

Marlene hatte Karl damals fast das Abitur gekostet, so sehr vergaß er alles, was jenseits seiner Liebe lag. Allein ihre Figur hatte Karl in beständiger Unruhe gehalten – so was von einer schönen Frau aber auch! – Womöglich ist sie die schönste Frau, die ich je geliebt habe, dachte Karl, bis auf Julie.

Da unterbrach Julie Karls Erwägungen, trat ein in

einem langen Gewand, zwei Gläser mit Schnaps in der Hand: So viel war eben noch da. Hat Georges mal hinterlassen, die Flasche. Ich leiste mir keinen Schnaps, ansonsten. –

Karl und Julie saßen einander gegenüber, tranken den Tee, den Schnaps. Sie schwiegen. Ein Gespräch muß her, dachte Karl: ich kann doch nicht sitzen und starr' sie an. Was will denn der Kerl eigentlich von mir, wird sie denken. – Ehrlicherweise hätte Karl, danach gefragt, sagen müssen, daß er mit Julie schlafen wolle. – Sind seltsame Zeiten, hatte Karls Großmutter einmal gesagt: Heutzutag' gehn sie miteinand' ins Bett, ehe sie wissen, wie der andere heißt. Das hat keinen Segen. – Dies aber konnte Karl ja schwerlich als Eröffnung des Gespräches anbringen. Da enthob ihn Julie aller Sorgen, stand auf, ging zum Plattenspieler und legte eine Stones-Platte auf. – Komm, sagte sie zu Karl: Wir tanzen. Das macht gute Gedanken. – Und Karl, der sein Lebtag lang ein schwacher Tänzer gewesen war, stand auf, ging hin zu ihr und tanzte! Fragend hatte er sie zunächst angeblickt, ob er sie anfassen sollte und wie, aber Julie hatte den Kopf geschüttelt: Jeder für sich allein. –

Julie tanzte selbstvergessen, fuhr mit der Hand wie zufällig über den Lichtschalter, so daß nur das spärliche Licht der Kerze blieb, Karl sich weniger beobachtet vorkam, weniger Angst verspürte, etwas falsch zu machen. Lächerlich zu erscheinen. HONKY TONK WOMAN, und Karl nahm den Rhythmus des hundertmal gehörten Songs gleichsam mit allen Sinnen auf, Nerven und Muskeln reagierten Befehlen, die Karl nicht gegeben hatte und nicht hätte geben können. Alle Spannung wich von ihm, so daß er gar den Blick heben konnte, lächelnd auf Julies sich biegenden Körper sah: das Ebenmaß der Bewegung im harten, fast brutalen Rhythmus der Musik. Karl tanzte, sah einen Moment lang sich selbst in dem großen Wandspiegel, sein wirres Haar. Schweiß lief, den er mit dem Handrücken wegwischte. Die Platte lief, zeitlos, so schien's. Längst unterschied Karl keinen Titel mehr vom anderen, allein der Rhythmus, die Bewegung ihrer beiden Körper, blieben. Einmal, als sie ganz dicht bei ihm tanzte, faßte er Julies Hand, keine Sekunde lang, und eine jähe Begierde stand auf in Karl, fast schmerzhafte Lust auf das schöne, geschmeidige Tier, das Weib, Julie. Karl knöpfte sein Hemd auf, ohne die Bewegung des Tanzes zu unterbrechen, zog das Hemd, das Unterhemd vom Leib – so heiß war ihm. Lachend streifte Julie die Träger ihres Gewandes von den Schultern, ließ es zu Boden fallen und stieg mit einem Schritt aus dem Stoff zu ihren Füßen, zog auch das Höschen noch aus: Nackt stand sie da, vor Karl, der sich nun auch völlig entkleidete, schamlos sein aufgerichtetes Glied Julies Augen preisgebend. Langsamer bewegten sich nun Karl und Julie, mit kleinen Schritten umeinander, sich einander nähernd. Wie zwei lauernde Tiere. Nun sah Karl Julies Schönheit vollkommen: die Linie des Halses zu den Schultern hinab, die großen, mählich bewegten Brüste, der leicht gewölbte Leib einer Frau, die schon ein Kind getragen hat, die festen, geraden Beine.

Als sie dicht voreinander standen, sich ihre Körper nur noch wiegten, küßte Julie Karl auf den Mund, strichen sie einander Haar, Wangen und Schultern, küßte Karl Julies Brüste, schob Julie Karls Glied zwischen ihre Schenkel. So standen sie, bewegten sich. Als Karl in sie eindringen wollte, schüttelte Julie den Kopf: Laß, sagte sie, es ist gut so. –

Später, in der Küche, als sie das Essen bereiteten – Julie hatte sich inzwischen gewaschen, wobei Karl ihr nicht hatte zusehen dürfen (Bitte bleib so lange hier, im Zimmer!) –, später sprachen sie davon. Nun konnte Karl reden, und die Großmutter hatte wieder einmal recht behalten und nicht recht: Aber wie, wenn sie noch lebte, hätte ihr Karl von jenem Tanz erzählen sollen, von seinem Gefühl dabei, das nicht zu beschreiben war …

– Es ist so erniedrigend, hatte Julie gesagt, als sie immer noch nackt, ins Zimmer gekommen war, um sich anzuziehen: Jawohl, erniedrigend – wenn du mit einem seifigen Lappen den Samen von Schenkeln und Scham schrubbst. Sauberkeit, Hygiene da, wo eben noch Liebe war. – Ja, sagte Karl, auch wenn du das vielleicht noch stärker empfindest, ich kenne dieses Gefühl, wenn man seinen Schwanz hübsch steril zurück in die weichgespülte Unterhose legt. – Es ist gegen die Natur, war Julies Antwort. Schwimmen könnte sie danach: Aber wann kannste das, außer in den paar Wochen Urlaub, und dann ist da vielleicht keiner, mit dem sich's zu schlafen lohnte. Ach Scheiße … – Julie küßte Karl auf die Wange: Kannste Knoblauch schneiden, wie Zwiebel, nur feiner? – Klar, sagte Karl: Klar kann ich Knoblauch schneiden, und fing an. – Julie hatte etliche Zehen des lieblich-scharfen Gewürzes vor Karl getürmt, auch Zwiebeln. – Wenn du weinen solltest, werde ich denken, es ist aus Liebe zu einer schönen Frau. – Und ob, sagte Karl: Du solltest sie nur mal sehn! – Julie entgegnete, sie würde der betreffenden Dame die Augen auskratzen. – 's wär schade um die Augen, meinte Karl, zog Julie an sich, küßte ihre Augen und sagte: Diese meine ich. – Und nach einer Pause, nachdem Julie gesagt hatte: Mein Herr, Ihre Hände riechen entsetzlich nach Knoblauch – fuhr Karl ernsthaft fort: Vorhin, als du mich abgewehrt hast, das war gut, weißt du? – Julie, die eben Reis in einem Sieb abspülte, hielt inne und sah Karl aufmerksam an. – Das ist doch so: Wenn ein Mann eine Frau so weit hat, wie die Männer das nennen, dann muß nicht bloß die Frau die Schenkel auseinander machen, dann muß der Mann natürlich auch ein Mann sein. So erwarten sie's voneinander. Und vorhin, da wär' ich gleich gekommen. Das wußte ich, aber ich dachte, ich muß das machen. Das ist wie ein Rucksack, den man mit sich herumschleppt. Einmal hat mich eine Frau gefragt, die ich nur streicheln wollte, ob ich nicht wüßte, wo's reingeht … – Menschenskind, Karl, sagte Julie nach einer Weile, da gäb's noch eine Menge zu reden über Männer und Frauen. Bloß hab' ich so noch nie mit 'nem Mann darüber gesprochen. Laß es mich erst mal verdauen, ja? – Karl nickte. Er war selbst ein wenig erschrocken über das, was er Julie eben gesagt hatte, hastig, und nicht zu Ende gedacht. Fügte nur hinzu: Du solltest nur wissen, wie froh ich bin. Sonst hättest du dir benutzt vorkommen müssen, und es wäre ja auch so gewesen. Punkt. Und nun zum Knoblauch, er ist fertig geschnitten und stinkt zum Himmel, desgleichen die Zwiebel, feinwürflige, bitte sehr! – Karl wusch sich die Hände, gründlich mit Seife und wider besseres Wissen: Knoblauch an den Händen riecht nach heftigem Waschen derselben drei Tage, andernfalls zweiundsiebzig Stunden.

Julie hatte das Essen fast fertig. Bewundernd sah Karl ihren raschen Handgriffen zu, mit denen sie Reis, Zwiebel und Knoblauch in einer gebutterten Form schwenkte, aus tausend Tütchen, Gläschen und Flakons vielfarbenes Gewürz dazugab, exotische Soßen, rot und zweifellos höllisch scharf, Pfeffer in vielerlei Form – den weißen Cayenne, den roten, oder war das Paprika, wer weiß. Sicher wußte auch Julie das nicht so genau im Wirbel des Zutuns, des Rührens und Schwenkens, im Dunst, der aufstieg, und Duft.

Sie aßen, tranken Bier dazu. Julie hatte zwei Flaschen aus dem Wandschrank gezaubert. – Hmm, Julie grinste Karl mit vollem, fettigem Mund an: Da wirst du aber deinen Lehrgang anstinken. Alle Mann! Dieser Knoblauch! – Karl war's recht, er grinste zurück: Und scharf wird er machen! – Da trat ihn Julie ans Schienbein:

Wüstling, willst eine keusche Rose brechen? – Sie lachten, daß Karl sich verschluckte. Er hustete, und Julie schlug ihm den Rücken. Dabei lachte sie weiter, und Karl tat's ihr gleich, als er wieder zu Luft gekommen war. Mitten in diese Fröhlichkeit hinein klingelte es. Julie ging hinaus. Karl hoffte, es würde ein Versicherungsmensch sein. Indes: eine Begrüßung fand statt. Gar zwei Männerstimmen unterschied Karl. Da brachte Julie die beiden Männer auch schon herein, stellte sie als Klaus und Eddie vor, zwei Kollegen ausm Krankenhaus, Freunde. Karl hätte die beiden unter anderen Umständen, nicht gerade hier und jetzt auftauchend, bestimmt sympathisch gefunden: zwei große, bärtige Jungen mit langem Haar, wie's eigentlich keiner mehr trug. Allein – Julie schien sich aufrichtig zu freuen, betonte, wie lange sie die beiden nicht gesehen hätte.

Die beiden Gäste wurden ins Zimmer geschickt, gleich darauf waren wieder die Stones zu hören, daß es Karl durchfuhr beim Tischabräumen. Gerade eine Stunde war es her, da ... Julie legte ihre Hand auf die von Karl, drückte sie kurz, sagte: Ich versteh' schon – das ist nun dumm für dich, aber ich mag die beiden wirklich gern, sie kommen selten genug, und ich gehe wenig aus dem Haus, wegen dem Kind. – Karl nickte: Klar, sagte er, es ist ja nur, weil sie nun auch noch die Musik ... – Julie hatte verstanden: der Karl war ein empfindsames Pflänzchen, womöglich a bisserl sentimental? Julie strich Karl übern Kopf und tröstete mütterlich: Die beiden bleiben doch nicht die ganze Nacht. –

Das hatte Karl auch nicht in Betracht gezogen, beschloß nun aber, gute Miene zum unwillkommenen Spiel zu machen. Packte die zwei mitgebrachten Flaschen Wein auf den Tisch des Hauses, gesellte sie zwei anderen Flaschen zu, die wohl Klaus und Eddie mitgebracht hatten.

Die folgenden Stunden dehnten sich für Karl unendlich, meist stumm verfolgte er das Gespräch, den Krankenhausklatsch, wie Julie es nannte, obgleich es ihr nicht unangenehm zu sein schien. So ging die Rede von Kunstfehlern der Chirurgen zum Verhältnis eines Oberarztes mit einer Stationsschwester, die trieben's nächtens im Bereitschaftszimmer, und so fort ... Auch um die unaufhörlich sich ändernden Dienstpläne ging es, und daß es dabei Ledige, Männer gar, am übelsten träfe. Gelegentlich hatte Karl eine Frage gestellt, teils aus Interesse, teils, um nicht den Eindruck zu erwecken, ihm wäre es lieber, die beiden gingen. Schließlich, es war schon nach elf Uhr, kam auch Karl noch ins Reden, als Julie die Platte auflegte. Das Gespräch war nach ein paar Urlaubserinnerungen an die letzte Tramp-Tour von Klaus und Eddie verstummt. Weder Karl noch Julie waren schon bis Bulgarien gekommen, wie sollten sie da mitreden können.

Julie legte also die Platte auf, einen Mitschnitt vom sagenhaften Woodstock-Festival Ende der sechziger Jahre. Bob Dylans krächzende Stimme, bei der Karl jedesmal wieder eine Gänsehaut bekommt, die Songs von Jimi Hendrix (der soll vollkommen stoned gewesen sein, das schlimme Wort LSD und die Songs wie ein Trip). Der Beifall von Hunderttausenden, der Jubel. (Zu Hunderten sollen sie sich gepaart haben, auf freiem Feld.) – Alles Legende, fing Karl plötzlich zu reden an, wie zu sich selbst: Damals war Jimi längst weg von den Drogen, und Woodstock war mehr als ein Massenfick, wie es hier in der Zeitung stand ... – Ist aber vorbei, sagte Klaus, war vielleicht gut, ist aber vorbei. – Okay, gab ihm Karl recht: Es ist vorbei, aber wer das erlebt hat, ich meine, bewußt mitgekriegt, wird's nie vergessen. Da reitet er wieder sein Steckenpferd: Unverdautes kommt hoch; ein Gefühl wird stammelnd zum Wort. Ein paar Gläser Wein setzen's in Gang, das schöne Spiel mit dem eigenen Schmerz. Das ist es wohl, was die beiden Jungen Karl so vertraut erscheinen läßt, bei aller Distanz der zehn Jahre Leben, die Karl ihnen voraus hat: Der seltsame Schmerz im Bauch, die Lust, wegzugehen. Nicht zu wissen, wohin. Aber davon reden sie nicht. Das Gespräch bleibt in einem Schwebezustand, die Teilchen fügen sich zu keinem Bild. Karl bringt seinen Monolog zu Ende: Das war mehr als elektronisch verstärkte Rockmusik und hysterische Jugendliche, Freaks. Irgendwann wird ein ganz schlauer Historiker mit einer Arbeit über die soziale Bewegung der späten sechziger Jahre ganz groß rauskommen. – Karl lachte bitter: So, wie sie heute in der Zeitung Jimi Hendrix als Heros der Musikentwicklung feiern, den armen, schwarzen Boy, der immer vor der Frage stand, ob er sich was zum Essen oder eine Gitarre kauft. Als er 1970 gestorben war und wir mit einem Trauerflor zur Schule kamen, hieß das »feindliche Provokation« ... – Und wieso hat sich das geändert, nach zehn Jahren, fragte Eddie. – Weil wir immer erst Luft an die Dinge lassen müssen, »historische Distanz« heißt das Zauberwort. Klar, auch über das Movement der sechziger Jahre könnte man reden, sozialer Protest gegen den Krieg in Vietnam zum Beispiel ... – Aber die Bewegung wäre halt sehr indifferent gewesen, sagte Karl, da ging's auch um Väterhaß, das Reizwort Freud und als Ausweg die Liebe, Jesus und Buddha-Trips, der Weg nach innen. – Karl brach ab. – Du bist wieder ins Dozieren gekommen, Karl, Lehrer hättest du werden sollen, oder Pfarrer – hätte Marion jetzt sicher gesagt. – Wenn du es nicht hören willst, geh doch 'raus, anstatt gequält die Augen zu verdrehen, wäre Karls Antwort gewesen: Was ich zu sagen habe, sage ich, wie es mir paßt. – Danach wäre Marion beleidigt aus dem Zimmer gegangen, wie schon oft, und Karl hätte die Verlegenheit des Besuchers und seine eigene Verlegenheit unbefangen zu überspielen versucht.

An solchen Abenden saß Karl bis weit in die Nacht und schrieb in sein Tagebuch. In solch einer Nacht mußte Julie, seine unbekannte Geliebte, erstmals benannt worden sein.

Julie, die Karl ins Gespräch zog, ohne daß Karl hätte sagen können, ob ihm eine besondere Rolle in diesem Spiel zukam oder ob Julie nicht auch – und dieser Gedanke peinigte ihn, obwohl er ihn zu unterdrücken versuchte, wegwies (Aber welcher Gedanke, einmal da, läßt sich wegweisen, und gar, wenn man es hartnäckig versucht!) – ob also Julie nicht mit einem der beiden, Klaus oder Eddie, ebenso getanzt haben würde, wäre er an Karls Stelle gewesen, vor ein paar Stunden.

Karl sah die Blicke der beiden, wie sie bewundernd Julies Bewegungen folgten, wenn sie lachend den Kopf zurückwarf, daß der Hals straff sich spannte, die Zähne das Licht reflektierten. Die Blicke folgten Julies halblangem Haar, wenn sie den Kopf wieder nach vorn, in ihre Handflächen legte, es das Gesicht bedeckte, folgten ihren Händen, wenn Julie ihr Haar zwischen den Fingern hindurchlaufen ließ und zurück hinter die kleinen Ohren strich, wo sich's in Strähnen löste. Gleichsam um den Bann, der von Julie ausging, zu lösen, sowohl von sich als auch von den beiden anderen, fragte Karl die beiden, wie sie zu ihrem Job gekommen wären. – Ja, er sagte: »Job«. – Klaus war gelernter Baumaschinist, Eddie Dreher. – Das kannste auf Dauer nich machen, sagte Klaus: Da kriegste's in' Kopp. Jeden Tag kriechst du auf deine Raupe und schiebst Dreck zusammen, bis du von dem Dreck träumst. – Eddie nickte bloß. – Und im Krankenhaus ist es besser, fragte Karl zweifelnd: Wo ihr doch auch nur die Dreckarbeiten macht, wie? – Jedenfalls machste da den Dreck für Menschen weg, sagte Eddie. – Und Klaus: Klar – Häuserbauen ist wichtig, und vorher muß planiert werden; aber mir macht's keinen Spaß, verdammt noch mal! Macht dir dein Job Spaß? – Nein, sagte Karl, aber das habe ich vorher nicht ahnen können, genausowenig wie ihr. – Ich hab's schon vorher gewußt, sagte Eddie: Aber ich war in der Schule zu faul, um was anderes kriegen zu können. Da blieb mir nischt weiter übrig als Dreher. Wie mein Vater, der is' auch Dreher. Ich hab' gedacht, erst mal abwarten, was wird ... – Und nun, wollte Karl wissen: Ich meine, wollt ihr das bis zur Rente durchziehen, da, im Krankenhaus? Schieber tragen und Thermometer austeilen? – Nee, antwortete Klaus, bis zur Rente nich, aber solange es läuft. Mensch, das Leben is' doch mehr als bloß Brötchen verdienen, und Arbeit gibt's genug, überall. Ein Kumpel von mir ist mit dreißig hoch nach Mecklenburg, hat Schäfer gelernt. Der hat's geschafft, der is' aus allem 'raus. – Karl fühlte sich mit einem Mal alt, ausgeschlossen von dem, was die beiden sagten. Die hatten nicht Weib noch Kind. – Das Leben ist doch mehr als Brötchen verdienen, hatte Klaus gesagt, und es schmerzte Karl, nicht einfach sagen zu können: Ja, das stimmt. Genausowenig, wie er sagen konnte, das sei Unsinn. Stand dazwischen, und er wußte es seit langem. Und er tat nichts, nichts anderes als nach Hause zu gehen, wo es im häuslichen Gleichmaß weiterging, sich das Leben verlief in stillen Abenden bei einem Buch, Fernsehen, einer Schallplatte und einem Glas Wein, selten mit Gästen. – Wenn du zu weit vorausdenkst, verlierst du den Verstand. – Als wäre Julie Karls Gedanken gefolgt ... – Mein Vater sagt, das mache ihm nichts aus, seit dreißig Jahren Schicht. Er hat seinen Garten, da steckt er von März bis Oktober, macht und tut, die ersten Tomaten sieht der an, als hätte er noch nie welche gesehen, jedes Jahr. – Eddie fuhr sich durchs Haar: Nur im Winter isser schlimm, da fühlt er sich wie eingesperrt, sagt er. –

Julie gähnte ungeniert, ohne die Hand vor den Mund

zu halten, sagte: Ich bin dem Himmel am nächsten, wenn ich Wäsche auf den Boden hänge. –

Als Klaus und Eddie gegangen waren, lange nach Mitternacht, Karl noch einen Rest Wein austrank, eine letzte Zigarette rauchte gegen jede Vernunft, weil die Zunge ihm schon brannte vom vielen Rauchen, räumte Julie eilig und umsichtig den Tisch ab, sperrte die Fenster weit auf, breitete ein Laken auf die Liege, fragte Karl, wann er aus dem Haus müsse, des Weckers wegen, der zu stellen sei. – Um sieben, sagte Karl und fühlte Fremdheit aufsteigen – so, als wäre ein Zeichen gesetzt von dort, woher er kam. Von wo er aufgebrochen war mit nichts als der Hoffnung auf irgendwas, für eine Woche, die ihm unendlich erschienen war. – In der Küche lief Wasser, Julie wusch sich wohl. Sie war ihm fremd jetzt. –

Als Julie kam, trug sie ein langes, durchscheinendes Hemd aus Batist: He, Karl, rief sie ihn an: Bin ich schön? – Ja, sagte Karl, du bist schön. – Er ging hin, schloß die Fenster, löschte das Licht, zog sich aus. Nackt, wie er am liebsten schlief, ohne sich gewaschen zu haben, kroch er zu Julie, drängte sich an ihren kühlen, nach Seife duftenden Leib, streichelte Julie, fuhr ihr mit der Hand unters Hemd: Dich will ich streicheln, nicht das alberne Hemd. – Und ich dachte, es gefällt dir, sagte Julie: Also nicht. – Sprach's und zog es aus, das Hemd, warf's in das Dunkel des Zimmers, war nackt wie Karl. Sie umklammerten und streichelten einander, wortlos, bis beider Atem schneller ging, schließlich vereint bis zum Schrei, der alles löst. Leise Bewegung weicher, träger Leiber, die hinübergeht in den Schlaf. – – – So war Karls zweiter Tag in der großen Stadt Berlin vergangen.

Was meinst du, fragte Klara Georges, als sie am Mittwochabend dieser Woche zu ihm kam, sie Tee tranken: Was meinst du, was wird werden mit den beiden? – Mit welchen beiden, fragte Georges zurück. – Das weißt du genau. – Ja, und? Woher soll ich wissen, was mit denen wird. – Georges brannte sich eine Zigarette an, schwieg, obwohl Klara ihn ansah, mehr von ihm hören wollte. – Immerhin ist Karl dein Freund, und Julie ..., wandte Klara ein. Sie gebrauchte den Namen Julie. Wie Karl sie nannte. – Und Julie ist die Mutter des von dir gezeugten Kindes – war es das, was du sagen wolltest? – Laß den Zynismus, Georges, oder bist du gar eifersüchtig? – Quatsch, sagte Georges: Du weißt genau, daß mit Julie und mir nichts mehr geht. Dem Karl hab' ich gesagt, er soll sie, wenn er sie liebt, und es sieht ja wohl so aus, als liebte er sie, dann soll er's mit offenen Augen tun. Reicht dir das? – Georges war aufgestanden und lief zwischen Tisch und Fenster hin und her. – So abgebrüht, wie du gern sein möchtest, bist du gar nicht, stellte Klara fest: Nee, sonst würdeste nicht aufgesprungen sein, was? Nee, so kalt bist du nicht. – Natürlich bin ich nicht kalt. Wer sagt denn so was! Komm, zieh dich aus, wir schlafen ein bißchen, da wirste sehn, daß ich nicht kalt bin. – Nein, sagte Klara: Was hat denn das mit Schlafengehn zu tun? – Na, Mädchen, seit wann schläfst du denn nicht mehr gern mit mir? – Georges lachte, ein bißchen zu laut. Er setzte sich hin und begann zu zeichnen. Klara ging in die Küche und wusch ab. Später setzte sie sich still ins Zimmer, trank vom kalt gewordenen Tee und las. Das war nicht ungewöhnlich, daß sie einen Abend so verbrachten, wenn nicht Freunde kamen, sie nicht ins Kino gingen oder zeitig zu Bett: So oft und so gern hab ich's noch mit keiner getan, sagte Georges dann gewöhnlich. – Es war ein Spiel, in dem Klara zu antworten hatte: Angeber, so weit ist es nicht her mit dir! – worauf Georges es ihr schon zeigen wollte, daß ihr Hören und Sehen, vor allem aber die losen Reden vergingen!

An diesem Abend aber lag eine Spannung in allem gewohnten Tun. Immer wieder sah Klara von ihrem Buch auf, wartete auf einen Blick, eine Ermunterung von Georges. Der zeichnete unentwegt, bis Klara die Stille nicht mehr aushielt, sagte: 's ist mir doch nur um den Karl zu tun, deinen Freund, nicht meinen; Herrgott, ich denke, er wird die Julie nicht halten, halten müßt' sie ihn. Ich meine, wir sollten reden mit ihr, oder nicht? – Georges legte das Blatt, an dem er gearbeitet hatte, weg, drehte sich zu Klara um und sagte mit der Geduld eines Lehrers, der weiß, daß der Schüler doch nichts begreifen wird: Woher glaubst du zu wissen, der Karl will Julie halten, wo er zu Hause die Frau hat, das Kind, Arbeit und Wohnung. Wie, wenn er nichts will, als die Gelegenheit nutzen, da herauszukommen für eine Woche und zurückzugehn mit einer schönen Erinnerung für kalte Wintertage. Aus. – Und du, fragte Klara: Was bist dann du nicht bei der Frau, die du hast, dem Kind? – Ich bin nicht Karl, und Karl ist nicht in meiner Haut, war alles, was Georges noch sagte. – Klara machte an diesem Abend die Erfahrung, daß es einem mit einem Mann durchaus so ergehen kann, wie die Männer es den Frauen nachsagen: da ist ein Punkt, über den sie nicht reden wollen, und den ignorieren sie.

Diese Nacht schlief Klara nicht mit Georges. – Nein, hatte sie gesagt, als er zu ihr rückte.

Ein paar Straßen weiter lagen Karl und Julie beieinander und wußten nichts von dem, was hier geredet und verschwiegen worden war. Wußten nicht, daß die beiden, Klara und Georges, in ihrem Bett auseinander rückten. Noch an ihrem Gespräch zu deuteln hatten. Verstimmt nun auch Georges, zu dem Klara nach einer langen Weile, die sie schweigend wach gelegen hatten, sagte: Manchmal glaub' ich, daß ich nichts mit dir zu schaffen habe, außer im Bett. Und einmal hört auch das auf. – Georges schwieg.

Die Woche verging, Tag um Tag, für Karl und Julie, für

Klara und Georges, ohne daß der Weltenlauf sichtliche Veränderungen erfahren hätte. Irgendwo war ein Verkehrsflugzeug entführt, ein Polizist erschossen worden, weit weg war das geschehen, und zwischen dem soundsovielten Rauschgifttoten in einer Pißbude am Bahnhof Zoo und Berlin – Hauptstadt der DDR – stand die Mauer unerschüttert, weiß und gut bewacht. In einem Land der dritten Welt, meldeten morgens die Agenturen, war durch anhaltende Dürre die Versorgung der Menschen mit dem Lebensnotwendigsten unmöglich geworden. Brunnen versiegten. Täglich starben Hunderte Menschen am Hunger. Babies kamen zur Welt, um zu sterben. Wie winzig nahm sich da Georges' Streit mit seinem Meister aus, am Morgen des Donnerstags, als er, Georges, in aller Eile alles fallen lassen sollte, woran er eben tat, in gebotener Langsamkeit. – Sozialistische Hilfe war zu leisten bei den Begrüßungsmalern, denn dieser Tage schon stand völlig überraschend der Besuch eines Staatsoberhauptes ins Land, zu dessen Ruhm und Ehre im Fundus weniges nur sich finden ließ. Kurzum, Georges wurde abkommandiert. Ließ indes nichts von seinem Werkzeug fallen, nichts stehen und liegen, fragte nur: Wieso denn ausgerechnet ich? – Da besann sich der Meister seiner Autorität und sagte etwas von: Und wenn ich dir sage, dann sage ich dir ... – in dieser Art, worauf ihm Georges anbot, er könne ihn mal am Arsch lecken. Das nahm der Meister nicht an, suchte einen anderen Kandidaten und fand auch einen, nicht ohne Georges vorher Konsequenzen anzukündigen, er würde schon sehen. – Haste 'ne schlechte Nacht gehabt, Alter, fragte Georges ein Kollege beim Frühstück: Hat's bei Muttern nich' geklappt? – Da war Georges endgültig sauer, kein Wort sprach er mehr an diesem Tag.

Zur gleichen Zeit saßen Klara und Julie beim Frühstück, in schwesterlicher Runde, beim gestifteten Kaffee, wovon sich ein Patient besondere Fürsorge versprach. Indes – kein Wort fiel über ihn, nurmehr die üblichen, ewigen Frühstücksgespräche gingen im Kreis: der Rundgesang vom Kinderkriegen und Tod, Backrezepturen und Beischlaf. Zwischendurch schlug die Klingel an, Zimmer 12 leuchtete auf, wieder die zwölf, räsonierte jemand, mit denen hätte sie's nun aber satt. Klara goß sich und Julie eine zweite Tasse Kaffee ein. – Weißt du, was Georges mal zu unserem Kaffee gesagt hat, fragte Julie nebenbei: Wer gibt denn mir was aus für meine Arbeit. – Stimmt ja auch, antwortete Klara. – Aber ich hab' ihm gesagt, du produzierst Mist, wir tragen welchen weg. – Und wie geht's mit Karl, fragte Klara unvermittelt. – Was willst du hören? Gut geht's, wenn du das meinst. – Du weißt, was ich meine. – Dann weißt du auch meine Antwort. – Klara schüttelte den Kopf: Also liebst du ihn nicht? – Das ist nicht die Frage. Obendrein war von derlei Dingen nie die Rede zwischen uns. – Dann läßt du ihn fallen, versteh' ich recht? – Hab' ich ihn denn aufgehoben? – Da schwieg Klara, trank ihren Kaffee aus und ging. Erst zum Feierabend sprach sie Julie wieder an. Es schien, als sei es seit gestern an ihr, Schlußsätze für Gespräche zu finden. – Ich glaube, sagte sie, ihr seid euch ähnlicher, als ich jemals geglaubt habe. Deshalb ging es nicht mit euch. – Ach, Klärchen, entgegnete darauf Julie: Was du dir so Gedanken machst! –

Und Karl? Dem verging die Woche zwiefach: zäh schleppten sich die Vormittage, die Pause, die Stunden bis um fünf. Schnell hingegen verging die Zeit danach – abends in der Stadt, bei Julie. Die Nächte mit wenig Schlaf. Jeder Tag zerfiel in zwei zeitgleiche Hälften, die ihm durchaus nicht gleich erschienen. Bis zum Nachmittag hoffte er beständig, die Zeit möge schneller vergehen, aber schon im Bus, auf dem Weg zur U-Bahn rannte er fast, war da Angst, um ein paar Minuten betrogen zu werden. Am Donnerstagmorgen, als er müde und ein wenig schwach auf den Beinen den Weg hin zum Schulungsheim ging, fiel ihm ein, daß die Hälfte der Woche um war. Und nichts beredet mit Julie, die ihn abends empfing, als sei es die normalste Sache der Welt. Er kam nach Hause und mußte morgens wieder fort. Dazwischen lagen die Nächte, in denen sie miteinander schliefen, als sei es jedesmal das letzte Mal. Und so war es ja beinahe auch. Was sollte da beredet werden. Eine Woche ist eine Woche, nur vier Nächte hatte sie in diesem Fall, vom Dienstagabend bis Samstagfrüh. Da beißt die Maus kein' Faden ab.

Heute ist Donnerstag, sagte um diese Stunde, zwischen sieben und acht Marion. – Sagte es dem wild sich gebärdenden Sohn, der sich nicht anziehen lassen wollte. – Übermorgen kommt der Papa nach Hause. – Damit gewann sie des Kindes Aufmerksamkeit. Rasch war es in die Sachen gesteckt. Trost war geworden für Mutter und Kind, obgleich Marion jene Unruhe der ersten Nacht, da sie nicht hatte schlafen können, über die Woche mit sich trug, ohne daß sie einen Grund hätte nennen können. Dafür war sie eine Frau – mit der Eigenart ihres Geschlechts, das Gras wachsen zu hören. (Die Fähigkeit, das Gras wachsen zu hören, will sagen, Dinge zu hören, die wir nicht hören, sagte später der Professor, jener in Alfons' Kneipe einst und nicht zum ersten Mal jäh hingestürzte Hüne, diese Fähigkeit ist den Männern seit Odysseus' Zeiten verlorengegangen. Aus dem Krieg kommend, mit tauben Ohren über die Meere geirrt – so haben die Kerle das Patriarchat aufgebaut. Da war doch schon von Anfang an der Wurm drin, bis heute isser das, prost!)

Nichts davon konnte Marion an diesem Donnerstagmorgen wissen. Ihre Unruhe, dachte sie, hinge nur damit zusammen, daß Karl nie vorher für eine Woche allein weggefahren war, und nun gleich gar in jenes Sündenbabel Berlin – voller Lockungen, Bars und Kneipentüren. Lüsterne Weiber allenthalben, schon Teenager legten sich dort hin, für nichts als den Spaß. Letzteres hatte Knoll, ihr Chef im Büro, dieser Tage Marion erzählt. Hatte sich mit einer seiner feisten Hinterbacken auf den Schreibtisch gesetzt, daß sein Bauch Marions Schulter streifte: Wenn da der Papa mal keine Dummheiten macht, hatte Knoll gekichert. – Und wenn, Herr Knoll, hatte Marion gesagt, was ist denn dabei? – Aber ihre Stimme war nicht so fest gewesen, wie sie es sich gewünscht hätte. – Nichts, nichts ist dabei, beeilte sich Knoll zu versichern: Ich meine nur, sie brauchen vielleicht Trost? – Hättste dem Kerl doch in' Bauch gehaun, hatte Marions Kollegin Rosi gesagt. Kastriert müßte so was werden! – Marion hatte nur angewidert und hilflos die Schultern gezuckt. Daß der Knoll immer die wunden Punkte zu treffen verstand, war allgemein bekannt. – Sehn sie mal, erzählte Knoll zuweilen, ich hab' da eine Theorie, die in der Praxis vielfach bestätigt ist: Zu Hause haben die braven Frauen seit Jahr und Tag denselben Mann. Der ist vielleicht jünger und schlanker als ich – aber 's ist alleweil derselbe. Dem fällt doch nix mehr ein. Was soll er sich groß betun um das, was er eh schon hat. Fernsehen strengt weniger an, Fußball ist spannender – und da kommt der alte Knoll mit genau so einem Ding, wie's der Papa zu Hause hat. Aber 's ist verboten. Sünde. Da juckt das Pelzchen halt. Ein Schnäpschen dazu, das macht gelenkiger, und der Knoll tut nichts als ein gutes Werk. Pfui sage ich denen, die mich dieserhalb eine alte Sau nennen! Der Knoll hört so was wohl, und er nennt es Undank. – Solche Reden hielt Knoll oft und ungeniert, Marion war eines seiner bevorzugten Opfer. Bei ihr hatte Knoll seinerzeit, als Marion gerade im Betrieb zu arbeiten begonnen hatte, seine Tour vergeblich versucht. Zwar war Marion mit ihm zur Bar gegangen, wie hätte sie es ihm abschlagen können, aber außer zwei Gläsern Sekt hatte sie nichts getrunken, Knoll gar arglos in ein Gespräch über Kinder und Haushalt verstrickt – ob er seiner Frau hülfe, in dieser Art. Das war ein schlechter Abend gewesen für Knoll, ungern dachte er daran zurück, war sich nicht klar gewesen, ob Marion ein naives Ding oder eine ganz Durchtriebene war. Jedenfalls war es an jenem Abend zu spät gewesen, etwas anderes aufzutun, und die Kollegen hatten ihren Spott mit ihm getrieben: Na, Knoll, schon fertig? –

Nichts von Marions unklarer Besorgnis, die Knoll mit seinem Gerede geschürt hatte, drang zu Karl, der Gras in der Tat nicht wachsen hörte. An diesem trüben Novembermorgen schon gar nicht, da er endlich und einigermaßen unauffällig in sein Zimmer geschlüpft war, nach frischer Wäsche für den Tag. Sogar einen Kaffee würde er noch trinken können, dachte Karl und ging los, verschloß das Zimmer, Schreibzeug unterm Arm. Zwar musterten ihn die lieben Kollegen in einer Art entrüsteter Anerkennung: Der mußte ja was Festes in der Stadt haben. Und die Augenränder sprachen Bände! – Andererseits ging's keinen etwas an, dachte Karl, wo er seine Abende und Nächte verbrachte, solange er tagsüber zur Stelle war, den Kopf gewichtig in die Hände stützte und zuhörte, was da verkündet ward. Dieses ist mein Kraut, dachte sich Karl. – Damit war er freilich im Irrtum, wie der weitere Verlauf des Tages noch zeigen sollte. Hatte doch am Mittwochabend ein rasch konstituiertes Parteiaktiv getagt, wozu der Genosse Karl Groß vergeblich erwartet wurde, und dies, obwohl er doch Gegenstand der Debatte sein sollte, und es dann, wenn auch in Abwesenheit, war. Daß man das Aktiv erst nach dem Abendessen zusammengerufen hatte, als Karl längst auf und davon war, was Wunder, fiel dabei nicht ins Gewicht. Ins Gewicht fiel der Beitrag der gewichtigen Genossin Schröder, die sich spontan zu Wort meldete, nachdem Krause erklärt hatte, man sei hier, um über den Groß zu reden, der eine keineswegs sozialistisch zu nennende Lebensweise an den Tag – bzw. an die Nacht lege, hahaha. – Auch in dieser schicksalsschwangeren Stunde, als man Wolken des Unmuts über Karl zu ballen angetreten war, verließ den Leiter der Humor nicht, so muß es sein! – Ja, sagte die Schröder: Ich kenne den Karl (sie sprach Karl wie Kerl aus) seit vielen Jahren. Wir gehörten einer Seminargruppe an, seinerzeit, und ich muß sagen, Genossen, daß ich betroffen bin!

Die Schröder preßte die freie Rechte an die Stelle ihres umfänglichen Busens, unter der das Herz zu vermuten war. In der linken, gestikulierenden Hand hielt sie eine ihrer gewaltigen Zigaretten, an der sie zwischen den Sätzen heftig sog: Er war damals bereits verheiratet, seine Frau ist mir persönlich zwar nicht bekannt, indes, ich weiß, daß sie als Buchhalterin arbeitet und Mutter eines Sohnes ist. – Karls allabendliches Verschwinden könne ohne Zweifel nur mit einer anderen Frau in Verbindung stehen, und dies bei einem Lehrgang, zu dem er doch aus wahrlich anderem Grund delegiert worden sei! – Genossen, rief sie aus, stehend jetzt, und den Arm in der Manier einer Erinnye drohend der gelbgerauchten Zimmerdecke entgegengestreckt: Vor allem der Frau wegen haben wir, die Partei (sie schlug sich erneut vor die Brust) die Pflicht, Klarheit zu schaffen; Ordnung und Sauberkeit! – Viel mehr war in der Diskussion nicht passiert. Gabi Schröders Beitrag war grundlegend genug gewesen. Krause hatte ihr, als sie geendet hatte, anerkennend zugenickt: Das ist auch meine Meinung, Genossen. Ordnung und Sauberkeit müssen in den persönlichen Belangen herrschen. Gibt es weitere Wortmeldungen? Krause sah in die Runde. Aber es gab keine weiteren Wortmeldungen, statt dessen ein offensichtlich allgemeines Bedürfnis, davonzukommen, zu Skat und Bier. Nur einer, der kleinwüchsige Germisch aus dem Thüringer Hinterwald, hatte in seinem rollenden Idiom zu bedenken gegeben, vor einer Beschlußfassung »irrrgendeinerrr Arrrt« müsse Karl selbst angehört werden. – Das hatte Krause zugegeben. Die Sache war für den Donnerstagmittag verabredet worden, nach dem Essen.

Ahnungslos saß Karl im Restaurant, trank Kaffee mit Schnaps gegen die Müdigkeit, die nicht geringer wurde bei der Vorstellung, daß in den folgenden vier Stunden über die Anwendung statistischer Methoden in den Bibliotheken diskutiert werden sollte. Gegen seine trüben Gedanken, die verrinnende Woche betreffend, schien ihm Gabi Schröder eine angenehme Abwechslung zu sein, wie sie eben in ihrer Leibesfülle auf seinen Tisch zusegelte. Jedoch, sie nahm nicht Platz, sprach nur den wunderlichen, ganz und gar auf die Regeln des Anstandes sowie der deutschen Sprache verzichtenden Satz: Heute mittag ist Partei. – Guten Morgen, sagte Karl. – Zwölf Uhr dreißig, kleiner Klubraum, sagte die Schröder und machte eine Kehrtwendung, die militärischen Ansprüchen fraglos hätte genügen können, wäre sie links- und nicht rechtsherum ausgeführt worden. – Himmelarsch, fluchte Karl leise, was ist denn in die gefahren? – Und da, gerade hatte er den letzten Schluck Weinbrand im Hals, überkam es ihn, daß er sich verschluckte: Das galt ihm! Die Müdigkeit verflog Karl im Augenblick, nun nahm er auch die Blicke wahr, die ihn von den Tischen ringsum trafen: So ist das also, sagte Karl. – Kopfschüttelnd ging er hinein in den Sitzungsraum. Der Referentin war Karls Aufmerksamkeit jedenfalls sicher. Ihm war die Lust auf ein Nickerchen hinter vorgehaltener Hand gründlich vergangen.

Die Referentin stellte sich vor: Speck-Müller mit Bindestrich hieße sie. Die Dame sprach ihrem Namen hohn, von Speck keine Spur. Zunächst, sagte sie, wolle sie ein theoretisches Fundament schaffen, eine Grundlage: Die Grundlage sinnvoller Statistik ist die gemeinsame Methode. – Wie viele Benutzer würden einfach nicht erfaßt, nur weil nach der Führung von Schulklassen nachlässige oder schlecht qualifizierte Mitarbeiter, wozu sie die Anwesenden selbstverständlich mitnichten zähle, es verabsäumten, jedem der Kinder einen Leserausweis auszustellen. Und ob die werten Damen und Herren sich einmal der Mühe unterzogen hätten, darüber nachzudenken, daß auch ein von einem Mitarbeiter der Einrichtung entliehenes Buch statistisch unbedingt relevant sei! – Nach der Pause ging es in die Diskussion, und Karl meldete sich kühn zu Wort, getrieben von einer Art Galgenhumor. Nachdem er, wie es schien, ohnehin angezählt werden sollte, schlug er sich also selbst k.o. mit seiner Frage, ob die sehr verehrte Kollegin Speck-Müller nicht vielleicht schon einmal vom Verdacht beschlichen worden sei, ihr geschätztes Arbeitsgebiet sei, Pardon, im Begriff, in Krümelkackerei auszuarten? Entscheidend schiene ihm, seiner unmaßgeblichen Erfahrung folgend, doch zu sein, daß gelesen würde. Nicht der Statistik halber unterhalte man Bibliotheken! – Ein Geraune beträchtlichen Ausmaßes folgte Karls Auslassungen, die im übrigen von der zwar angeschlagenen, nichtsdestoweniger aber ungebrochenen Kollegin Speck-Müller in den Bereich der Unsachlichkeit verwiesen wurden. Nicht zu Unrecht, wie Karl selbst wußte. Aber er gab noch eines drauf: Ich korrigiere mich, sagte er: Freilich sei die Statistik insofern unverzichtbar, als daß von ihren Zahlen die Prämiensumme abhinge. – Darauf ging die Referentin nicht mehr ein, maß den Provokateur nur mit einem giftigen Blick. Woher sollte sie wissen, daß es Karl weder um sie noch um die Statistik zu tun war! Bis zum Essen verlief die weitere Diskussion in seriösen Bahnen: es wurde ein wenig gemeckert über störanfällige Zählgeräte, Bedienungsfehler, dies und das. Eine sehr konstruktive Diskussion sei es gewesen, schloß Frau Speck-Müller, nicht ohne Karl nochmals mit einem scharfen Blick zu bedenken: In der Pause stünde sie gern noch weiteren Fragen zur Verfügung.

Auf die Versammlung war Karl gespannt. Sollte es, und wie anders sollte es sein, um seine nächtliche Abwesenheit gehen, die doch keinen zu interessieren hatte? Karl entsann sich, von derlei Verfahren in den wilden fünfziger Jahren gehört zu haben. In manchen Büchern fanden sich Hinweise darauf, aber jetzt? Daß es dann so kam, wie es kam, hatte Karl allerdings nicht erwartet: Sein provokatorisches Verhalten am Vormittag habe einmal mehr bewiesen, was von ihm, dem Genossen Groß, zu halten sei. – Krause stieg scharf ein: Zudem sei er der gestrigen Versammlung unentschuldigt ferngeblieben. – Von der ich nichts wußte, wandte Karl ein. – Krause ging darüber hinweg: Bitte, wir fordern dich also auf – duzte er Karl, obwohl sie doch bisher beim »Sie« geblieben waren. – Das ist komisch, wunderte sich Karl: Wenn er dienstlich wird, sagt er »Du« zu mir? – Alle schauten Karl erwartungsvoll an, nur war Karl in seiner Verwunderung der Rest, das Wesentliche von Krauses Aufforderung entgangen. – Wo du die ganzen Nächte lang gesteckt hast, wollen wir wissen! Na, gib zu, daß du bei einer Frau gewesen bist, herumhurst! – Nun meinte Karl doch etwas sagen zu müssen: Ich frag' doch auch nicht, wie Sie Ihre Nächte verbringen! – Empörung rings. – Frechheit, rief Gabi Schröder: Wir sitzen hier in unserer Freizeit, und du bietest uns so was an! Wie sollen wir dir da helfen! – Verstockt, sagte Krause. – Ich helf' mir schon selbst, sagte Karl, der aufgestanden war: Und Bettgeschichten kriegt ihr keine von mir zu hören, wenn's das ist, worauf ihr aus seid! – Die Versammlung endete im Tumult. Krause schluckte Tropfen gegen einen möglichen Infarkt, die

Schröder stand ihm bei. – Da muß ich doch was Wahres gesagt haben, dachte Karl. Weshalb hätte er sich sonst so aufgeregt, wie? –

Karl saß die Stunden des Nachmittages ab, wie ein Häftling die letzte Nacht vor der Entlassung. Wirre Gedanken liefen kreuz und quer, die Zeit schien zu stehen. Krause ließ durch Gabi Schröder ausrichten, das begonnene Verfahren sei ausgesetzt, man werde den Fall, jawohl, den Fall an Karls Betrieb weiterleiten. Im übrigen könne ein diszipliniertes Verhalten seitens Karl nur zur Verbesserung seiner Lage beitragen. – Da fand Karl die pathetischen Worte der Schröder schon wieder ein bißchen komisch, fragte, als wollte er sich vergewissern: Mildernde Umstände meinst du? – So kannst du es nennen, sagte die Schröder ungerührt: Am besten, er bliebe diesen Abend hier, das wäre ein rein privater Tip von ihr. – Und Karl – wie dankte er's ihr? Saugrob! Sagte nämlich: Einen Scheißdreck werd' ich, damit du es nur weißt! –

An dieser Stelle muß der Punkt gesetzt werden. Der Anfang vom Ende einer aussichtsreichen Karriere, wenngleich bis dahin noch Zeit vergehen wird. – Das kommt in den Bericht! Was du eben gesagt hast, ist ja ungeheuerlich! – Ich weiß, gab Karl gemütlich zu. Und alles, was ich noch sage, kann gegen mich verwendet werden, nicht wahr? – Die Schröder ging.

An diesem Abend hatte Karl Julie viel zu erzählen, in kurzer Zeit, denn bald schon wollten sie aufbrechen. Irgendein Freund von Georges hatte zu einer Atelier-Fete eingeladen. Ach du lieber Himmel, sagte Julie nur auf Karls Bericht. – Als das Kind zu Bett gebracht, der Babysitter (eine junge Frau aus dem Haus) eingetroffen war, gingen Karl und Julie los.

Karl hatte, als Julie das Kind in der Wanne seifte, es abtrocknete und anzog, rasch, doch ohne Hast, das Geschirr gespült; hatte das Kind gefragt, was im Kindergarten gewesen sei, und von Marcos blutig aufgeschlagenem Knie erfahren. Das wäre bestimmt bald wieder heil, hatte Karl versichert: Drei Tage Regen, drei Tage Schnee – kennst du das, hatte Karl gefragt. – Nein, das Kind kannte den Spruch nicht. Da hatte ihn Karl dem Kind beigebracht.

Was werdense machen mit dir, fragte Julie auf der Straße, nachdem sie ein Stück des Weges schweigend nebeneinander gegangen waren. Manchmal fiel Julie in diesen, dem Jiddischen entlehnten Tonfall, in dem auch die ernstesten Dinge um ein Stück zurückgenommen sind, weniger ernst klingen. – No, versuchte Karl den gleichen Ton zu treffen: Erschlagen werdense mich nicht, ein Palaver werdense machen müssen, was sonst? – Wieder schwiegen sie eine Weile. Karl brannte sich im Gehen eine Zigarette an. – Merkwürdig, dachte er: Was für eine Ruhe ich hab'. Als ginge es mich gar nichts an. – Weißt du, sagte er dann zu Julie, das passiert mir doch nicht zum ersten Mal, daß ich Krach hab' mit der Obrigkeit. Als ich Soldat war, hatte ich Ärger mit dem Spieß. Der verstand meine Sprache nicht und dachte, ich mach's ihm zum Trotz. Was weiß ich, was ich für Worte gesagt habe, lateinisches Zeug. Da hat er vielleicht gedacht, das sind Schweinereien, oder was über ihn. Und ich habe dann wochenlang die Toiletten geputzt, die Becken mit einem Ziegelscherben, Ziegelstein rot machte wirklich Glanz, bloß war keine Ablösung in Sicht, und die Kameraden machten schon Witze, was ich denn an Pacht zu zahlen hätte für das Klo. Jeden Tag mußte ich die Erledigung meiner Aufgabe persönlich melden. Bis mich eines Tages der Hafer stach: Ich zog mir zur fälligen Meldung eine irrsinnige Kombination verschiedenster Uniformteile an, links einen Stiefel, rechts den Ausgangsschuh, Stahlhelm und Paradejackett, im Koppel einen Handfeger – das ganze in langen Unterhosen. So ging ich, im

Stechschritt, den ganzen Flur entlang, bis ans andere Ende, da stand der Spieß, dem sackte der Unterkiefer weg. – Genosse Hauptfeldwebel, fing ich mit der Meldung an, da fand er die Sprache wieder, brüllte was von Wegtreten. Ich tat's. –

Julie schüttelte den Kopf über diese Geschichte, die nicht einmal mit dem Stolz erzählt worden war, in dem sonst Geschichten aus der Soldatenzeit zum besten gegeben werden: Hättest du dich nicht einfach beschweren können über diese Strafarbeit? – Das haben sie mich vor der Leitung auch gefragt. Ob ich denn gar kein Vertrauen hätte. Statt dessen anarchistische Aktionen losließe, die durchaus dazu angetan wären, das Ansehen eines, nun ja ... eben Vorgesetzten zu schädigen. – Und ich habe zurückgefragt, ob sie denn nicht alle gewußt hätten, was da lief. – Ich hab' eine Rüge bekommen, gut, Fehler eingesehen, auch gut, aber das Klo hat fortan, wie üblich, in jeder Woche ein anderer geputzt, die Becken mit Ata und Bürste, Ziegelstein rot war vergessen. – Und die Moral von der Geschicht'? – wollte Julie wissen. – Keine. Höchstens die, daß ich ein komischer Vogel bin, wie du gewiß schon bemerkt hast. Der sich in dein Nest verflogen hat ... – Und Federn läßt, fügte Julie ernsthaft hinzu. – Da waren sie an einem Punkt, der so heiß war, daß Karl tief durchatmen mußte. Jetzt hätten sie weitersprechen müssen, jetzt, da Julie sagte: Los, wir rennen ein Stück. – Ergriff Karls Hand, hielt sie fest in ihrer und rannte los, zog Karl mit sich fort, ehe er zu einer Entgegnung kam.

Vor einem großen Haus, in dessen Hof schon laute Musik zu hören war, hielten sie. – Wir sind da, sagte Julie atemlos und küßte Karl auf den Mund: Wundere dich nicht, wenn du mich heute abend wenig siehst. Bei solchem Fest bin ich selten lange auf einem Platz. Schau dir die Leute an, getanzt wird werden, getrunken auch! –

Schon hatte Julie Karl über den Hof gezogen, die Treppen des Hinterhauses hinauf, der lauter werdenden Musik entgegen. Zwei Mädchen mit fliegendem, langem Haar umarmten und küßten Karl und Julie. Flugs ward ihm aus dem Mantel geholfen, verschwunden war Julie, mit ihr eine der beiden Schönen. – Nymphen, dachte Karl, einem Quell entstiegen für eine Nacht im flackernden Kerzenlicht, das die Gesichter verzerrt. – Eines der Mädchen war bei Karl geblieben, zog ihn durch mehrere Räume, ohne Eile die Menge der Leiber teilend, einen Weg entlang, der sich auftat und wieder schloß. Schließlich langten sie in einem kleinen Raum an, in dessen Mitte ein Tisch mit gedrechselten Beinen stand, die spiegelnde Platte dicht besetzt mit Flaschen schillernden Inhalts. Das Mädchen goß Karl ein Wasserglas halbvoll mit einer gelbgrünen Flüssigkeit, deren Farbe Karl eher abstieß. – Trink, sagte das Mädchen, indem es Karl seinen rechten Arm um die Schultern legte, dabei so dicht an ihn herantrat, daß Karl die Wärme der bloßen, nur von einem dünnen Hemd bedeckten Brüste spürte, die Berührung der hart vorstehenden Brustwarzen. Karl trank. Es war ein milder, wärmender Schnaps, mit einem fremden, aber angenehmen Geschmack. Ein Gefühl der Leichtigkeit kam über Karl. Wohligkeit, die Karl an kalte Wintertage erinnerte, wenn er in seinem Bett im Haus der Großmutter erwacht war, oben in der Dachkammer, wärmend eingeschlossen vom riesigen Federbett, und das Licht nur mühsam durch die dick gefrorene Fensterscheibe drang. Auch die Angst gehört in das Bild, wenn er da lag und wußte, an diesem Tag würde unten im Hof ein Schwein geschlachtet werden. Er hörte den Metzger kommen, wie ihn die Großmutter begrüßte. Bald würde es so weit sein, daß sie das Tier aus dem Stall zerrten, und das Geschrei des Tieres würde nicht mehr abreißen, bis sie es getötet hatten. Die hastigen Schritte dann, hölzerne Schuhe auf dem gepflasterten Hof, den Eimer her, das Rührholz, das dampfende, schaumige Blut zu rühren.

Mit einem zweiten Schluck leerte Karl das Glas. – Geht es dir besser, fragte das Mädchen, noch immer eng an Karl gelehnt. – Woher willst du wissen, ob es mir schlecht gegangen ist, gab Karl die Frage zurück. – Ist das nicht unwichtig? – Das Mädchen lächelte ihn an: Wichtig ist nur, daß es dir jetzt gut geht. –

Sie führte ihn weiter, zu einem kleinen, mit einem Vorhang nachlässig verschlossenen Raum, in dem mehrere nackte Frauen und Männer einander liebten. Behutsam zog das Mädchen den Vorhang zu. Sie gingen weiter, einen Korridor entlang. – Wo ist Julie, fragte Karl. – Das Mädchen lachte, nahm Karls Hände und führte sie unter das Hemd, legte Karls Hände auf ihre Brüste. Sacht begann Karl, erst mit den Fingerspitzen, die Brüste des Mädchens zu streicheln, dann heftiger, auch die Flanken, wechselnd mit einer Hand. – Du bist eine Nymphe, wie, murmelte Karl, dem alles verschwamm. – Lag's an dem teuflischen Schnaps, oder war es die Begierde, die in ihm aufgestiegen war bei der Berührung dieses Körpers.

Später, als Karl sich, wie erwachend, durch die gleichen Räume gehend fand, wußte er nicht, ob er mit dem Mädchen geschlafen hatte oder ob die Szene im Korridor nicht nur eine Folge des Schnapses gewesen war, eine Halluzination. In einem der Zimmer sah Karl Männer und Frauen an handlichen Staffeleien sitzen, nach einem Modell zeichnen, das in der Mitte des Raumes stand: ein nacktes Mädchen. Unter den Zeichnenden entdeckte Karl Georges, trat leise an ihn heran, grüßte, hockte sich neben ihn. – Störe ich, fragte Karl. – Georges schüttelte den Kopf: Bleib nur. Sind wir schon nicht zum Biere gekommen, reden wir jetzt ein Wort. Was macht Julie? – Ich weiß es nicht, antwortete Karl. – Georges lachte: Sie wird sich vor deiner Liebe retten. – Das versteh', wer will, sagte Karl. – Was hättest du sie Julie genannt, wenn nichts Besonderes an ihr wäre, sagte Georges. – Karl hockte da, am Boden. Klein kam er sich vor, und Georges hatte am Ende recht. Was sollte der ihm Geschichten erzählen. Die freundliche Wirkung des Schnapses war verflogen, Karl fror. – Georges sagte nach einer Weile, während er weiter an seiner Zeichnung gearbeitet hatte, sagte eindringlich: Hör zu, Karl, fahr in Gottes Namen nach Hause, sauf dir einen an, meinetwegen, aber laß die Dinge, wie sie sind. Selbst wenn es den Mann gäbe, der Julie für sich und für immer gewinnen könnte, selbst wenn du dieser Mann wärst – es ginge nicht an. Du fändest nicht, was du suchst. – Und was, fragte Karl, glaubst du, das ich zu Hause finde? Wo nichts mehr sein wird, wie es war? – Karl stand auf. Den Rest des Abends, der beginnenden Nacht, lief er unstet durch die Räume des Ateliers, trank einige Gläser Schnaps, verlief sich, ging im Kreis. Wie viele Zimmer waren es, dehnten sich die Räume, wölbten sich die Wände, hoben sich die Dekken … Karl hörte Musik, sah den Tanzenden zu, ohne selbst das Bedürfnis zu verspüren, in die Selbstvergessenheit des Tanzes zu fallen, wehrte höflich einen Jungen ab, der ihn bat, ihm zu folgen. Der Junge hatte große, dunkle Augen, die er immer noch, mehr bittend als fordernd, auf Karl richtete. Der Junge tat ihm leid, wie er da stand, und er ging mit ihm zu jenem Tisch, jener Flasche Schnaps, deren giftig gefärbter Inhalt ihn so sonderbar verwandelt hatte, gab dem Jungen, der ihm willig gefolgt war, ein Glas des Schnapses zu trinken. – Wie im Traum sah er Klara im Gespräch mit einer anderen Frau. Sie bemerkte Karl nicht, und er setzte seine ziellose Wanderung fort. Unablässig wurde getanzt und geliebt, Karl sah Paare sich finden und voneinander lösen.

Sehr spät schon, lange nach Mitternacht, fand Karl den Professor mit einer Flasche in der Ecke eines Zimmers sitzend. Der Professor sprach mit gleichförmiger Stimme, wiegte den Oberkörper dabei. Niemand achtete auf ihn. Er mußte sehr betrunken sein, Speichel lief ihm aus dem Mund: »Und Odysseus kehrte heim zerrissen die graue montur mit händen sich tastend die getötet hatten heimwärts und das geröll der häuser die zerfallen waren die ruinen in denen er sein haus suchte den sohn der ihn nicht kannte das weib das mit einem anderen schlief so ging der frieden hin anderwärts erschlug klytämnestra den mann wurde selbst erschlagen vollzog sich der fluch fort und fort ...«

Das Fest ging weiter, lautlos. Karl hörte keine Musik mehr. Die Tänzer tanzten noch immer, ein nackter Knabe war nun den Zeichnenden Modell. Karl erkannte ihn. Endlich fand er Julie: In der Küche am weitoffenen Fenster stehend, sah er sie wie ein Schattenbild vor dem Hintergrund des schon hell werdenden Himmels. In der Ecke erbrach sich wer ins Spülbecken. – Wollen wir gehn, fragte Julie. – Karl nickte. Langsam gingen sie die Treppen hinab, über den Hof, auf die stille Straße hinaus. Es war kalt. Auch hatte der Lichtschein am Himmel getrogen: erst jetzt sah Karl die Mauer unweit des Hauses verlaufen, in dem sie gewesen waren, sah die starken Scheinwerfer, die sie beleuchteten. Karl und Julie sprachen kein Wort, ihre Schritte hallten laut von den hohen Häusern wider, deutlich unterscheidbar. Julies kleine, feste Schritte, die größeren von Karl. Julie hatte beide Hände tief in die Manteltaschen gesteckt, sie ging, als ginge sie allein. Karl wagte es nicht, seinen Arm unter ihren zu schieben, gar seine Hand in ihre Tasche zu zwängen, so, wie er's gern getan hätte.

In der Wohnung fanden sie die junge Frau in einem Sessel schlafend, das Kind war aufgedeckt und hustete im Schlaf. Julie deckte das Kind zu. Weckte die Frau. – Entschuldigen Sie, daß es so spät geworden ist, sagte Karl. –

Ist schon gut. – Die Frau verabschiedete sich. – Du hast dich nicht mal bedankt bei ihr, sagte Karl. – Julie zog das Laken über die Liege, sagte, ohne hochzusehen: Was sitzt sie hier, und das Kind ist doch nicht zugedeckt. – Karl fand das ungerecht: Hätten sie den Abend zu Hause verbracht, wären zeitig zu Bett gegangen – hätte das Kind nicht auch bloß gelegen? Aber Karl sagte nichts dazu, spürte zu deutlich die Verstimmung, die Fremdheit, die über sie beide gekommen war. Hastig krochen sie ins Bett, auch Julie fror. Sie krochen zueinander wie zwei Tiere, die, aus unterschiedlicher Richtung fliehend, einander gefunden haben, Schutz suchen in der Angst des anderen. Karl spürte, wie heftig Julie zusammenfuhr, als er ihr seine Hände auf den Rücken legte. Aber sie wich nicht zurück, begann, ihren Leib an Karl zu reiben, ließ es zu, daß Karls Geschlecht ihre Scham zu streicheln begann. So selbstverständlich, ohne Begierde, hatten sie einander noch nicht gefunden. Nichts trieb sie jetzt, und Karl begann zu erzählen. Leise erzählte er Julie die Geschichte vom Honig, vom zugigen Bahnhof in G., vom fränkischen Onkel, der nie in die DDR gekommen war, der bis zu seinem Tode sich am ärgsten vor den Kommunisten fürchtete.

Eine lange Geschichte ist in jener kurzen Nacht erzählt worden, vieles davon setzte Karl selbst in Erstaunen: Daß er das noch wußte, die weisen Sprüche der Großmutter, sein abendliches Gebet, der Liebegott möchte doch einen Vater werden lassen, der Mutter einen Mann. Noch niemand hatte das erfahren, er hatte es ja selbst nicht mehr gewußt. – Ist es so, wenn einer beginnt, alt zu werden, daß er sich auf solche Geschichten besinnt? – fragte Karl. Aber Julie gab keine Antwort. Wäre das Wiegen ihres Leibes nicht gewesen, Karl hätte geglaubt, sie schliefe. Als Julie ihren Körper endlich auf Karl hob, Karls Geschlecht aufnahm in sich, wußte Karl, daß Georges recht gehabt hatte. Er spürte, wie naß Julie noch war von dem anderen Mann, irgendwem. Es ging ihn nichts an. Und Karl empfand nichts, als Julie sich nun heftiger rührte, er ihr gefällig war: empfand nicht Abscheu noch Lust. Als es auf den Straßen schon laut zu werden begann, schliefen sie ein. Julie zuerst, aller Erfahrung widersprechend, die da hieß: Nach gehabtem Vergnügen drehn sich die Männer alleweil um. Das war in aller Munde. Selbst die ansonsten eher prüde Marion wußte gefällig über Erregungskurven zu plaudern, etwa, wenn Fred und Beate sie besuchten, Fred und Karl beim Männergespräch, Bier und Korn, saßen, die Frauen die zweite Flasche vom zungenlösenden Wermutwein in Angriff nahmen: Ja, sagte dann bestimmt die rotwangige Beate: Da liegste mit heißem Bauch und willst gestreichelt werden – aber der brave Mann, was tut er? Er schnarcht! – Die Männer taten in solchen Fällen das Klügste, wie sie wußten, redeten irgendwas, wovon Männer so reden, fügten sich in die Rolle, die ihnen zugedacht war.

– Wir sitzen und reden miteinander. Aber säßen wir nicht zusammen, und es würde nichts geredet – was wäre anders? Ein leerer Abend, ein Buch vielleicht, wieder mal einsam sein, Kopfhörer auf und Gustav Mahler auflegen ... Und Marions Blick wie der eines Hundes. Bettelt um Freundlichkeit. – So hatte Karl eines späten Abends, nachdem Beate und Fred gegangen waren, in sein Tagebuch geschrieben. Den Nachsatz noch: Morgen früh wird Marion kaum ein Wort mit mir sprechen. Bis mittags ihr Satz kommen wird, daß ich lieber im Sitzen schliefe, als in ihr Bett zu kommen. Ich bin müde, sehr müde. –

Julie war eingeschlafen, rechtschaffen erschöpft hatte sie doch mit fliegendem Leib, sich aufbäumend, das Ihre bekommen, war schwer und weich neben Karl geglitten, wie eine große Katze. Ihr Arm lag auf Karls Brust. – Wenn ich jetzt aufstünde, dachte Karl, ihren Arm sacht von mir nähme, aufstünde und fortginge ... Aber er würde es nicht tun, würde liegenbleiben, hier, neben Julies warmem Leib. Viel später würde Georges Karl die Geschichte erzählen, wie er in solch einer Nacht Julie geschlagen hatte, daß ihm, nicht ihr, dabei die Tränen übers Gesicht liefen, noch als er ging. Drei Tage soff er derart, daß er nie erfahren wird, wo und mit wem. Angefangen hätte er in einer Kutscherkneipe beim Hackeschen Markt, die öffnete schon morgens um sechs.

Spät war Karl endlich eingeschlafen. Die ersten Leute gingen schon aus dem Haus. Karl träumte, wie er und der Professor am Rand eines unübersehbaren, kargen Feldes standen, sah sich da stehen und sah das Feld, in einem blaugrauen, schweren Licht. In seinem Traum wußte er: Dies war ein Bild nach Shakespeare, König Lear auf dem wüsten Feld, irr und allein. Das Feld lag dicht besät mit Leichen, menschlichen Kadavern, die, wie von einem Metzger sachgerecht zerteilt, in Stücken, blaßroten, ausgebluteten Stücken dicht beieinander lagen. – Geh und iß davon, sagte der Professor. – Und Karl ging, sah sich selbst das Feld betreten, ging hin und aß.

Als Karl erwachte, Julie hastig, nackt noch, durchs Zimmer lief, war er keines Wortes fähig. So deutlich war ihm der Traum noch, daß er auf Julies Frage, ob er ein Ei zum Frühstück wolle, aufsprang, zur Toilette rannte und sich erbrach. Eine Weile stand er danach, an den Türpfosten gelehnt, ohne sich rühren zu können. Erst die kalte Luft, die vom offenen Fenster her über Karls bloßen, verschwitzten Körper strich, schreckte ihn hoch. Er ging zurück in die Küche. Da saßen Julie und das Kind schon beim Frühstück. – Es geht auf acht, sagte Julie: Wir kommen alle Mann zu spät. – Du bist ja nackig, sagte das Kind zu Karl. – Der wusch sich ohne Hast: Hat der Deibel den Pastor geholt, kann er den Schulmeister auch noch haben, sagte meine Großmutter. – Karl war im Moment entschlossen, den Lehrgang Lehrgang sein zu lassen. Raus wollte er, laufen, Ordnung in den Kopf bekommen.

Julie ließ ihm den Schlüssel, er solle ihn unten in den Briefkasten werfen. – Ich muß los, sagte sie: Die Oberin trifft sonst der Schlag. – Wenn du mir sagst, wo der Kindergarten ist, bring' ich die Kleine, schlug Karl vor. – Es war nicht weit zu gehen, und den Weg wußte das Kind. Das fragte Karl, als sie Hand in Hand dem Neubau zusteuerten (der kombinierten Kindereinrichtung, so stand's geschrieben): Bleibst du bei uns wohnen? – Nein, sagte Karl, morgen fahre ich weg. – Zu deinem Sohn fährst du, dachte Karl. – Und kommst nie wieder? – fragte das Kind. – Da wärst du wohl traurig, fragte Karl zurück. – Ja, sagte das Kind, und Karl fand es zum Kotzen, schon wieder zum Kotzen, wie er das Kind hineinzog in Dinge, die er selbst nicht begriff, die viel komplizierter waren als Bleiben und Wegfahren und Wiederkommen. Willkommen und Abschied, fiel ihm auch noch der alte Geheimrat ein: Quatsch mit Soße, sagte Karl laut. – Das freute das Kind. Noch, als die Tür sich schon hinter Kind und Tante (neugierig-abschätzender Blick!) geschlossen hatte, hörte Karl, auf dem Treppenabsatz verharrend, das Kind mit fröhlicher Stimme rufen: Quatsch mit Soße, Quatsch mit Kraut.

Ohne Eile ging Karl die erstbeste Straße entlang, bis zu einer Haltestelle, Bus oder Bahn, ihm war's gleich. Da stand er nun, schon wieder den Goethe im Kopf, als armer Tor. Goethe paßt eben immer. Nur war er, Karl, noch dümmer als zuvor, so schien's. Setzte sich in die Bahn. Die fuhr, welch wunderbarer Zufall, zum Hackeschen Markt. Karl trat mithin in die Spur seines Freundes Georges, ohne daß er es freilich gewußt hätte. Fuhr mit bis zur Endstation, wozu sollte er früher aussteigen. Stand schließlich da, quietschend verschwand die leere Bahn um eine Ecke, stand und glotzte den S-Bahnhof Marx-Engels-Platz an, bis er kalte Füße bekam. Dünner, wäßriger Schnee fiel, wurde vom böigen Wind erfaßt und den Leuten unverhofft in die Gesichter geworfen. November. Karl wandte sich um, von den Haaren troff ihm Nässe ins Gesicht. Er entdeckte eine Kneipe, winziges Ladenfenster neben einer Holztür unbestimmbarer Farbe, drei Stufen hoch. Karl trat ein, sah sich um. Damit war er schnell fertig: eine Handvoll Holztische, geölte Dielen, dicht am Tresen ein gewaltiger, rotglühender Kanonenofen. Auf den steuerte Karl zu, setzte sich auf den nächstgelegenen Stuhl. Außer Karl waren nur zwei alte, schmuddlige Männer in der Gaststube. Inmitten einiger Netze mit leeren Wein- und Schnapsflaschen saßen sie bei Bier und Korn. Die Flaschen hatten sie sicher nicht selbst geleert: Karl sah die grünen, bauchigen Bouteillen des sündhaft teuren Frankenweines, die stolz aufragenden Literflaschen vom Wermut, Johnny Walker und Black & White, konkurrenzlos nebeneinander. Die Kellnerin kam aus dem Hinterzimmer, nach gebührender Zeit. Was sollte sie sich eines einzigen Gastes wegen ein Bein ausreißen, las Karl deutlich von ihrem schlaffen Gesicht. Die Frau konnte zwischen dreißig und Mitte der Fünfzig sein – Karl hätte sich auf keine Wette eingelassen. Sie hob den Kopf, als sie Karls Tisch erreicht hatte. – Bier und Korn, sagte Karl, der die Geste der Frau als Aufforderung begriffen hatte, seine Bestellung zu äußern. Eigentlich hätte er sich lieber einen Kognak bestellt, war sich aber nicht sicher gewesen, ob die Kellnerin beim Hören des Wortes »Kognak« nicht lang hingeschlagen wäre. – Was essen, fragte die Kellnerin knapp. – Karl verneinte: Erst mal nicht. – Das brachte einen leichten Glanz, etwas wie Anerkennung, in die Augen der Frau.

Den Ofen im Rücken, den zweiten, den dritten Klaren im Bauch, wurde Karl wärmer, und mit der Wärme stieg auch eine angenehme Mattigkeit in ihm auf, rückte sein Traum von ihm ab. Karl tat sich leid. An diesem Morgen dachte Karl zum ersten Mal daran, daß es gut wäre, tot zu sein. Einfach umfallen und aus. Bum. – Aus und Bum, redete Karl leise mit sich selbst. – Wenn er »Bum« sagte, ließ er jedesmal einen Bierdeckel zwischen Zeigefinger und Daumen hindurchgleiten, bis der Deckel schließlich mit der Kante auf die Tischplatte schlug. Da setzte sich die Kellnerin zu Karl, brachte ihm noch einen Schnaps, auch einen für sich, den sie mit auf Karls Bierdeckel schrieb: Beratungshonorar, dachte Karl Silbe für Silbe, so ein schwieriges Wort! Voller Bauch studiert nicht gern, und leerer Bauch säuft nicht gern. – Er kicherte.

Die beiden Alten waren gegangen, Karl und die Kellnerin waren allein. – Flaues Geschäft, wie, fragte Karl. – Wird noch, sagte die Frau, fuhr nach einer Weile, den Schnaps hatten sie beide gekippt, fort: Ärger off Arbeit? – Auch, sagte Karl und winkte geringschätzig ab. – Also 'ne Frau. Hatse dir rausjeschmissen? – So ungefähr, gab Karl zur Antwort, und das stimmte ja eigentlich auch. – Was spielte es denn für eine Rolle, ob Julie ihn gehen lassen würde, loslassen oder rausschmeißen. Es kam doch auf das gleiche hinaus. – Paß auf, sagte die Kellnerin in Karls Gedanken hinein: für sone Sachen biste noch zu jung, von wejen früh um neune schon saufen. Ich werd' dir 'ne Wurscht bringen, prima Knacker. Dazu kriegste noch'n Bier, weilse sonsten nich schmeckt. Aber dann ist bei Margot der Hahn zu. Nen Kaffee bringe ich dir noch, denn verschwindste, loof dir den Ärger ab, das hilft! –

Nach dieser langen Rede stand Margot auf, verschwand im Hinterzimmer, brachte Karl von dort nach einer Weile die Wurst, die Karl widerspruchslos aß, brachte noch ein Bier, zählte gleich die Striche zusammen: Fuffzehn Märker, Trinkgeld inklusive. – Schließlich trank Karl auch noch den Kaffee. Inzwischen hatte der Laden sich gefüllt, es war Frühstückszeit. Karl ging aufs Klo, betrachtete, während er ziemlich lange vor dem schmutzigen Becken stand, die üblichen volkskünstlerischen Darstellungen, wie sie solchen Orten eigen sind. – Auch so arme Schweine eben, sagte Karl beim Hoseschließen. – Dachte weder an Ziegelstein rot, worauf das Pißbecken ihn eigentlich hätte bringen müssen, noch an die jahrtausendealte Tradition der naiven Darstellung von Genitalien, wie sie auf Kneipenklosetts ihren unwürdigen, doch logischen Endpunkt hat.

Als Karl die kleine Gaststube durchschritt, hatte Margot alle Hände voll zu tun. Flink, mit einer Geschwindigkeit, die Karl ihr nicht zugetraut hätte, stauchte sie Gläser über die Bürsten des Spülbeckens, ließ frisches Bier in die eben gereinigten Gläser laufen, ohne daß sie den Hahn einmal hätte schließen müssen. Karl nickte ihr grüßend zu und trat hinaus auf die Straße. Noch immer fiel der dünne Schnee, die Schienen der Straßenbahn waren voll Wasser gelaufen, so daß die vorbeifahrenden Bahnen mit einer hochaufspritzenden Bugwelle daherzukommen schienen, gelbrote Ungetüme. Karl ging los. Welchen Weg er genommen hat, hätte er später nicht sagen können. Es fragte ihn auch niemand danach. Allein an die Große Hamburger Straße erinnert sich Karl noch am Abend des Tages, weil ihm der Name befremdlich erschienen war. Und die zerstörte Synagoge hatte Karl lange betrachtet und sich verflucht, so besoffen zu sein, wie er war. Er brachte des Professors Rede mit seinem Traum doch nicht zusammen. Konnte sich nicht konzentrieren. Auch auf dem Dorotheenstädtischen Friedhof ist Karl gewesen, da war er schon wieder klarer im Kopf. Aber Brechts Grab fand er nicht, und fragen wollte er nicht.

Am Nachmittag lief er die Friedrichstraße vor bis zu den Linden, bog links ab, ging die Linden entlang und hinein ins steinerne Zentrum, zum Alexanderplatz. Stürzte sich in das Gewühl der Kaufhausbesucher, wurde mitgeschoben durch die dröhnende Luftschleuse, hinein in die Gänge und Gassen. Souvenirs und Büstenhalter. Kurzwaren, was immer das sein mochte. Karl hatte ein Spielzeug für Julies Tochter kaufen wollen. Nun, als er glücklich den richtigen Stand gefunden hatte, schien ihm solch ein Geschenk unpassend zu sein. Also doch nur Schokolade. Karl trank noch eine Tasse Kaffee. Dann machte er sich auf den Weg zurück zu Julie. – Was hieß denn zurück? Da lachen ja die Hühner, dachte Karl: Für diese Nacht noch, zwölf Stunden, halber Tag, da ist's doch eigentlich egal, ob jetzt oder morgen. – Und doch: Karls Gleichgültigkeit war von sonderbarer Beschaffenheit, wurde immer durchlässiger, löste sich auf, je näher Karl der Straße, dem Haus kam, in dem Julie wohnte. So rannte Karl das letzte Stück Weges. Durch Pfützen lief er, daß ihm die Leute kopfschüttelnd nachsahen. Wieder war es die Stunde zwischen sechs und sieben, wie am Dienstag. Wieder öffnete Julie hastig die Tür. Das Kind wurde gebadet.

Ob er am Samstag, also morgen, noch einmal herkommen dürfe, fragte Karl beim Abendessen. Plötzlich war ihm die Idee gekommen. Wer oder was zwang ihn denn, schon morgen abzufahren und nicht erst am Sonntag früh! Einen Tag und eine Nacht konnte er gewinnen, und Sonntag war weit! – Bittend sah er Julie an, die fragte: Und deine Frau, Karl? Wird sie nicht warten? – Ich habe ihr gesagt, kann sein, daß ich erst Sonntag komme. – Damit war es entschieden. An diesem Abend gingen Karl und Julie noch auf ein paar Gläser Bier zu Alfons in die Kneipe gegenüber. Karl hielt Ausschau nach dem Professor, aber der war nicht da. Nur die Blonde, Miß Germania, wie der Professor sie genannt hatte, stand trübsinnig am Tresen, so, als sei sie dort seit Dienstag, als Karl keinen Kirsch mit ihr getrunken hatte, nicht von der Stelle gewichen. Julie kam rasch in ein Gespräch: ein paar Männer zugleich bemühten sich um sie, aber Karl war viel zu froh über den gewonnenen Tag, als daß er sich seine Zuversicht hätte trüben lassen wollen.

Und jetzt ist Sonntag, sechsmal schlägt's draußen, bald wird das Kind aufwachen, wie auch sein Sohn, im fernen M., der dann fragen wird, wann sein Papa nach Hause käme. Bald, wird Marion sagen. – Bald, wird Julie sagen, wenn ihre Tochter sie fragt, wann Karl wegfährt. Karl sieht sich als Objekt der verschiedenen Betrachtungsebenen. Da ist noch Krause und dessen Drohung, das Nachspiel betreffend. Wölfel, der Chef, der dieses Nachspiel zu inszenieren haben wird, weiß noch von nichts. Schläft sicher noch. Die Depesche ist unterwegs. Die Richtung ist klar. Am Ende werden Karl und der Brief des Genossen Krause, den Genossen Groß betreffend, im gleichen Zug befördert werden, wer weiß ... Karl überlegt, was er Julie zum Abschied sagen wird: Vielen Dank für die wunderschöne Woche? Schade, daß es nichts wird mit uns? Vielleicht sehen wir uns mal wieder? Es ist zum Blödsinnigwerden. Was sonst soll werden? Karl weiß es nicht.

Karl kehrt heim. Es ist Sonntag, die Stunde zwischen zwei und drei. Kaum ein Lüftchen geht, und Sonnenlicht ist mildtätig gebreitet über den Schmutz der Stadt. In der Siedlung am Werk sah Karl, noch im Zug, Spaziergänger: Vater, Mutter und Kind entlang an der Mauer, die Stadt und Werk voneinander trennt, die Häuser vom dampfenden und zischenden Labyrinth der Rohrsysteme, Kühltürme, der Hallen und Schlote. Die ewige Bewegung des gebändigten Molochs, der Feuer und Asche über die Stadt wirft, über ihre geduckten, rußigen Häuser, in denen gezeugt und gestorben wird, geliebt und geschlagen, getrunken, geweint. Karl kehrt heim, nett anzusehn im reinlichen Mantel, den Koffer fest in der Hand.

Humphrey Bogard, Casablanca. Wer dächte bei Karls Anblick an Verwirrung, Tragödie gar, wie sie mit Karl in die Stadt, in sein Haus, über seine Familie kommt. Und läse es einer von Karls Stirn, was bliebe mehr als Schulterzukken, herrje. Der Spruch käme einem bei, vom Päckchen, das jeder zu tragen hat, und jener andere, zweideutig klingende, auch: Wie man sich bettet, so liegt man. Karl kehrt heim. In einer Ruhe geht er die gewohnten Straßen entlang, daß es ihm sonderbar scheint. – Vielleicht bin ich verrückt, denkt Karl: Am Ende ist's zuviel für einen wie mich, wenn er so aus seiner Ordnung kommt? – Wie soll Karl sich da wieder hineinfinden. Auch die halbe Flasche vom Adlershofer Wodka, deren Inhalt sich Karl im Zug eher widerwillig einverleibt hat, ist erfolglos geblieben angesichts des Zweifels, was nun werden soll. Zwar hat der Fusel ihm pflichtschuldig den Schädel benebelt, indes: die Frage, die Karl sich unentwegt stellt, hat dadurch nicht weniger pathetisch geklungen. Was soll nun werden? Es ist ihm keine Antwort gekommen, dem Karl, nicht die Erleuchtung, daß er eines wird lassen müssen. So einfach ist das. Aber die einfachen Sachen liegen Karl nicht. Tage später, als er mit Fred in der Kneipe sitzt, sagt Fred, den seine Frau in allerhöchster Mission mit fünfzig Märkern zwecks Rettung einer Ehe ins Rennen geschickt hat: Du mußt doch wissen, was du willst. – So einfach sieht Fred die Dinge, ohne Gebrauch zu machen von den taktischen Hinweisen seiner Gattin. Der Fall wird berichtet werden zu seiner Zeit, mit allen nicht anders als skandalös zu nennenden Auswüchsen: der gewaltige Suff, in den Karl und Fred geraten.

Karl kehrt heim, steigt die Treppe hoch bis in den zweiten Stock, da ist's ihm, als fehle was. – Wie können dem Menschen vier Treppen fehlen, denkt Karl. – Herr Groß, freut sich die Nachbarin. – Sie macht sich kaum die Mühe, einen Zufall vorzutäuschen, ruckelt nur ein wenig am strohgeflochtenen Abtreter herum: Hätte er nicht schon gestern, nun ja, gewiß kann man das vorher nie so genau, jeachje, und grad vorhin ist das kleine Frauchen mit dem Jungen an die Luft, bei dem Wetter, sagense selbst, sieht das aus wie vier Wochen vorm Fest, nee, sag' ich, seit die mit dem Atom kokeln, is alles verrückt. – Karl nickt, Frau Herzig gibt man am besten recht.

Der Flur ist sauber und aufgeräumt. Die Zeichen stehen auf Empfang, mit Karl wird gerechnet: der Kaffeetisch ist gedeckt, an Karls Tasse lehnt ein Bild, das Mike für Karl gemalt hat. Karl stellt den Koffer ins Schlafzimmer, sieht die Betten in strahlender Pracht frischgewaschenen, geplätteten Leinens, offensichtlich bereit zum Vollzug körperlicher Begrüßung des glücklich heimgekehrten Mannes. – Scheiße, sagt Karl, wendet sich ab, nimmt ein sauberes Hemd aus dem Schrank, geht ins Bad, wäscht sich, trocknet sich ab. Vergißt auch das Desodorieren nicht. Die Handgriffe sitzen, nichts fällt ihm aus der Hand. Das ist also geblieben. – Er wird es ihr gleich wenn sie kommt sagen, beschließt Karl. Irgendwie werden schon Worte sein, um zu sagen, was zu sagen ist. Den Jungen in sein Zimmer schicken und Marion ihren Teil des Päckchens zu tragen geben. – Karl ist ärgerlich. Mit jeder Minute, die Marion ausbleibt, ärgert er sich mehr. – Hast du nicht wenigstens Mitleid, fragt Beate Karl ein paar Tage später am Telefon. – Nein, sagt Karl, und was könnte das nützen. – Da hat er recht, sagt Fred dazu, als seine Frau es ihm erzählt, am Nachmittag des Tages, an dem Beates Kneipenplan entworfen wird.

Karl tigert in der Wohnung umher: Von der Küche durch den Flur ins Wohnzimmer – vom Wohnzimmer durch den Flur in die Küche. Dann endlich kommt Marion. Er hört sie mit dem Jungen reden im Treppenhaus, und es kommt ganz anders, als er sich's vorgestellt hat: Karl hört Frau Herzig, die allgegenwärtige, verkünden, er wäre da – und die Tür geht auf, Marion und das Kind treten ein, da ist die Tür noch immer offen, mittendrin steht groß und massig Marions Mutter. – Ach du kriegst die Tür nicht zu, denkt Karl, indem er Marions Kuß empfängt, dann den Jungen hochhebt, bis er kreischt. – Mike, mahnt die Oma, zieh die Schuhe aus! – Stell dir vor, sagt Marion: Beim Spazierengehen haben wir zufällig die Mutti getroffen! – Jaja, sagt Karl ziemlich einfältig: Zufälle gibt's. – Karl begrüßt seine Schwiegermutter, nimmt ihr den Mantel ab, bittet sie ins Zimmer. Auf Höflichkeit legt Marions Mutter Wert. – Anstand hat er, nur die Haare sind zu lang, hatte Marions Mutter festgestellt, als Karl vor acht Jahren seinen Antrittsbesuch gemacht hatte, mit Blumen, zu denen Marion Karl geraten hatte. Wie in der guten alten Zeit, war Karls spöttischer Kommentar gewesen, und Marion hatte gesagt: Nicht alles ist schlecht, was früher war. – An sich hat Karl nichts einzuwenden gegen Marions Mutter. Die »böse Schwiegermutter« hält er für eine unverbürgte Legende: Schwiegermütter sind so böse, wie man sie macht, hat Karl oft gesagt. – Allein – ihre jetzige Anwesenheit wirft Karls klüglichen Plan völlig um; unmöglich, auch noch ihr, Marions Mutter, die Geschichte aus erster Hand zu liefern. Mit Kopfsprung in die Tiefe, pflegte Karls einstiger Sportlehrer zu sagen, sonst wärd nischt. Da haste das ganze Elend der Fillesofie – stehste aufm Brett und springst nich gleich, springste gar nicht. – Recht hat er gehabt, denkt Karl, während er ein Gedeck für Marions Mutter auf den Tisch stellt, den Jungen lobt für das schöne Bild, das er sich noch nicht angesehen hat: Nun steh' ich auf dem Brett, und der Turm wird immer höher ... –

Karl trinkt im Kreise seiner Lieben Kaffee. Ißt Kuchen. Redet wenig, wegen der Müdigkeit, wie er sagt. Wer wollte das nicht verstehen. Marion legt eine Händel-Platte auf, jetzt wird das Bild Karikatur: Göttlicher, der

Herr der Welt ist uns erschienen ... Der Messias, den Karl so sehr liebt. Und Kerzenschein. Streuselkuchen. – Oh, Scheiße, denkt Karl. Kommt sich eingesperrt vor, verraten und verkauft. – Ob die Mutter ein Schnäpschen möchte? – Karl ist der nette Junge, der er immer war, holt die Flasche für besondere Gelegenheiten, den teuren Weinbrand. – Ihr müßt's ja haben, sagt die Mutter, und gerät an ihr Lieblingsthema – die Geschichten aus großer Zeit, vom Landarbeiterkind zur Lehrerin, Max braucht Wasser und Abeef ... – Ihr Heiligen des Selbsthelfertums, provoziert Karl. – Ja, sagt die Mutter: Wir haben uns selbst und dem Staat hinaufgeholfen – dem Staat, der euch den Zucker in den Hintern bläst. – Oder in denselben tritt, schließt Karl an und denkt an sich dabei, an das Verfahren, das da kommen wird. – Wozu wär's sonst ein Staat, sagt die Mutter da nur wegwerfend: wenn er nicht die, die es brauchen, in den Arsch treten würde! – Mutter, bittet Marion, denk an den Jungen! – Das hat die Mutter sich bewahrt: zum Arsch sagt sie Arsch. Das gefällt Karl an ihr, die Direktheit, mit der sie aufs Ziel geht, die Dinge benennt. Sie trinken. – Nein, denkt Karl, die Mutter wird kein Verständnis haben. Jeder wertet nach den Kategorien seiner Erfahrung. Was soll sie Verständnis haben, wo der Mann ihr gestorben ist, kommt mit kaputtem Magen aus der Gefangenschaft, auch so eine Odyssee, aber große Zeiten und wenig zu fressen, was soll da werden, paar Jahre noch und Schluß. – Es ist dunkel geworden, Schlafenszeit für Mike, die Mutter will gehen. – Einen trinken wir noch, sagt Karl. Er gießt ein. – Wenn ihr allein seid, läßt sie dich wohl nicht an die Flasche, fragt die Mutter: Daß du mit mir alter Schachtel saufen mußt? – Sie lachen. – Die wirft das um, denkt Karl, wie soll sie das in ihren Kopf kriegen? – Karl hat Mitleid mit seiner Schwiegermutter, wo er doch keines mit Marion hat. Karl wundert sich.

Die Mutter ist gegangen. Karl und Marion bringen den Jungen zu Bett, beide, so hat er es am liebsten. Dann, im Flur, sagt Marion, sie ginge jetzt in die Küche, da wäre noch eine Überraschung zu besorgen, vielleicht fände sich etwas Gutes im Kühlschrank, wer weiß! – Ich habe auch eine Überraschung für dich, sagt Karl, und er könnte sich selbst ohrfeigen für diesen Satz. Schiebt Marion ins Zimmer, gießt Marions und sein Glas randvoll mit dem teuren Schnaps. Jetzt kommt der Kopfsprung, also: Es ist etwas passiert, Marion, fängt Karl an, in Berlin. Was für uns beide wichtig ist. – Pause. Marion sieht Karl an, Karl schaut weg, auf den Tisch, seine Hand, die dort liegt und den geschliffenen Stiel des Schnapsglases dreht. – Was ist passiert in Berlin? – Marions Stimme ist hart. Karl erinnert sich nicht, Marion schon mit solcher Stimme sprechen gehört zu haben. – Eine Frau, sagt Karl. – Weiter. – Was weiter? – Karl stellt sich jetzt dumm, er hat mit einem Mal seine ganze Energie verloren, möchte nichts sagen, nichts erklären müssen. Es sollte alles schon vorbei sein. – Entschuldige bitte, sagt Marion, und ihre Stimme, die eben noch hart gewesen ist, droht umzukippen. – Gleich wird sie weinen, denkt Karl, wenn ihre Stimme zittert, weint sie gleich. – Reg dich doch nicht auf, will Karl sie trösten. – Idiot, sagt Marion: Los, erzähle jetzt, was gewesen ist. – Sie schluckt, weint aber nicht. – Karl erzählt, wie er Julie getroffen hat, daß er sie wiedergesehen hat, mit ihr im Bett gewesen ist. – Du warst also die ganze Woche bei ihr, fragt Marion sachlich. – Ja. – War es schön? – Jetzt zukken Marions Schultern. Sie beginnt zu weinen: Hat sie besser gevögelt als ich? – Marion, bitte! – Karl steht auf, als wollte er zu ihr hinübergehen, zur anderen Seite des Tisches, setzt sich jedoch wieder. Winkt ab. Marion sieht es nicht, sie hat das Gesicht in die Handflächen gelegt, den Körper gekrümmt, reglos.

Lange sitzen sie schweigend. Karl trinkt noch einen Schnaps. Der Schnaps macht nicht betrunken. – Im Betrieb wird's Ärger geben, sagt Karl schließlich: Die haben eine Meldung gemacht. Parteischädigendes Verhalten, sone Sachen. – Marion schweigt. – Außerdem hab' ich einen Tag geschwänzt. War natürlich Blödsinn, weiß ich selbst, aber die hatten mich so angezählt, daß ich dachte: Ihr könnt mich mal. – Marion sieht auf, hebt sehr langsam den Kopf: Weißt du, wie egal mir das ist? – Wie kann dir das egal sein? – Karl macht ein Gesicht, als sei er ernstlich gekränkt. – Und ob mir das egal ist. Ich bin deine Frau, nicht dein Parteisekretär. Und wenn die dich rausschmeißen – was soll's. Von mir aus kannst du Scheißefahrer werden oder im Werk anfangen, das ist mir wirklich egal. Im Moment jedenfalls, begreifst du das nicht? – Karl nickt. Doch, er begreift. Kommt sich schäbig vor mit seiner Geschichte. Schweigt. – Was werden soll, ist wichtig. Mit uns. – Da ist die Frage wieder, die Karl sich selbst unaufhörlich stellt, die ihn im Kreis laufen läßt – von Julie, die er noch zu fühlen, zu riechen meint, die ihn nicht haben will, zu Marion, die ihn braucht, für sich und den Jungen. Und wieder steht Julie vor ihm, wie er, Knoblauch schneidend, sagt, er weine aus Liebe zu einer schönen Frau, der Julie die Augen auskratzen wollte, und Karl küßt Julies Augen, 's wär' schade um die Augen, sagt Karl. Das war am ersten Abend gewesen, keine Woche her. – Denke nicht, es ist wegen dem Jungen, sagt Marion in die Stille, den kriege ich allein durch. – So entschlossen hat Karl Marion noch nicht gesehen. Sie steht vor ihm und fordert: Sag was. Ich bitte dich, sag etwas. Nicht ich bin es, die damit angefangen hat! – Laß uns Zeit, sagt Karl. – Zeit wofür? Und wie lange? – Marion bleibt hart. Warum läßt sie mich nicht Luft holen, denkt Karl. Ich brauche Ruhe, Schlaf ... Laß uns morgen darüber sprechen, bitte. Über alles, von Anfang an. Da ist doch auch eine Vorgeschichte, verstehst du? Ich bin doch nicht einfach nach Berlin gekommen und mit der erstbesten Frau ins Bett gegangen. Da ist doch unsere Geschichte, von der geredet werden muß! – Karl sieht Marion an. Die ist zur Tür gegangen, wendet sich um: Gut. Also morgen. Ich warte. – Karl hört Marion in die Küche gehen, hört, wie sie den Kühlschrank öffnet und schließt, hört Besteck und Geschirr klappern. Marion bereitet das Essen. Sie hatte es sich vorgenommen, also tut sie es. Karl steht auf, folgt Marion in die Küche, sieht ihr zu, seiner Frau, wie sie eben große, blutrote Rumpsteaks ins heiße Öl der Pfanne gleiten läßt, daß es zischt. Marion kocht, ist ganz darauf konzentriert. Ruhig geht es ihr von der Hand. Sie legt pommes frites in den Gasherd, die Backröhre speit Hitze. Marion schneidet Zwiebeln und Knoblauch, was sonst doch Karls Amt ist. Der steht und wagt nicht, seine Hilfe anzubieten. Es scheint, als sähe ihn Marion nicht. Minutenlang verharrt Karl so. Stumm. Er hat das Gefühl, als sähe er Marion zum ersten und letzten Mal, als müsse er gegen seinen Willen fort, als würde er nur dieses Bild seiner Frau, die still das Essen bereitet, schön im Gleichmaß ihrer knappen Bewegungen, behalten können. – Wollen wir essen, sagt Marion schließlich. – Karl setzt sich zu ihr. Der Tisch ist gedeckt wie an einem Festtag: Servietten liegen unterm Besteck, die geschliffenen Weingläser stehen da, eine Flasche Beaujolais. Sie beginnen zu essen. Karl gießt Wein ein. Als sie Karl zutrinkt, beginnt Marion wieder zu weinen.

Bevor Karl zu Bett geht, sieht er nach dem Jungen. Deckt ihn zu. Geht ins Schlafzimmer. Auf seinem aufgeschlagenen Bett liegt ein Pyjama. Karl zögert, legt den Pyjama dann aber unberührt weg. Legt sich nackt hin. Wie früher. In dieser Nacht schlafen Karl und Marion miteinander. Lustvoll und gierig. Es ist kein Abschied, keine

Verzeihung, kein Vergessen. Aufschub, der nichts ändert. Es ist Mittag. Der Mittag des Tages nach Karls Heimkehr. Erster Arbeitstag. Karl sitzt im Stadtcafé, ißt ein Würzfleisch, trinkt ein kleines Bier dazu, danach wird ihm Gertrud, die gute Seele, ungefragt das Kännchen Mokka bringen, mit dem Karl seine Mahlzeit beschließt. Zwar gibt es im Rat des Kreises eine Kantine, und Karl ist berechtigt, dort am Essen teilzunehmen, gegen geringes Entgelt – indes, das Zeug soll essen, wer will, sagt Karl auf entsprechende Angebote. Seit der Armeezeit lehnt Karl es ab, sich von Großküchen speisen zu lassen, da läßt er sich auf keine Diskussion ein: Die kochen nicht nur ohne Liebe, sondern auch ohne Spaß am Kochen. Liebe wäre vielleicht zuviel verlangt, aber Spaß sollte sein. – Also geht Karl Tag für Tag ins Stadtcafé, ein kleiner Tisch am Fenster ist ihm reserviert, ißt Würzfleisch und Schinkenbrote, die Sandwiches heißen, im Wechsel. Längst schon hat Gertrud es aufgegeben, beim Abräumen des Tellers zu fragen, wie es geschmeckt hätte. Heute sagt Karl, als Gertrud ihm den Mokka hinstellt: Sei so gut und bring mir einen Weinbrand dazu! – Nanu, sagt Gertrud. Mehr nicht. Es ist halt gegen die Gewohnheit. – Mein lieber Mann, denkt Karl: Du säufst beachtlich seit Tagen. –

Der Tag hatte begonnen wie alle Arbeitstage. Marion war als erste aufgestanden, Karl noch liegen geblieben, bis das Röcheln der Kaffeemaschine davon kündete, es sei soweit. Karl war in die Küche gegangen, hatte Tassen aus dem Schrank genommen, Marion war noch im Bad. Alles planmäßig. Goden morgen, leeve tohörers, sagte der Mann im Radio und spann das Garn seiner niederdeutschen Morgenandacht. Fünf nach sechs. Karl goß sich eine Tasse Kaffee ein, brannte die erste Zigarette des Tages an. Die am besten schmeckt, wie Karl behauptet, gegen alle Bedenken, die Gesundheit betreffend. Die Morgenandacht war zu Ende, Marion kam aus dem Bad. –

Guten Morgen, sagte Karl zu ihr, die nackt und frierend ihre Sachen vom Küchenhocker klaubte. Ihm den Rükken zukehrte. – Guten Morgen, sagte auch sie. Im Radio spielten sie jetzt gängige Popmusik. So mochte es Karl. Um keinen Preis konnte er morgens die zündenden Interviews ertragen, mit der Briefträgerin vor Ort, zu ihrem persönlichen Plan.

Viel Zeit zu reden ist an solchem Morgen nicht, da muß das Kind geweckt und angezogen werden, schmeißt den Kakao um, braucht also eine saubere Hose, die gefällt ihm nicht. Kleinkram eben. – Da hat das Leben dich wieder, dachte Karl, als er in Mikes Schrank nach einer Hose suchte. Wie immer fand er keine, weil die Hosen in der Kommode lagen, was Karl sich nie merken würde. Das Morgenritual füllte die Zeit.

Karl trinkt den Weinbrand in kleinen Schlucken, nippt vom Mokka dazu. Gleich wird er aufbrechen, zu Wölfel gehen, mit ihm reden. Am Morgen, als Karl zur Arbeit kam und nach Wölfel fragte, erfuhr er, der hätte irgendeine Beratung bei der Volksbildung, das könne bekanntlich länger dauern, vor Mittag sei nicht mit ihm zu rechnen. Das brachte Karls Planung aus dem Gleis: Gleich morgens hatte er zu Wölfel gehen wollen, unter dem plausiblen Vorwand, sich vom Lehrgang zurückmelden zu müssen, Bericht zu erstatten. Da hatte Karl Wölfel gleich reinen Wein einschenken wollen. Damit Klarheit war, Wölfel Karls guten Willen sah, sein Vertrauen in die staatliche Leitung. Das schien Karl taktisch am klügsten; um nichts in der Welt konnte er sich einen Zweifrontenkrieg leisten – tags im Betrieb, abends bei Marion. – Nun gut, hatte Karl gedacht, verschieben wir's auf Mittag, eher ist der Sprung nicht zu machen. – Wie Wölfel reagieren würde, war Karl nicht klar. Zwar kannten sie einander seit sechs Jahren, so lange arbeitete Karl schon in der Kreisbibliothek von M., aber es war nie etwas geschehen, nichts Außergewöhnliches, das Wölfels besonderen Einsatz erfordert hätte. Friedlich waren die Jahre vergangen, ohne einen Streit, dessen sich Karl hätte erinnern können. Gewiß hatten sie jedesmal zu Beginn eines Jahres gestöhnt, wenn die neuen Planzahlen mit dem Segen der Abteilung Kultur am Schwarzen Brett hingen, zwischen Teeküche und Umkleideraum – indes, irgendwie war es dann doch gegangen, hatten sie eine Zweigstelle dazubekommen, sogar Möbel hatten sich finden lassen. – Wie anders, denkt Karl bei der zweiten Tasse Mokka, wie anders sollst du einen kennenlernen, wenn nicht in der Entscheidung, die auch dich betrifft. Es würde sich zeigen. – Karl zahlt. Gertrud sagt, es käme Lausewetter, sie hätte das Reißen gehabt, letzte Nacht. – Mußt kürzer treten, sagt Karl. – Wie denn, sagt Gertrud, kannste mir das sagen? – Sie zeigt das vollbesetzte Lokal: Die jungen Dinger fangen an, und einszweifix sind sie schwanger, aus ist's mit Bedienen. Und wiedergekommen ist noch keine, was soll'n die sich reißen um die paar Mark. – Karl nickt. Er geht zurück zur Arbeit, es ist immer noch sonnig, aber die Sonne ist bleich, weißlich verschleiert. Zieht Wasser. Gertrud wird recht haben, denkt Karl, fühlt sich seltsam getröstet: So ein Leben erst, denkt er, ein Scheißleben. Der Mann ist alt, sitzt grämlich daheim, die Tochter schickt bunte Karten von Rhodos, ist noch vor der Mauer nachm Westen, hat einen Mann und viel Geld, keine Kinder. Einmal im Jahr kommt sie 'rüber, allein in ihrem großen Auto, die Marke kennt Gertrud nicht.

Karl geht über den Markt, biegt ab in eine Seitenstraße, sieht schon das frisch verputzte Haus, die Stätte seines Wirkens, wie er spöttisch die Bibliothek nennt. Jetzt aber steht Karl der Sinn nicht nach Spott, spürt er doch, wie aufgeregt er ist, daß es krampft im Leib. Vor jeder Prüfung seines Lebens hat Karl noch allemal aufs Klo gemußt. So auch jetzt. Und dann ist Wölfel noch immer nicht da, und Burglinde, die Partei, wieso fällt sie ihm jetzt erst ein, hat Haushaltstag. Karl ahnt nicht, wie sollte er auch, daß Wölfel seinetwegen noch nicht zurück ist. Gottes Mühlen haben schnell gemahlen, Krause hat nicht dem Postweg anvertraut, was ihm so wichtig war, hat sich des Telefons entsonnen, glatt und schnell den Rat des Kreises erreicht, den Mann von der Kultur. – So und so liegt die Sache, Genosse, schien mir doch wichtig genug zu sein, meinst du nicht auch. – Was bleibt dem Manne der Kultur, als Dankbarkeit zu zeigen: Gewiß, gewiß, ich danke dir, der Sache wird nachgegangen, alsbald. – Gut nur, daß es noch kein Videotelefon gibt, hat Krawczyk, der Kulturmensch, gedacht und haßerfüllt das Telefon angestarrt. Als wäre das an allem schuld. Nun wird er sich auch damit noch ärgern müssen, als ob's nicht auch so schon reichte. Termine, Berichte, Konferenzen ... Nun auch noch der Fall Groß. Was war dem Kerl nur eingefallen, verdammt und zugenäht! – Krawczyk ist ins Sekretariat gestürmt und hat gerufen: Schafft mir den Wölfel her! – Das geschah zur Tischzeit. Und war der Wölfel nicht heute im Amt gesichtet worden? Jawohl. Wölfel war schnell gefunden, saß in der Kantine und stopfte Hefeklöße in sich hinein. Dem würde der Appetit schon vergehen! – Schafft mir den Wölfel her, hatte Krawczyk gerufen, und rasch fand ein Gerücht Verbreitung im Amte, der Wölfel sei in Ungnade, sieh da, sieh da!

Nichts davon ahnt Karl, wie er müßig die Regalreihen entlangstreift, da und dort ein Buch zurechtrückend. Karl hat Ausleihdienst, zwei Uhr ist es und noch wenig Betrieb. Einer Oma verhilft er zum gewünschten Kriminalroman, einem Schüler zur Geschichte der Arbeiterbewegung. Da schlägt das Telefon an, Karl wird gerufen: Hier Groß. – Hier Wölfel, hört Karl. Und weiter: Also, wenn ich heute nicht zum ausgewachsenen Wolf werde, zur reißenden Bestie, dann danke deinem Schöpfer! Um fünf biste bei mir, zu Hause. Blumen brauchste nicht mitzubringen. Und sag den anderen, ich hätte einen Bericht zu machen. Komme morgen. – Karl legt den Hörer sacht auf die Gabel, sammelt sich. Sagt den Spruch, der ihm aufgetragen ist. Weshalb konnte er das nicht auch mir sagen, erregt sich die schöne Elvira und hört einen Moment damit auf, sich die Fingernägel zu bestreichen. – Weil der Chef denkt, wer schön ist, kann nicht auch noch klug sein, bemerkt Frau Schuster gehässig. – Karl ist ihr dankbar für die Ablenkung, denn Elvira ist nun beleidigt, hat die Quittung bekommen für ihr gelegentliches: ›Guten Morgen, liebe Hausfrau Schuster.‹ – Elvira senkt den Kopf, daß ihr sehr blondes Haar beidseits das Gesicht verdeckt. Wie soll sie so Karls Erregung bemerken, an der sie einhaken könnte. Frau Schuster indes hat sich wieder ihrem Katalog zugewandt, stellt unerschüttert Zettel ein. – Aber meine Damen, gelingt es Karl locker zu sagen: Bitte recht freundlich! – Karl geht zurück an seine Arbeit, der Kunden sind mehr geworden. Das ist gut, da bleibt weniger Zeit zum Nachdenken, zu unnützer Spekulation, wie es wohl bei Wölfel werden wird. Hatte dessen Stimme nicht geklungen, als sei die erste Wut schon vorbei?

Um vier Uhr hat Karl Feierabend, übergibt, wie er sagt, alle Verantwortung an Elvira: Halt die Stellung, Mädchen. – Elvira winkt ihm fröhlich zu. Karl, der allseits beliebte Kollege, verbreitet gute Laune, weil er sie selbst hat. Das Lächeln friert Karl ein, kaum daß er die Tür hinter sich geschlossen hat. Der Tag ist ihm schwerer gefallen als je ein Arbeitstag zuvor. Schwer, sich dem gleichmäßigen Gang der Dinge zu fügen, wenn im Schädel Unordnung ist, Fragen, Erinnerung, Angst. Zäh hat sich der Tag gedehnt. Das Erschrecken, wenn ihn jemand ansprach, die Witze beim Frühstück, wie denn die Frauen beim Lehrgang gewesen wären. – Fleißig, hatte Karl geantwortet, mit einem Wort, das zweideutig genug gewesen war, um die Lacher auf seine Seite zu bringen. So war es heute gegangen, würde es morgen und in einer Woche gehn. Und in einem Vierteljahr? Wenn sich nichts gelöst haben würde? Karl sieht nicht, wie sich was lösen könnte. Liebt eine Frau, die Besitz von ihm ergriffen hat, ohne ihn besitzen zu wollen. Karl meint, Julies Zurückweichen in der letzten, der Nacht zum Sonntag noch deutlich zu spüren: Du kannst nicht einfach umsteigen, wie von einem Zug in den anderen, hatte sie gesagt. – Und Marion, die ihn um ihrer selbst willen braucht? Den Jungen bekäme sie allein durch, hat sie gesagt. Und Karl, der nicht so weiterleben will, nicht so weiterleben kann wie vorher? Also allein. Daran hat Karl nicht gedacht. Das fällt ihm nicht ein, jetzt noch nicht, da ihm der Weg durch die Stadt viel zu kurz ist, beim Hin und Her der Gedanken. Wölfel wird Handfestes hören wollen. Marion natürlich auch. Der muß er jetzt, zwischen Tür und Angel, sagen, daß er zu Wölfel geht, daß das nicht seine Idee war, daß er nicht weiß, wie lange das dauern kann. – So, sagt Marion, da wird es also auch heute nichts werden. – Bitte, sagt Karl. – Es ist auffällig, wie oft Karl seine Frau um etwas bittet, seit er zurück ist: Bitte, versteh doch. Ich kann nichts dafür. Irgendwer hat's dem Wölfel heute gesteckt, beim Rat, und er hat es angeordnet. Was hätte ich machen sollen. – Du hättest ihm sagen können, daß du um sechzehn Uhr Feierabend hast. Und daß du deiner Frau etwas zu erklären hast. – Diese ruhige, aber unerbittliche Art ist neu an Marion: Es hat dich doch eigentlich gefreut, Karl Groß. Kannst dich drücken, sagt sie noch, so wegwerfend, daß Karl Lust hat, beleidigt zu sein: Nur zu. Mach weiter. Du bist ja in der Vorhand. – Ja, sagt Marion, aber Skat ist's nicht, was wir spielen. Schade. Da wären die Karten schnell gemischt, neu verteilt. Daß du in Vorhand kommst. – Jetzt noch das, denkt

Karl. – Karl ist kein guter Verlierer. Es hatte manchmal, wenn sie mit Fred und Beate gespielt hatten, Spaß auf Karls Kosten gegeben. Aber Karl glaubt nicht, daß es überhaupt gute Verlierer gibt. Höchstens solche, die sich den Ärger nicht anmerken lassen. So, wie es nur den triumphierenden Gewinner gibt, der, wie Marion jetzt, seinen Vorteil genießt. Aber das Spiel ist ein anderes. Eigentlich kann Marion gar nicht gewinnen: Behält sie ihn, ist er ihr trotzdem verloren. Scheißspiel, faßt Karl seine Gedanken zusammen. Da ist er schon unterwegs zu Wölfel. – Wiedersehen, hat er zu Marion gesagt. – Wiedersehen, hat sie geantwortet. – Nein, zu gewinnen hat Marion nichts – der Gedanke hakt sich fest bei Karl. Eine schlichte Wahrheit, die ihn zu drücken beginnt. Gewissen nennen das die Leute. Das drückt. Was sich Karl in Berlin noch nicht hat vorstellen können. Da war Julie, und sein, Karls, verdammtes Recht, sie zu lieben. Sollte doch einer kommen und ihm das verbieten.

Karl ist schon wieder obenauf, angriffslustig: Bettgeschichten kriegt ihr keine von mir zu hören, wenn es das ist, worauf ihr aus seid, hatte er Krause und der Schröder entgegengehalten. Ganz schön scharf. Das Kribbeln im Bauch fängt wieder an, wird, als Karl diesen Satz noch einmal bedenkt, bei jedem Schritt stärker, den er in Wölfels Richtung tut. – Ein Palaver wird's geben, hatte er sich selbst beruhigt, nun ja. Aus der Ferne sehn die Dinge kleiner aus.

Wölfel wohnt mit seiner Frau, die Lehrerin ist, in einem Neubaublock am Stadtrand. Zwei Zimmer, Küche und Bad. – Es reicht für uns, hat Wölfel einmal gesagt: Nur, wenn die Kinder kommen, wird's eng. – Karnickelställe, Karls Wort für Neubauten, ließ Wölfel nicht gelten: Besser solche Wohnung als die alte Bruchbude, die du nicht mehr kennst! Freilich sind die Neubauten nicht schön. Und hellhörig sind sie, daß ich mitbekomme, wenn der im dritten Stock seine Frau beschläft. Aber alles auf einmal geht eben nicht. – Besser bauen, hatte Karl eingeworfen. – Und teurer, langsamer, weniger – gab Wölfel zurück. –

Karl klingelt. Es ist zwei Minuten vor fünf. – Wenigstens pünktlich biste, sagt Wölfel statt einer Begrüßung. Schiebt Karl hinein ins Wohnzimmer. Dort, im bequemsten der ledernen Sessel, einem Ungetüm gewaltigen Ausmaßes, sitzt Burglinde. – Ach so, sagt Karl. – Was denkst denn du, sagt Wölfel, grinst: Werd' ich dich allein verhören, hinterm Rücken der Partei, nee, mein Freund, so blöd ist der alte Wölfel nicht. Und viel zu faul, morgen den ganzen Kram noch einmal aufzurollen! – Karl setzt sich neben Burglinde, sollen sie ihn in die Mitte nehmen. Burglinde mustert Karl mit scharfem Blick durch ihre modische Brille, hebt die Hand, um sich eine Zigarette anzubrennen, Armreifen klimpern. – Wieder ein bißchen zu sehr aufgemacht, denkt Karl, wie immer des Guten eine Spur zuviel. – Wölfel kommt herein, bringt Bierflaschen und Schnaps: Moment noch. – Verschwindet wieder. – Was mir so durch den Kopf geht, denkt Karl, als hätte ich nichts anderes zu bedenken. – Wölfel kommt erneut, einen Teller mit belegten Broten balancierend, setzt sich endlich. – Wird ein Arbeitsessen, sagt Wölfel zu Karl, dessen verwunderten Blick er wohl gesehen haben muß: Noch bist du nicht in Acht und Bann! – Zur Sache, Bernhard, fordert Burglinde: Auch als Unverheiratete habe ich Anspruch auf meinen Haushaltstag. Das heißt, ich habe noch zu tun. Machen wir es kurz. – Wölfel nickt beruhigend, gießt Schnaps in die Gläser: Bier nehmt ihr euch selbst, sagt er. Beginnt, den Sachverhalt, so sagt er wörtlich, zu schildern, soweit er ihn kennt: Schön blöd, daß das bei Krawczyk ankommen mußte. Was bleibt dem nun, als sich weiter dahineinzuhängen. – Ist nicht meine Schuld, wirft Karl ein: Ich wollte gleich heute morgen berichten. – Probiert ein Lächeln. – Was heißt hier: Ist nicht meine Schuld? – Burglinde haut auf den Tisch: Da hört sich doch alles auf, hört sich das. Sauereien hättest keine machen sollen. Disziplin halten! Dann brauchten wir nicht hier zu sitzen. – Nunu, sagt Wölfel begütigend, wir woll'n doch das Kind nich' mit dem Bade ausschütten, mit Brüllen wird die Sache nicht besser. Sehen müssenwer, wie wir da rauskommen. Also bitte, Karl: Erst mal, was passiert ist. – Karl ist dran. Nun soll er erzählen. Wo fängt man da an, zum Teufel? Bei der Ehe, die ruhig gelaufen ist, ohne Krach. Jedenfalls fast. Und die Leere, die manchmal war. Unbestimmte Sehnsucht. – Karl sieht, wie Burglinde das Gesicht verzieht, dazwischenreden will, sich beherrscht. Karl redet weiter: Wie er das Mädchen getroffen hat. Daß er da nicht anders gekonnt hat, als hinzugehen. – Den Rest kennt ihr, sagt Karl, versteht ihr? – Es ist einen Moment lang still, dann tritt ein, was die Wissenschaft »Kommunikationsstörung« nennt. Karl hat sprachliche Signale ausgesandt, die angekommen sind, aber sie geben keinen Sinn beim Empfänger. Der entschlüsselt die Botschaft so, wie er sie verstehen will. Oder kann. – Ich habe schon verstanden, sagt Burglinde. Und Karl möchte rufen, daß sie nichts verstanden hat. Burglinde spricht von moralisch verwerflicher Labilität, Familie gefährdet, Lehrgang gefährdet. Vertrauen von Frau und Partei mißbraucht. – Wölfel versucht einzulenken, fängt an, eine goldene Brücke zu bauen, auf die Karl und Burglinde nur treten müßten, zur Mitte gehen: Gelegenheit macht Liebe, nicht wahr? – Wölfel ringt die Hände im Schoß: So ein junger Mensch, und überhaupt, heutigentags, es geht freier zu in der Liebe, gewiß, das ist nicht zu begrüßen, indes – die Zeichen der Zeit ... Und wir wollen doch keine Affäre draus machen, der Karl macht eine schriftliche Selbstkritik, nicht wahr, die verlesen wir vor der Leitung, da wird er eine Rüge kriegen, denke ich, obwohl ich nicht vorgreifen will. – Burglinde erscheint das zu mild: In jedem Falle hänge es aber von Karl selbst ab. Wie er dazu stünde. – Ich weiß es selbst nicht, sagt Karl: Ich liebe die Frau doch. Begreift ihr nicht, wie schwer das für mich ist? Wie soll ich sagen, es war ein Fehler, eine Schwäche, wenn ich es nicht bereue. – Dann wirst du dich scheiden lassen, fragt Wölfel. – Ich weiß es nicht, sagt Karl: Ich weiß gar nichts mehr. – Dann schlage ich vor, sagt Burglinde, daß wir die Angelegenheit vor die Leitung bringen, wohin sie ohnehin gehört hätte, von Anfang an! Was soll eine solche halbprivate Runde? – Was soll man die Dinge unnötig dramatisieren, verteidigt sich Wölfel. – Deine Laschheit bricht dir noch den Hals, Bernhard, sagt Burglinde, das geht vor die Leitung, und der Krawczyk wird auch eingeladen. Vielleicht weiß der Genosse Groß bis dahin, was er will. – Damit ist die Unterredung für Burglinde beendet, sie packt ihre Zigaretten in die Handtasche. Ihr Schnapsglas steht noch unberührt. – Trink doch wenigstens den Schnaps, sagt Wölfel bittend zu ihr. Sie nimmt das Glas, zögert einen Moment, bevor sie den Inhalt mit einem Zug hinunterstürzt, so, als hätte sie sich auf eine Vertraulichkeit mit Karl eingelassen: Mit ihm an einem Tisch sitzen und Schnaps trinken – das geht nicht an.

Wölfel bringt Burglinde bekümmert zur Tür. Unmöglich, daß Karl ihr seine Begleitung anbietet. Unmöglich, daß er sitzen bleibt, Wölfel kompromittiert. Was ist da zu tun? Karl steht auf, stellt sich vor Wölfels großes Aquarium. Er und die Fische glotzen einander an.

Bekümmert kehrt Wölfel zurück: Jeachje, sagt er, und Karl sieht, daß es Wölfel ernst ist mit seinem Kummer. – Ein alter Mann, denkt Karl, wieso ist mir nie aufgefallen, wie alt der ist. – Nu setz dich wieder hin, sagt Wölfel, die blöden Fische interessieren dich doch nicht. Reden wir noch ein Stück, meine Frau kommt spät, irgendwas in der Schule. Manchmal, fügt Wölfel nach einer Pause hinzu, kommt mehr dabei heraus, wenn zwei drüber reden. – Gießt die Gläser wieder voll. – Prost, sagt Wölfel, hebt sein Glas leicht, in Karls Richtung. – Karl läßt sein schon angehobenes Glas sinken Da steht noch ein drittes Glas auf dem Tisch: das, das Burglinde nur widerwillig geleert hat. Es scheint Karl anzustarren, funkelnd im Licht. Karl steht auf. Wortlos nimmt er es und trägt es hinaus. – Entschuldige, sagt er zu Wölfel, hebt sein Glas zum zweiten Mal, trinkt. – Du mußt auch sie verstehen, sagt Wölfel. – Ja, antwortet Karl erbittert, ich muß sie verstehen. Der Groß muß verstehen. Muß einsehen. Der Groß, das Schwein, darf froh sein, daß man noch mit ihm spricht. – Dann säßen wir nicht an dem Tisch, sagt Wölfel, wenn es so wäre. Wer sagt was von Schwein? – Der Krause hat das gesagt, und Burglinde: Sauereien. Wenn ich keine Sauereien gemacht hätte. Du hast es gehört. – Also, was diesen Krause angeht, der beim Krawczyk angeklingelt hat, den kenne ich nicht. Der geht mich nichts an. Zwar ist er mein Genosse, aber auch deiner. Das muß klar sein. Du kannst dich nicht mitm Rücken an die Wand stellen und sagen: Hier bin ich, und ihr seid der Rest der Welt. – Aber die Obrigkeit seid ihr: Der Krause, der Krawczyk, Burglinde und du. – Obrigkeit ist kein schönes Wort unter Genossen – Wölfel schüttelt den Kopf: Sieh mal, das, was du Obrigkeit nennst, sind auch nur Menschen. Den Krause, wie gesagt, kenne ich nicht. Den laß aus. Wie soll ich reden von einem, den ich nicht kenne. – Karl nickt. Das akzeptiert er. Aber durchgehen läßt er dem Wölfel nichts, auch wenn er schon wieder Schnaps eingießt. Zwingt ihn ja keiner. Muß er ja nicht. –

Und Krawczyk, fährt Wölfel fort, Krawczyk ist froh, wenn er in Ruhe gelassen wird. Der hat genug um die Ohren. Meinst du im Ernst, der reißt sich darum, in deinem Privatleben herumzukramen? Schieb nicht deine Verantwortung untern Tisch. Die hast du zu tragen. Und nicht nur für dich! – Karl zuckt die Schultern. Dazu will er nichts sagen. Und den Krawczyk, den kennt er kaum. Hat ihn mal auf einer Besprechung gesehen, und anläßlich irgendwelcher Anlässe: ein ziemlich schmächtiger Kerl mit dünnem, gescheiteltem Haar. Wie sich Karl einen Steuerprüfer vorstellt – korrekt und ein bißchen kränklich. – Mensch, Karl, der Krawczyk hat drei halbflügge Töchter, so ganz und gar nicht der Vater, im Aussehen nicht und nicht in der Art – der hat zu Hause genug solche Geschichten. Wenn der durchs Amt gebrüllt hat, sie sollen ihm den Wölfel herschaffen, dann war's die reine Notwehr. Denkste, ich nehm' ihm das übel! – Ja, sagt Karl, da geht's wie mit den kleinen Negerlein, jedesmal wird's eins weniger, und am Ende bleibe nur noch ich übrig. Rabenschwarz. – Wart's ab. Wenn du weißt, was du willst, kommt die Sache wieder ins Gleis. Nimm die Burglinde – die ist doch nicht so wild, weil sie dir ein Bein stellen will. Die ist persönlich gekränkt. – Das verstehe ich nicht, sagt Karl, was muß sich Burglinde kränken, wenn meine Ehe zum Teufel geht. Sie hätte mich reden lassen sollen. Und zuhören, nicht anklagen. –

Es gibt Dinge, sagt Wölfel bedächtig, die versteht einer nicht. Die Burglinde hat einen Verlobten gehabt, den haben sie noch kurz vor Toresschluß zur Wehrmacht geholt. Er ist gefallen. Und dann ist da nie wieder ein Mann gewesen. Für Burglinde ist Ehe gleich erfülltes Glück. Man muß es nur richtig anpacken und dankbar sein. – Nach einer Pause fährt Wölfel fort: So, wie ich es nicht verstehen kann, daß Menschen Brot wegwerfen. Weil ich Hunger kenne. – Der Krieg. Immer wieder der Krieg. Da habt ihr eine feine Entschuldigung, liegt es Karl auf der Zunge. Aber er sagt es nicht. Das steht ihm nicht zu, denkt er. Sagt: Und was ändert das daran, daß ich jetzt der Sündenbock bin? Was kann ich dafür, daß Burglindes Mann gefallen ist? Nicht ich habe den Krieg gemacht. Und ich kann auch nichts dafür, daß ich ihn nicht erlebt habe, nicht mal als Kind im Luftschutzkeller. – Natürlich kannst du nichts dafür. Wer sagt denn so was? Keiner sagt das. – Doch, beharrt Karl. – Nein, zum Donnerwetter. Du sollst bloß einsehen, daß es Gründe hat, wenn einer so oder so reagiert. Der Mensch hat doch eine Geschichte. – Eben, sagt Karl, ich auch. Bloß scheint die keinen zu interessieren. Was kann der für eine Geschichte haben, denkt ihr doch. Ohne Krieg und Hunger geht's bei euch nicht. Wer das nicht kennt, der hat keine Geschichte. Dem geht es zu gut. Wenn's dem Esel zu wohl geht, geht er tanzen aufs Eis. –

Erzähl deine Geschichte, sagt Wölfel: Vergiß, daß dich Burglinde niedergeschrien hat. Denk an dich und daran, daß ich dir zuhöre. Was hätte ich dich herbestellt, wenn ich dir nicht zuhören wollte. – Da gießt Karl sein Bierglas voll, nimmt einen langen Schluck, unterm Schaum weg. Julie fällt ihm ein, als sie Wein kauften, Bier tranken am Tresen, vor einer Woche, Montag abend. Wölfel ist aufgestanden, er drängt Karl nicht. Geht hin, streut den Fischen Futter. Karl beginnt zu reden: Erzählt dem Wölfel, wie ihm manchmal die Tage die Luft genommen haben, wenn alles im Gleis lief. Die Spitze wirft Karl so hin, hatte Wölfel doch gesagt, daß alles wieder ins Gleis kommen würde. Das ist es eben: So will Karl das nicht mehr. Er erzählt von seinem Tagebuch, den heimlichen Briefen an Julie. Erzählt von der Freude, die in ihm war, für eine Woche herauszukommen, den Freund wiederzusehen. Die Hoffnung auf irgendwas. Wie er die eine Woche mit Julie gelebt hat. Anders, als er je zuvor gelebt hat. Wie er nun dasteht, ihm fehlt etwas, und Marion fordert ihn zurück. Wo er doch nicht mehr der ist, als der er fuhr. –

Lange hat Karl gesprochen, die Blume des Bieres ist zusammengefallen, hat sich aufgelöst. Pißgelb und schal steht der Rest im Glas. Wölfel hat Karl nicht unterbrochen, schweigt noch immer. – Nun, sagt er endlich: Eine Woche ist nicht das Leben. – Ich hätte es riskiert, sagt Karl. – Und es war, fragt Wölfel, es war nicht doch nur die Lust auf ein Weib? Offenheit gegen Offenheit, meine ich. – Was wäre da zu reden. Die Lust zu stillen war Gelegenheit. Ich könnte Marion sagen: Verzeih, liebe Frau, doch viele tun das, du weißt. Es ist über mich gekommen, nun bin ich wieder da ... Nur, das ist es nicht. – Wölfel nickt. Sagt, daß er es verstünde: Aber du wirst dich zu etwas entschließen müssen. So oder so. Gehst sonst vor die Hunde. Und deine Frau auch und das Kind. – So oder so, sagt Karl: Das eine ist bleiben, vergessen. Weggehen das andere. Weggehn wohin? – Wirst auf eigenen Füßen gehen müssen. Ich könnte es nicht, mich allein durchschlagen. Wirst weg müssen aus der Stadt, wo alles dich erinnert. – Mehr sagt Wölfel nicht. Auch Karl schweigt. Es ist der Punkt, an dem nichts mehr zu sagen ist, der Schädel schmerzt. Karl will gehen. Bedankt sich bei Wölfel. – Mit der Leitung, sagt Wölfel noch, als Karl sich die Schuhe anzieht, würde er schon klarkommen: Nichts wird so heiß gegessen, wie es gekocht wird. Das soll nicht deine Sorge sein. – Schulterklopfen. Wiedersehen.

Karl tritt auf die Straße, es regnet; dünn, kalt und beharrlich. Die Uhr geht auf zehn, Marion wird ihn abgeschrieben haben, wird denken, er ist in die Kneipe gegangen. Also, was hindert ihn daran! Geht er eben in die Kneipe. – Noch solch ein Kadergespräch, denkt Karl und grinst wider Willen, stehe ich heute ohnehin nicht mehr durch. – Der Regen bringt kaum frische Luft, im Gegenteil, drückt den Schmutz aus der Höhe herunter, die Autobesitzer werden's ihm danken, dem Regen, der da fällt, dünn und unbeirrt.

Den Lärm aus Alfreds Kneipe hört Karl schon eine Straßenecke zuvor, Lachen, Gläsergeklirr, die Stimmen der Männer, die einander zu übertönen versuchen, daß keiner den anderen versteht. Karl tritt ein. Inhaber: Elsbeth Grunert, so steht's an der Tür, schwarz auf weißer Emaille. – Kein Wunder, denkt Karl, daß der Alfred so mürrisch ist, es sogar mit Stammkunden verdirbt: Wo er halt nur eingeheiratet hat, ohne Kapital. »Hergelaufener« sagt die alte Grunert zu Alfred, nicht einmal böse, eher so, wie zu einem Hund. Die alte Grunert ist wirklich alt, ein verkniffenes, runzliges Weib. Lebender Gegenbeweis für Karls Schwiegermütter-Theorie. Aber sie kocht hervorragend, die Alte, und hält so die Kunden, die Alfred vergrämt.

'n Abend, grüßt Karl in die Runde am Tresen. Es ist noch Platz für ihn. Schon steht ein Bier da. Alfred scheint einen guten Tag zu haben: Bist lange nicht dagewesen, sagt er. Und: Warste im Knast? – Ein paar Männer blikken her, warten auf Karls Antwort: Red bloß nicht drüber! – Die Männer lachen. Alfred lächelt immerhin. Ist das schön. Eine Freundlichkeit unter den Menschen. Bloß Sorgen dürfte man keine haben. Aber man hat. Karl trinkt sein Bier. Alfred füllt Schnäpse ein. Je später der Abend, desto kleiner die Schnäpse. Links von Karl wird Zement verschoben. Einer sucht eine Gasheizung. Ein anderer kennt einen, der Gasheizungen besorgt. Irgendwer gibt einen auf seine Scheidung aus. Am Billard rollen die Kugeln. Die Kellnerin trinkt einen Schnaps. Beim Zugfahren und in der Kneipe, am Tresen, kommen Karl die besten Ideen. Da kann er nachdenken. Heute nicht. Heute drehen die Gedanken sich im Kreis. So oder so, hat Wölfel gesagt. Recht hat er. Noch ein Bier. Das ist nicht Wölfels Bier. Hat er nicht gesagt, ist aber so. Und nun doch noch einen Korn. Der Wölfel hat gut reden. Klugscheißen. Karl hat Lust, sein Bierglas an die Wand zu schmeißen, in Richtung des Hirsches aus Steingut, der dort auf einer Konsole steht und röhrt. Oberhof, ist in den Sockel gegraben. Der Hirsch Oberhof. Sehr angenehm. Karl merkt, daß er ziemlich betrunken ist. Zahlt, trinkt aus, und da, als er den Kopf in den Nacken legen muß, des Restes Bier wegen, der nicht umkommen darf, wird ihm schwindlig. Vorsichtig setzt Karl das Glas ab, stellt es ans Spülbecken, Alfred greift danach, ohne aufzusehen. – Macht's gut, sagt Karl und geht. – Die kalte Luft, der Regen, der immer noch strichdünn fällt, treffen Karl wie ein Schlag vor den Kopf. Schleudernd nimmt er die nächste Kurve, streift eine Wand. Die Spannung der letzten Tage ist von ihm abgefallen: Karl läßt sich gehen. Die Gedanken scheinen ihm noch zu gehorchen, nur mit dem aufrechten Gang ist's Essig. Da schwankt er hin, heimwärts, auf verschlungenem Weg: Wenn ich jetzt unter ein Auto käme, denkt Karl, und er denkt es in heiterer Gelassenheit. Es kommt aber kein Auto: Nest, Kaff – schmäht Karl seine Stadt. Nur ein Polizist kommt. Der unterzieht, stehend, Karls Gang einer kritischen Prüfung. Das ernüchtert: Reiß dich zusammen, Alter, sagt Karl zu sich selbst. Entkommt, gewinnt die Haustür.

Im Flur findet Karl einen Zettel, in seinen rechten Hausschuh geschoben, daß er ihn nicht übersieht: Lieber Karl, steht da, bis auf weiteres halte ich es für besser, wenn du im Wohnzimmer schläfst. Das Bettzeug liegt auf der Couch. Solltest du mit deinen Überlegungen, was uns betrifft, zu einem Ergebnis gekommen sein, laß es mich wissen. Marion. – Punkt. Da steht Karl im Flur, hat noch den Mantel an und wundert sich. Wundert sich noch, als er auf der Couch schwerfällig zum Sitzen kommt, den Zettel, Marions Botschaft, nochmals liest. Wie soll das einer, nach so einem Tag, und benebelt obendrein, verstehen. Gestern kraucht sie in sein Bett, womit er nicht gerechnet hatte. Hat wohl sehen wollen, ob er's auch noch mit ihr kann, wie! Und heute? Bis auf weiteres, schreibt sie, die Couch. Getrennt von Tisch und Bett. Das heißt, von Tisch war keine Rede. Gegessen wird scheinbar auch künftig gemeinsam, vielleicht wegen des Jungen. Bin gespannt, denkt Karl, was sie ihm erzählen wird, weil ich hier im Wohnzimmer schlafe. Karl denkt nicht: Was wir ihm erzählen werden. – Da hat die Trennung wohl begonnen. Nicht mit Marions Zettel, dem Bettzeug auf der Couch. Betten sind schnell zusammengerückt, notfalls. Oder, im Falle des Verliebtseins, reicht auch eines der zwei üblichen Betten. Nein, das ist es nicht. Karl hat zum ersten Mal von Marion und sich als Einzelwesen gedacht. So, wie umgekehrt zwei Verliebte, noch bar aller Pflicht, gemeinsam denken: Wir kaufen dir eine Hose, sagte das Mädchen Marion einst zu Karl, dem Volksarmisten, den hatte der Dienst oder gottweißwas, denn am guten Essen kann es wahrhaft nicht gelegen haben, eine Konfektionsgröße hinaufbefördert, daß er Not hatte, die Hosen früherer Zeiten zu schließen. So hatten sie die Hose gekauft, teures Stück, Karl besitzt sie noch immer, ein braunes Ding aus synthetischem Material, und nicht mehr zu tragen. Um das Geld für die Reinigung zu sparen, hatte Marion die Hose einmal selbst gewaschen. Kein Bügeleisen bekam sie je wieder glatt.

Solche Dinge gehen Karl durch den Kopf, beim Waschen und dann, als er auf der Couch liegt, die Arme im Nacken verschränkt. Als er nicht schlafen kann. Trotz des Alkohols, der ihn vorhin hat schwanken lassen. Die Hochzeit fällt Karl ein, drei Tage vorher ist er übergesiedelt nach M., wo sie, Marion und Karl, provisorisch bei Marions Mutter wohnen sollten. Aus Marions Jungmädchenzimmer wurde ein eheliches Schlafgemach. Am Abend seiner Ankunft wurde Karl ins Wohnzimmer verfrachtet, denn vor der Hochzeit könne das junge Paar unmöglich in einem Zimmer, geschweige in einem Bett nächtigen. So sagte Marions Mutter. Und Karl hatte Marion angesehen, ob die ihm vielleicht ein Zeichen gab, daß es ein Scherz war, was die Mutter da sagte. Es war aber keiner. – Mutter, hatte Marion eingewandt: Mutter, ich bin doch keine Jungfrau mehr. – Um so schlimmer, sagte Marions Mutter in vollem Ernst, obwohl sie es doch wissen mußte. Sie konnte unmöglich annehmen, daß Marion die nämlichen Pillen, so nannte sie die, des schönen, grünen Aussehens wegen, Monat um Monat fraß. – Aber er ist es doch gewesen, durch den ich fiel, hatte Marion kichernd die Sache auf die Spitze getrieben, so daß Karl sich am Wein verschluckte, den er mitgebracht hatte, des Anstandes wegen, anstelle von Blumen. – Er? Nun, das ändert gar nichts. Wozu gibt's die Hochzeitsnacht, auf die ihr euch freuen sollt! – Gerade da lag aber der Haken, der eigentliche Witz: Natürlich schlich sich Marion noch in der gleichen Nacht zu Karl, die Ehe zu vollziehen, wie sie sagte: Denn wisse, in drei Tagen wird es nichts. – Das hatten sie bei der Planung glatt übersehen und bereuten es nicht. So herrlich und herzlich lachten sie in jener Nacht, da sie nun endlich miteinander hätten tun dürfen, wozu nicht Gelegenheit war.

Karl schläft. Ohne das Licht gelöscht zu haben, ist er eingeschlafen, die Arme noch immer im Nacken und lächelnd. Unpassenderweise lächelnd, würde sagen, wer ihn so sähe. Jemand, der nicht um diese Hochzeitsnacht weiß. Der nur weiß, wie es jetzt um Marion und Karl steht. Lächelnd im Schlaf – so findet ihn Marion, die Karl am nächsten Morgen weckt, einen Moment lang verharrt, ehe sie sagt: Karl, aufstehen! – Was sie denkt, da sie ihren schlafenden Mann betrachtet, wir wissen es nicht. Auch nicht, was Karl denkt, der schlaftrunken auf der Couch hockt, sich den Schädel reibt. Die Biere und Schnäpse haben doch ihre Wirkung getan.

Mike kommt ins Zimmer gerannt, wünscht einen guten

Morgen. In der Küche hört Karl ihn wenig später Marion fragen: Mutti, warum schläft der Vati im Wohnzimmer? – Da ist sie also schon, die Frage, und Marion hat sie zu beantworten. Sagt leichthin: Weil der Vati so schauderhaft schnarcht, daß ich nicht schlafen kann. Kein Auge tu' ich zu. – Ob der Vati deshalb ins Krankenhaus müsse, will Mike wissen. – Krankenhaus ist Mikes Lieblingsthema, seit einer der Jungen aus dem Kindergarten dort wegen eines komplizierten Armbruches war. – Nein, sagt Marion: Ins Krankenhaus nicht, aber vielleicht zur Kur, wenn es nicht besser wird. – Marion beginnt den Jungen auf Karls Abwesenheit vorzubereiten. So eine Kur kann schließlich lange dauern, so lange, bis der Junge das Fragen läßt. Eigentlich müßte Karl froh sein, wie vernünftig Marion an die Dinge herangeht, wie vorausschauend. Statt dessen fühlt er sich hinausgeworfen. Marion probt den Ernstfall. Karl weiß, daß Marion nur tut, was ihr Recht ist. Sie stellt sich auf die neue Lage ein, die Alleinlage. Mit dem Bett hat es angefangen. Es wird weitergehen. – Sag dem Vati, das Frühstück ist fertig, hört er Marions Stimme. – Sie ruft nicht selbst. Schickt den Jungen.

Die Tage vergehen. Dünner Schnee ist gefallen und wieder getaut. In diesem Landstrich bleibt kein Schnee. Er wird gefangen im dichten Netz der Straßen und Schienen, von Autos und Zügen zerfahren, verweht, vom Ruß, der Schlacke, der Flugasche bedeckt und zersetzt. Und das Werk atmet, schwitzt Wärme aus. Wie soll da eine Handvoll Schnee etwas zudecken können? Mildern, was schroff ist?

Die Tage vergehen, Karl schläft noch immer auf der Couch. Ansonsten herrscht eine Art Waffenstillstand. Peinliche Freundlichkeit. Wie aufmerksam sie zueinander sind! So waren sie's in ihren besten Zeiten nicht. – Würdest du mir bitte den Zucker geben? – Oh, selbstverständlich. – Wird es dir nicht zu spät, wenn ich jetzt noch fernsehe? – Keineswegs. Bitte, sieh dir den Film nur an. – Da sitzen sie auf dem Pulverfaß und tun, als wäre es eine Parkbank, unter schattigem Baum. Marion plättet Karls Hemden mit aller Sorgfalt, wie eh und je. Karl besorgt Kohlen und Holz. Macht den Einkauf. Nur nennt er den Zettel, den er dafür von Marion bekommt, nicht mehr »Muttizettel«. Der Zettel ist nur noch ein Zettel. Und es ist mehr als eine naive Redensart, die da fehlt.

Die Tage vergehen, ohne daß die Leitung getagt hätte. Wölfel scheint sich durchgesetzt zu haben. Sie geben dem Groß eine Chance. Soll er klären, was zu klären ist. Zwar munkeln die Kollegen, mit dem Groß müsse was sein, aber das Gerücht erhält keine Nahrung. Nicht einmal Burglindes strenger Blick fällt auf. So blickt sie ja ohnehin. – Wartet ab, hat Krawczyk geraten, was wird, dann macht ihr die Leitungssitzung. Und ich, ich will davon, wenn nichts Besonderes geschieht, kein Wort mehr hören. – Wie käme er, Krawczyk, dazu, seine Nase in jeden Mist stecken zu müssen, den andere fallen ließen. – So ist der Stand. Und Karl? Wartet er auf ein Zeichen? Daß Julie ihm erscheint, daß er sie vergißt? Daß er Marion eines unverhofften Tages wieder liebt wie früher einmal, oder daß sie ihn hinauswirft, auf Nimmerwiedersehn?

Einmal paßt ihn Fred nach der Arbeit ab. Seit Wochen haben sie einander nicht gesehen. Beate hat dieser Tage angerufen und gefragt, ob Karl nicht Mitleid hätte, nicht wenigstens das! – Und jetzt steht Fred vor ihm, mit fünfzig Mark in der Tasche, die ihm seine Frau eigens zum Zwecke des Versaufens in die Hand gedrückt hat. Nicht einmal zum sparsamen Umgang mit dieser Summe Geldes ist Fred aufgefordert worden!

Hat dich deine Frau geschickt, fragt Karl mißtrauisch. – Aber nein, was du denkst, lügt Fred diplomatisch: Er sei zufällig des Weges gekommen, und da sie einander so lange nicht gesehen hätten ... Auch schiene ein Besuch im Hause Groß derzeit nicht eben geraten. – Karl winkt ab: Geschickt oder nicht, du willst mir ins Gewissen reden. Was schlägst du vor? – Daß wir erst mal etwas essen gehen, das »Deutsche Haus« ist neu eröffnet worden, was meinst du? –

Sie gehen ins »Deutsche Haus«, finden Platz, recht nett, hinter einer Blumenbank, Bierchen gibt es und Schnaps, jaja, wenn sich alte Freunde so zusammensetzen, was! – Karl und Fred essen irgendein fremdländisch benamtes Steak, mit allerlei Gemüsen und sogar Pilzen beladen, das füllt. Ein Rülpser entkommt Fred, Grund genug für einen weiteren Schnaps. Die Dinge nehmen ihren Lauf. Bislang ist nichts zum Thema gesagt, und Karls Gereiztheit ist von Essen und Trinken schon beträchtlich gemildert. Auch will's der Teufel, daß eine der Kellnerinnen ein wenig an Julie erinnert: die Frisur, die Art zu gehen. Und mit jedem Bier, das Karl trinkt, wird die Ähnlichkeit größer. – Karl beginnt: Ungefragt erzählt er Fred seine Geschichte. Wieso erzähle ich dem das eigentlich, fragt sich Karl zwischendurch, aber er redet weiter. Fred hört zu. Fred und Beate hat Marion mit in die Ehe gebracht, Fred ist mit Marion zur Schule gegangen, hat ihr vermutlich, wenn es auch Marion immer bestritten hat, die Tasche getragen, hätte Marion gern gehabt und hat sie nicht bekommen. Dafür hat er Beate, die weiß, was gut für ihn ist, und er schickt sich drein, solange sie ihn zum Fußball gehen läßt. Fred ist Elektriker geworden, und jedes Wochenendhaus, dem er ein Licht hat aufgehen lassen, ist sein Schade nicht gewesen. Das ist Fred. Was man gemeinhin einen guten Kerl nennt. Und bestimmt glücklich. – Du bist glücklicher dran als ich, glaub mir, sagt Karl: Du hast die Taube in der Hand, oder sie dich, was macht das. Und ich bin der Spatz auf dem Dach, der gleich runterfällt. – Das verstehe ich nicht, sagt Fred. – Wie soll er auch, versteht Karl doch selbst kaum den verworrenen Sinn seines Vergleiches. – Du mußt doch wissen, was du willst, sagt Fred. – Das glaubt er. Recht hat er. – Und wenn ich's nicht weiß? – Fred überlegt. Was soll er dazu sagen. Da bestellt er erst mal eine neue Lage. So fängt das Besäufnis an. Wenn's der Karl nicht weiß, nee, da kann man nichts machen.

Karl geht aufs Klo, nicht mehr ganz gerade. Man könnte sagen, er schwankt. Man könnte sagen, er hat sich an der Kellnerin, dem Double von Julie, die er vor der Klotür traf, nichts als festhalten wollen. Keineswegs vergreifen. Wie die behauptet. Wie der Geschäftsführer behauptet, der Karl und Fred in Schimpf und Schande auf die Straße wirft. Das haben sie nicht nötig. Nein, das nicht. Werden sie eben in die Mitropa gehen, da ist man gut zu durstigen Leuten, die Kummer haben. Jawohl, Kummer: Dein Kummer soll auch mein Kummer sein, erklärt Fred dem schlafenden Karl. – Der Rest geht im Nebel unter, den Fred sieht, Karl sieht schon lange nichts mehr. Auch den Transportpolizisten nicht, der Fred und Karl vor die Tür setzt. Wieder hinausgeworfen – Fred ist empört. Karl kommt zu sich, in der Zugluft der Bahnhofshalle. Will wissen, wo der Zug nach Berlin fährt, er müsse zum Lehrgang, hochwichtige Sache. – Und wieder kommt der Transportpolizist, droht, ihnen die Ausweise abzunehmen, wenn sie nicht sofort verschwänden. Eine Anzeige will er machen. Da gehen sie, Arm in Arm, einander stützend. Keiner der beiden sieht, wie eine Frau an ihnen vorübergeht, sich ungläubig umdreht. Eine Frau, die aus der Bezirksstadt kommt, von einer ewig langen Anleitung. Eine Frau, die jetzt nichts als nach Hause will, in ihr ungeheiztes Quartier. Wer sollte ihr Feuer machen, der Burglinde, denn keine andere ist es. Schicksal, nimm deinen Lauf!

Am nächsten Morgen erfährt Karl von Marion, daß er nicht nur ein Schwächling, sondern auch ein Dreckschwein sei. So formuliert sie es, bricht ganz und gar mit dem status quo der Freundlichkeit. – Wieso und weshalb, die Frage geht Karl schwer über die klumpige Zunge. Und er hört, Marion habe ihn im Korridor gefunden, nächtens halb zwei, völlig angezogen, liegend in Erbrochenem, das unzweifelhaft von ihm selbst gestammt haben müsse und dessen Geruch keinen anderen Schluß zugelassen hätte als den einen. – Da sitzt Karl in Unterwäsche auf dem Teppich, denn bis zur Couch hat Marion ihn nicht schleppen können. Der Kopf tut ihm weh, und sterbenselend fühlt er sich: Ich weiß nicht, wie ich mich entschuldigen soll, fängt er an, nachdem er bis zur Küche vorgedrungen ist, mit zitternder Hand die Kaffeetasse zum Mund führt. – Gar nicht, sagt Marion knapp.

Mühselig ist der Weg zur Arbeit. Unvorstellbar, wie der Tag bewältigt werden soll, so ein Berg von Tag, daß ihn Karl nicht übersehen kann. Klein und rot starren ihn seine Augen aus dem Garderobenspiegel an. – Familienfeier gehabt? – fragt Elvira im Vorbeigehen. – Wieso? – Weil man es riecht, sagt Elvira, die schön und ausgeruht vor Karl steht, wie eben dem Bade entstiegen. Aber Elvira hat ein Herz, kramt aus der Handtasche ein Schächtelchen weißer Pfefferminzdragees: Kannst du behalten. – Karl bedankt sich, lutscht so ein Ding, wovon ihm die Zunge zu brennen beginnt. Egal. Wenn es nur hilft. Karl beginnt sein Tagwerk, setzt sich am Schreibtisch zurecht, nimmt noch ein Dragee: Muß ja nicht jeder merken, daß der Karl Groß gestern mächtig gesoffen hat. Da irrt Karl, wenn er glaubt, es käme nicht ans Licht. Längst sitzt Burglinde in Wölfels Zimmer, berichtet ihm, wie sie ihren Augen nicht hat trauen wollen: In aller Öffentlichkeit! – Nun ja, wendet Wölfel ein: Zwar ist es nicht moralischer, zu Hause so besoffen zu sein, aber unauffälliger, da gebe ich dir recht. – Was soll er machen, der Wölfel?

Ein Parteiverfahren soll eröffnet werden, nächsten Montag, sechzehn Uhr. Da ist der Faden durchschnitten, an dem das Damoklesschwert hing.

Später trifft Wölfel den Karl ganz zufällig auf dem Herrenklosett. Nach allen Regeln der Konspiration ist Wölfel vorgegangen. Am Ende, wenn es hart auf hart geht, will Wölfel nicht in einen Topf geraten, worin Karl schon schmort. Andererseits versteht er ja den Karl: Herrje, wer sich besäuft in solcher Lage, hat er nicht Nachsicht verdient? – Wölfel geht wie die Katze um den heißen Brei. Spricht natürlich nicht als Obrigkeit, das hat er dem Karl ja neulich erst auszureden versucht. Karl erfährt Neuigkeiten: Bahnhofshalle, sieh an! Und Burglinde hat ihn gesehen. Und ein Verfahren wird es geben, den Bescheid kriegt er schriftlich: Du weißt von nichts, sagt Wölfel beim Händewaschen und huscht hinaus. Karl schmeißt die Pfefferminzpillen ins Klo. Ist nun auch egal. Kriegt er ein Verfahren, kann er auch stinken. Das macht das Kraut nicht fett. Am Montag also, da ist noch fast eine Woche Zeit, fünf Tage Galgenfrist.

Fünf Tage sind eine lange Zeit. Wenn einer nicht weiß, was wird. Das Kribbeln im Bauch gerät zum Dauerzustand: hervorragende Verdauung in diesen Tagen! Sooft Karl an die Sache denkt, fängt es zu kribbeln an, und manchmal kribbelt es, ohne daß er dran gedacht hat. Aber dann. Zuweilen, morgens, wächst sich das Gefühl im Bauch aus, steigt vom Magen brennend empor, daß es Karl krümmt. Marion stellt ihm Kamillentee hin, hat wohl gesehen, was mit ihm ist. Gesagt hat sie nichts. Sie spricht nicht mit Karl seit jenem Morgen. Kein Wort.

Bald nun ist Weihnachtszeit, klingelt und bimmelt es allenthalben. Fröhliche Zeit. Karl geht an den Nachmittagen durch die Stadt, froh, dem Betrieb entronnen zu sein, den neugierigen Blicken. Schließlich kommt alles ans Licht, so geheim kann eine Sache nicht gehalten werden, daß sie nicht doch ans Licht käme. So wird Karl alltäglich still gemustert: Ob wohl etwas anders ist an ihm? Aber da ist nichts. Noch immer trägt er täglich ein frisches, gebügeltes Hemd, ist wie immer gut rasiert und umflort vom aufregenden Duft eines ausländischen Rasierwassers. Abgespannt sieht er aus, nun gut, das will man ihm glauben.

Karl geht durch die Stadt, liest, daß Schenken gleich Freude-Schenken sei. Da lacht Karl. Was soll er Marion schenken? Die läßt sich nichts schenken. Von ihm doch nicht!

Eines Abends sitzt er auf dem Rand seiner Lagerstatt, hat ein paar Gläser Schnaps getrunken, zur Beruhigung – indes, da steht auch noch seine Männlichkeit auf wider ihn, blickt ihm höhnisch ins Angesicht. Wo soll er hin damit? Auch ein weiterer Schnaps bringt nicht Abhilfe. Karl bedauert sich: Muß er sich das bieten lassen, ein Kerl wie er, und nebenan liegt die Frau, die ihm vertraglich zugehört, was auch gewesen sei! – Da steht er auf, geht leise in den Flur, er könnte ja auch zur Toilette wollen. Geht hinein ins eheliche Schlafgemach, wo ihm ein Platz zukommt, wird sich einfach in Marions Bett legen, die scheint zu schlafen. Um so besser: Sie wird denken, sie träumt, wird es nicht schlecht finden, so einen Traum zu haben: Soll doch keiner sagen, ihr täte es nicht auch bitter not! – Marion aber, kaum, daß Karl an ihrem Rücken liegt, fährt herum. Aus der Traum. Sie haut Karl ins Gesicht, einmal, zweimal. Schreit ihn an. Böse Worte sind es, die sie schreit. Haß ist aufgestanden zwischen Marion und Karl. Ohne ein Wort ist Karl hinausgegangen, zurück in sein Zimmer. Lange noch hört er Marion weinen. Da ist der Haß, Marions Haß, an dem wird nicht vorbeizukommen sein.

Am nächsten Tag begegnen sie einander vor der Haustür. Marion trägt einen Christbaum, und Karl trägt einen Christbaum. – Wir haben auch einen gekauft, freut sich

Mike, da ist deiner übrig. – Das macht nichts, sagt Karl: Wenn eurer die Nadeln verliert, holen wir meinen aus dem Keller. – Nein, wundert sich auch Frau Herzig: Zwei Christbäume! – Voraussicht, erklärt Karl: Die Dinger sind doch sicher schon im Oktober geschlagen, wenn die ins Warme kommen ... – Das leuchtet Frau Herzig ein. Karl ist sich gewiß, daß ihr Mann wird gehen müssen, um ebenfalls einen zweiten Baum zu kaufen. In anderen Zeiten hätten Marion und Karl den Rest des Tages nicht ablassen können, den Dialog unzählige Male zu wiederholen, hätten gelacht, bis Karl die Tränen gekommen wären. Heute wird nicht gelacht werden. Das ist gewiß.

Fünf Tage sind eine lange Zeit. Bis endlich das Verfahren kommt. Vorher kommt noch ein Wochenende, tückischer Hinterhalt. Sollte Karl jemals mit den anderen Kollegen geklagt haben, den Kanon vom viel zu kurzen Wochenende? Wie soll Karl dieses Wochenende verbringen, totschlagen die Zeit, in den Zimmern seiner Wohnung, durch die er wie ein Fremder geht, durch die der Haß ungesehen schleicht? Der da ein Süppchen anbrennen läßt, aus schneeweißen Haferflocken, die dann nicht mehr schneeweiß sind und aus dem Topf stinken. Und eine Vase zerbricht, weil das sperrige Bettzeug über die Anrichte wischt.

Gewiß, da wären die Bücher, die vielen ungelesenen Bücher in Karls eigenhändig gezimmerter Regalwand. Nun wäre Zeit zu lesen. Aber wie soll einer lesen, Schöngeistiges gar, wenn er wenig Schönes in seinem Geiste hat! Wo doch der immer gleiche Gedanke in Karls Schädel rumort: Was soll werden? Das scheint jetzt im Selbstlauf der Dinge geklärt zu werden. Karl hat nichts getan, hat gewartet. Nun tut sich was.

Am Freitag, auf dem Weg ins Stadtcafé, ruft Karl Marion an. Redet sie zu Hause, was heißt hier: zu Hause, redet sie da nicht mit ihm – am Telefon wird sie es müssen.

Da lauern die Kollegen ja auch, daß etwas geschieht. – Guten Tag, Herr Knoll, sagt Karl, und zum ersten Mal, seit er den Knoll kennt, empfindet Karl aufrichtige Freude beim Hören von dessen Stimme. Wenn der Knoll danebensteht, und er wird danebenstehen, kann sie nicht auflegen: Hier ist Groß, könnten Sie mir doch bitte mal meine Angetraute durchreichen! – Locker hat der Karl das gemacht, großartig. – Frau Groß, hört Karl den Knoll rufen: Ihr Obenauf ist dran, falls Sie's so halten! – Weder – noch, denkt Karl, aber das weiß der Knoll ja nicht. – Ja, sagt Marion, ihre Stimme zittert ein bißchen, läßt ihre Wut ahnen: Was gibt es denn? – Karl sagt ihr, daß er am Wochenende zu seiner Mutter fahren wird, ins Thüringische. Nur, daß sie es weiß. Und Marion könnte ja auch mit ihrer Mutter, das sei nur so ein Gedanke, nicht wahr ... – Marion sagt, sie wird es sich überlegen. Ob das alles war. – Ja. – Da bringt sie es sogar fertig, »Mach's gut« in den Hörer zu rufen. Legt auf.

Am Nachmittag fährt Karl nach G., in seine Heimatstadt. Er nimmt einen Personenzug, Karl hat es nicht eilig. Die Mutter erwartet ihn nicht, aber sie wird zu Hause sein. Mutter ist immer zu Hause. Karl wird ankommen, wenn der erste Spielfilm des Abendprogrammes noch läuft.

Personenzüge haben den Vorteil rasch wechselnder Fahrgäste. Wer fährt schon von M. nach G. mit dem Personenzug, drei Stunden lang, mit Halt in jedem Dorf! Da steigen Leute aus, Leute ein. Und Platz ist, die Beine auszustrecken. Zwischendurch füllt sich vielleicht das Abteil, wird Karl gezwungen, Gespräche anzuhören, die er nicht hören will – das dauert zwei Stationen weit, dann hat er wieder Ruhe. Die längste Zeit reist eine ängstliche, alte Frau mit Karl, die fürchtet, ihre Station zu verpassen. Karl verspricht, ihr rechtzeitig Bescheid zu geben. Er kennt die Strecke. Da lächelt das Mütterchen unter seinem Kopftuch hervor. Hat Vertrauen zu Karl. Immer, wenn Karls Blick auf die alte Frau fällt, lächelt sie ihn an, mit der winzigen Spur Unruhe im Blick, noch immer, und Karl nickt: Ich habe es nicht vergessen. – Trägt dann, als es soweit ist, der Frau die Tasche nach draußen, hilft ihr hinaus, winkt. Alte, zerbrechliche Frauen erinnern Karl an seine Großmutter, die weise Frau mit ihren Sprüchen, über die er manchmal gespottet hat und die er doch nicht vergißt. Großmutter, die den Kaiser überlebte und das Dritte Reich, die bei Ulbrichts Tod aus tiefstem Herzen sprach: Nun hat er's überstanden, der arme Kerl. Was hatter sich quälen müssen. – Und hat sich selbst so quälen müssen, ein paar Jahre danach, ohne daß ein Staatsmann Notiz davon genommen hätte. Nun ja, gewiß geht es nach Verdienst, aber manchmal hat Karl das unsinnige Gedankenspiel noch weiter getrieben: Wenn es nach ihm ginge ... Natürlich geht es nicht nach Karl, und seine Rechnung geht so nicht auf, daß er der Großmutter mehr verdankt als Ulbricht: Der hat ihm keine Leinensäckchen aufgelegt bei Halsentzündung. Ihn nicht bekocht und besorgt, als die Mutter lange krank gelegen hat. Was Wunder, daß einem die Familie näher ist als der Staat. – Auch kommt man, denkt Karl, bei der Familie weit weniger schnell in Ungnade. Da ist Kredit. Wird kein Verfahren eröffnet. Wird am Ende ein Lamm geschlachtet, wenn der verlorene Sohn nach Hause kommt. Freilich wird Karl auch die Mutter nicht helfen können. Aber sie ist da und wird sich freuen, daß er kommt. Nichts fordern. Karl wird zwei Tage lang Luft holen können. Atempause. Bevor es in die Entscheidung geht. – Da muß doch was geschehen, hat Gertrud gesagt, als er ihr heute mittag sagte: Vielleicht gehe ich weg. So liegt der Fall. – Ihr habt doch ein Kind. – Ja. – Und wollt auseinandergehn, trotzdem? – Gertrud schüttelte den Kopf: Als damals unsere Tochter ging, nach drüben, hat der Kummer meinen Mann und mich zusammengebracht. War vorher oft Streit, ging's plötzlich ruhiger zu. Hatte jeder nur noch den anderen. Es muß etwas sein, das zusammenhält. Und wenn man jung ist, sind es die Kinder. – Gertrud war Karl nicht böse gewesen, aber begreifen konnte sie es nicht: Hoffentlich weißt du, was du tust. – Noch hätte er ja nichts getan, wandte Karl ein. – Davon wird's nicht besser.

Es muß etwas sein, das zusammenhält – den Satz von Gertrud hat sich Karl eingeprägt. Im Zug war er wieder dagewesen, dieser Gedanke. Der auch heißen konnte: Wenn nichts mehr da ist, das zusammenhält... Dazu gehörte Karls Satz vom Weggehen. Wohin. Aber die Angst, Karls Angst vor dem Alleinsein, vor dem Nichts konnte es doch nicht sein, die Zusammenhalt gab. Was hielt denn Marion noch? Wie lange würde sie es noch aushalten, war doch die Liebe umgeschlagen in Haß. Der Weg ist kurz.

So erzählt Karl der Mutter die Geschichte. Zum wievielten Mal erzählt er die Geschichte nun. Ohne daß etwas anders geworden wäre. Karl erzählt die Geschichte vom Ende her. Die Mutter hat den Fernseher leise gestellt, nur die Bilder sind geblieben, zucken ohne Sinn über den Schirm. Ohne Sprache gibt es keinen Sinn, denkt Karl: Wie es bei uns, bei Marion und mir, keinen Sinn mehr gibt. Nur noch stumme Erbitterung, Ratlosigkeit. – Und diese Frau in Berlin? – Was soll sein, es ist aus. – Das hast du gesagt. Ich glaube es dir. Aber du liebst sie doch? – Ja. – Worin unterscheidet sie sich denn so sehr von Marion? – Das ist eine Frage, die Marion sich auch stellen wird, denkt Karl, ihr habe ich sie nicht beantwortet. Sagt: Sie ist sinnlicher. – Und Karl weiß, was Marion dabei denken würde, entsann sich ihrer Frage, ob Julie besser als sie gevögelt hätte. – Karl setzt hastig fort: Versteh mich recht, ich meine die ganze Art, den Gang, die Stimme, das Lächeln, Verstehen ohne Worte … – Die Mutter schweigt, wartet ab.

Da sagt Karl noch einen Satz, der ihn selbst überrascht: Ich glaube, Julie ist überall und in allem nur Frau. – Dabei weiß Karl, daß das nicht die ganze Wahrheit ist. Nicht, daß er die Mutter belöge. Nein. Aber er verschweigt, was er selbst nicht sicher weiß: Daß er unsicher ist, wovor er flieht, wohin er gehen soll … Allein. Niemand hat es ihn gelehrt. Nein, auch von den Briefen an Julie erzählt Karl der Mutter nicht. – In allem nur Frau, und hat dich fortgeschickt, sagt die Mutter und lächelt ein bißchen hintergründig dabei. – Sonst wäre sie am Ende nicht die, die sie ist. – Karl erzählt seiner Mutter, was Georges dazu gesagt hat, daß Julie bei dem Mann, der sie hielte, eine andere werden würde. Nicht mehr sie selbst.

Es ist schon früh, als Karl sein Bett aufschlägt, lange nach Mitternacht. Er ist müde vom Reden, vom Versuch, sich zu erklären. Müde vom Wein, den er getrunken hat. Aber es ist eine angenehme Müdigkeit, und ohne Schrekken vor dem kommenden Tag.

Karl geht durch die Stadt. Nach dem Frühstück, dem starken Kaffee, ist Karl aufgebrochen: Luftschnappen, hat er gesagt. Es ist lange her, daß Karl zum letzten Mal durch seine Stadt gegangen ist, ohne Ziel. G. ist in Karls Erinnerung eine Stadt, in deren Ratskeller man nicht verwundert wäre, einen Stammtisch zu finden, an dem der Lehrer mit dem Apotheker und dem Bürgermeister Skat spielt. Das ist vorbei. Die Altstadt findet Karl zur Hälfte in Trümmern, ein riesiges Loch gibt den Blick frei vom Markt bis hinaus aufs Land. Ein paar Neubauten stehen schon, deuten an, was wird. Karl geht weiter, in Richtung seiner Schule, was treibt ihn dahin? Niemand wird ihn dort kennen nach so vielen Jahren, ein paar Lehrer allenfalls. Und was soll da zu reden sein? – Wie geht's Ihnen denn? – Danke, man will nicht klagen. – Die Bildungsfabrik stößt längst neue Jahrgänge aus, hinein ins Leben, Studium und Beruf. Die meisten kommen durch, ein paar bleiben auf der Strecke, das ist der Schwund, bedauerlich, gewiß, doch das Leben geht weiter. Einem der Lehrer hatte Karl vor Jahren ein paarmal geschrieben, hatte ihn auch besucht, aber der Kontakt ist verlorengegangen. Und Freunde? Karl hat keine Vorstellung, welche seiner ehemaligen Schulkameraden überhaupt nach G. zurückgekehrt sind. Viele werden es nicht sein. Und soll Karl sich der Gefahr aussetzen, von einem gerührten Elternpaar die akademische Laufbahn ihres Sprößlings geschildert zu bekommen, bis hin zur Gehaltsangabe? Einmal ist ihm das passiert. Nie wieder!

Zum Mittagessen ist Karl zurück. Auch der Blick ins alte Stammlokal, wo sie als Pennäler verkehrten, hat ihn verschreckt: Schreiend bunte Tapeten statt der alten, braungerauchten Wände, an denen nichts als Kalk geklebt hatte. Ein paar Skatblätter noch, Grand ouvert unter Glas. Nichts davon, dafür eine Musikbox, ein gefährlich aussehender Kneipier, ein Spielautomat ...

Die Mutter hat Kohlrouladen gekocht, auch Bier ist da. Da braucht's kein Wort. Da weißt du, daß du zu Hause bist. Da läßt es Karl sogar geschehen, daß ihm die Mutter übers Haar streicht und sagt: Na iß, mein großer Junge! – Karl ißt, und sein rebellischer Magen nimmt's hin – kein Brennen, kein Schmerz.

Nachmittags hilft Karl im Haus. Hackt Holz, wie in alten Zeiten. Der Hauklotz ist immer noch der gleiche, und er wackelt auch immer noch, wie Karl ihn auch drehen mag. Danach gibt es Kaffee, Karl sieht sich die Fußballübertragung im Fernsehen an. Viel wird nicht mehr geredet zwischen Karl und der Mutter. Das Wichtigste ist gesagt. Eine Frau aus dem Nebenhaus sei gestorben, erzählt Mutter noch: Karl müsse sie gekannt haben. – Ja, sagt er, aber er hat kein Bild, das sich zum Namen der Frau fügt. Als Karl am Sonntag zurück nach M. fährt, ist er ruhig. Endlich entschlossen durch die Selbstverständlichkeit, mit der die Mutter angenommen hat, daß er sich von Marion trennen wird: Was soll werden? Eine Scheidung mehr wird es geben. So könnt ihr nicht weitermachen. – Nur um eines hat sie gebeten: daß keine Feindschaft sein soll, auch und schon gar nicht zu ihr. Daß ihr Marion womöglich den Enkel vorenthielte. Davor hat sie Angst.

Karl fährt. Hat ihm die Mutter am Ende doch helfen können, hat die Dinge genommen, wie sie sind, also schlimm, und gesagt: Es muß ein Ende sein. Wenn nicht so, dann so. So oder so, das hatte schon Wölfel gesagt, und doch brauchte es so lange Zeit, bis Karl es begriff. War er zu feige gewesen, ein Schwächling, wie Marion gesagt hatte? Oder mußte erst bis zum Ende, bis zum Haß gespielt worden sein? Und dann, kurz vor M., fällt Karl ein, daß er die Mutter nicht einmal gefragt hat, wie es ihr geht. Ob sie gesund ist. Wie schwer ihr die Arbeit wird.

Zu Hause erwarten Karl Marion und seine Schwiegermutter. So, sagt die Schwiegermutter. – Ein bißchen viel zum Abend, denkt Karl. Sagt: Bringen wir es hinter uns. – Setzt sich an den Tisch – Du bist recht guter Dinge, sagt Marions Mutter. Hast vielleicht wieder mal eine nette Frau kennengelernt, wie? – Karl antwortet nicht. Was soll er darauf sagen. – Und warum erfahre ich erst nach Wochen, was los ist bei euch? Wohnt drei Straßen weit, die Alte, und erfährt von nichts. Kann dumm sterben! – Marions Mutter redet sich ihren Zorn vom Herzen, redet dann Karl an, fragt: Na und? – Ich werde die Scheidung beantragen. – Wann? In fünf Jahren? – Am Dienstag, übermorgen. – Marions Mutter zeigt Wirkung. Ist erst einmal sprachlos. Ihr Konzept, aller Zorn, alles, was sie Karl gewiß hatte sagen wollen, ist zusammengefallen: Hast du auch überlegt, was aus dem Jungen werden soll, deinem Sohn? – Da mischt sich Marion ein: Natürlich hat er daran gedacht, Mutter, sagt sie müde. Als ob die Spannung mit einemmal auch von ihr abgefallen wäre. – Ja dann, sagt Marions Mutter, noch unentschlossen, ob sie es riskieren kann zu gehen – Den Rest machen wir unter uns ab, sagt Marion. Sie sieht dabei Karl, nicht ihre Mutter an. – Ja, sagt Karl.

Später sagt Marion zu Karl, sie verstünde nur eines nicht: Warum er es ihr und sich selbst so schwer gemacht hätte. – Weil ich nicht wußte, nicht weiß, was ich will. – Bleib, sagte Marion: Wenn du nicht wirklich fort willst, bleib. – Ich will nicht fort. Ich kann nicht bleiben. – Dann geh. –

Da hat Marion also doch das letzte Wort gesprochen. War es das Zeichen, worauf Karl gewartet hat, wenn schon kein Zeichen kam von Julie? Julie, was wußte die noch von Karl! Karl lacht. – Was lachst du, fragt Marion. – Alles im Eimer, ich finde das komisch. – Denk nicht, daß ich dich bemitleide.

Marion und Karl gehen schlafen. Marion ins Bett, Karl auf die Couch. Es ist alles besprochen, was zu besprechen war. Wer was bekommt. Karl braucht nicht viel. Wie oft er den Jungen besuchen darf. Erst mal gar nicht. Morgen wird Karl kündigen. Oder gleich nach dem Verfahren. Weihnachten wird gemeinsam gefeiert, des Jungen wegen: Vielleicht findet sich bis zum nächsten Jahr ein neuer Vati, aber in einer Woche wird's nicht zu machen sein, hatte Marion gesagt. Nach Weihnachten fährt Karl zu Georges, Quartier machen in Berlin. Ja, den Karl treibt es an den Ort seiner Missetat zurück. Silvester geht Marion zu Beate und Fred. Das ist schon ausgemacht. Punkt.

Warum nur schläft Karl nicht ein? Hört, wie sich Marion nebenan wälzt, von einer Seite auf die andere. So viel Unruhe, wo doch Klarheit ist ...

Karls Verfahren ist ein Skandal geworden: Erst hat er warten, sich zur Verfügung halten müssen. Dann verlas Burglinde ein Papier, etwa des Inhalts, daß Karl, der Genosse Groß, sich folgender Verfehlungen schuldig gemacht habe: Der Disziplinlosigkeit im schweren Fall. Des moralisch unsauberen Lebenswandels, den er obendrein fortzusetzen gedenke. Der Haltlosigkeit. Der Verunglimpfung seiner Genossen, indem er auf berechtigte Fragen geäußert habe, man wolle Bettgeschichten von ihm hören. Man schlüge vor, Karl Groß befristet von der Liste der Mitglieder zu streichen. Punkt. –

Wenn du das einem erzählst, dachte Karl, der glaubt es nie. So was kann keiner glauben. Ich glaub's ja selbst kaum, traue meinen Ohren nicht. – Es sollte diskutiert werden. Und Karl sollte doch auch einmal etwas sagen, bitte sehr. – Und Karl, was tat er? Sagte er, so und so liegen die Dinge? Kniff da nicht Lenin ein Auge zu? Aber Karl, stur wie ein gereiztes Rindvieh, sah das Zeichen nicht, wieder einmal sah er ein Zeichen nicht, rannte dicht neben der offenen Tür gegen die Wand: Da, sagte Karl, und legte das Buch, sein Mitgliedsbuch, sanft vor Burglinde ab. – Mehr nicht. – Und das macht dir gar nichts aus: einfach hinlegen das Buch, Schluß, aus? – Burglindes Stimme war mit einem Mal brüchig. Enttäuscht. Karl merkte es nicht. Drehte sich um und ging.

Draußen auf dem Markt hat er gestanden, und er fror. Soll, hieß es später, probeweise die Arme gehoben haben; an einen Flugversuch dachten die einen, an Exekution die anderen Augenzeugen. Aber geflogen ist er nicht, wie soll ein Mensch auch fliegen können. Und erschossen worden ist er natürlich auch nicht.

Am nächsten Tag hat Karl gekündigt. Das geschah früh, gegen acht. Und seinen restlichen Urlaub nähme er ab sofort. Wölfel schüttelte nur den Kopf. – Was er, Karl, denn jetzt zu tun gedächte. – Zunächst gehe ich aufs Gericht, sagte Karl heiter. – Gericht? – fragte Wölfel irritiert. – So ist es, antwortete Karl: Die Scheidung einreichen.

Du bist ein Idiot, sagte Wölfel nach einer Pause, leise und fassungslos: Wenn du das gestern, warum hast du denn das nicht gestern gesagt! – Ich hatte nicht den Eindruck, daß es jemand interessiert hätte, sagte Karl kühl. – Nichts begriffen hast du, gar nichts. – Wölfel hatte wieder das bekümmerte Gesicht. – Laß mal, sagte Karl, deine Schuld ist es jedenfalls nicht gewesen. – Damit ging er. Räumte Schreibtisch und Garderobenschrank aus. Viel war es nicht. Ein Plastiklineal schenkte Karl Elvira. – Weil du so schön bist, sagte Karl in Elviras entgeistertes Gesicht. –

Der Abgang ist nicht anders als großartig zu nennen: Karl, der liebe Kollege Abteilungsleiter, springt ins Nichts, als ob er eben mal zum Bäcker wollte, weiter nicht. – – –

Ein Mann lehnt am Brückengeländer. Die Arme auf der Brüstung des steinernen Geländers verschränkt, steht er und sieht auf den Fluß. Die Zigarette im Mundwinkel des Mannes qualmt, beißender Rauch steigt ihm ins Auge. Der Mann speit den Kippen in den Fluß. Der Fluß ist die Spree. Der Mann ist Karl. Hinter Karl schwillt und verliert sich der Lärm, Autos jagen in Eile von den Linden zur Karl-Liebknecht-Straße und umgekehrt. Karl starrt auf das schmierige Wasser der Spree: Schönen Gruß an Georges, sagt Karl dem Kippen hinterher, der mählich treibt, auf die Weidendammer Brücke zu. Ein Schleppkahn quirlt das Wasser träge auf, Licht zerfällt in der öligen Spur, Regenbogen, unstet, überschwappt von kurzläufigen Wellen. Das Gekreisch der dreckigen Möwen.

Da lehnt Karl nun am Brückengeländer, und auf den ersten Blick sieht er aus, wie er immer ausgesehen hat.

Den hellen Trenchcoat trägt er. Der hat ein paar Flecke, nun ja. Und die Bügelfalten der Hose verlieren sich oberhalb der Knie. Aber das deckt ja der Mantel. Auch der bräunliche Schweißrand des Hemdkragens ist nicht zu sehen.

Es ist Frühling geworden in Berlin. Man streicht Fenster, winterstille Gartenparzellen werden zurückerobert. Kindergeschrei. Die offenen Jacken der jungen Mädchen, die rührend kleinen Brüste, kaum schaukelnd schon unter engen Pullovern: Schaut, wie wir gewachsen sind übern Schnee!

Da steht Karl, der Griesgram, wie ihn sein Kollege nennt, der Gerd. Der ihn heute zu sich eingeladen hat, auf 'nen Schwatz und ein Bier. – Mal sehen, hat Karl gesagt, wie's mir ist. – Wahrscheinlich wird er hingehen, warum denn nicht. Er wird Gerd die Freude machen. Wo soll er sonst auch hin, heute abend? Kino? Ist nur gut, wenn du danach einen zum Reden hast, mit dem du noch etwas trinken gehst. Kneipe? Kann ein Dauerzustand werden. Dafür biste noch zu jung, hat Margot, die Kellnerin vom Hackeschen Markt, gesagt. Das ist ein gutes Vierteljahr her, in dem hat Karl so viel gesoffen, wie sonst nicht in einem Jahr. Auch hat Karl heute keine Lust auf die Geschichten der alten Männer. Es sind immer die gleichen alten Männer mit den immer gleichen Geschichten.

Bist eben doch ein Griesgram, sagt der Professor zu Karl, indem er sich neben Karl aufs Geländer flegelt. – Was willst du? – fragt Karl. – Ist Frühling geworden, wie? – Karl brummt etwas, brennt sich eine neue Zigarette an. Torkelnd fällt das Zündholz dem Wasser zu, eine Möwe stürzt sich darauf, dreht enttäuscht ab. – Was willst du? – fragt Karl noch einmal. – Paar Neuigkeiten? – Der Professor grinst. – Nichts, was du nicht schon weißt, denk' ich. Die Sache mit Georges heute früh. –

Da war Karl gerade aufgestanden, kurz nach fünf, und

er hörte mehrere Männerstimmen im Korridor, von denen ihm keine bekannt vorkam. Trat hinaus und erschrak: Da standen zwei Herren, aufs beste gekleidet, und räumten den Schrank aus. Auch die staunten nicht schlecht, wieso und warum, hin und her, den Ausweis bitte. Sie zeigten Karl, wer sie waren, und wollten prüfen, mit welchem Recht Karl hier hause. Karl ist redlich erschrocken gewesen, hat eilends seine Papiere präsentiert, Arbeit da und dort, jawohl, seit Januar, und ordentlich eingetragener Untermieter beim Herrn Brüschke. Georg Brüschke. – Ja, da würde es mit der Mietzahlung fortan etwas schwierig werden, sagte der eine der beiden Herren: Wo doch der Herr Brüschke seinen Wohnort gewechselt hätte, über Nacht. Da dämmerte es bei Karl. Begriffsstutzig war er schon in früher Schulzeit, stand immer als letzter, wenn Kettenaufgaben angesagt waren: Wer weiß, der ruft, wer's zuerst und richtig brüllt, darf sich setzen.

Ob er, Karl, etwas gewußt hätte von den Plänen des Herrn Brüschke, wollten die Herren wissen. Hatte er nicht. Es schien, als glaubten sie ihm, sagten noch etwas von einem Protokoll, zu dessen Abfassung er nächster Tage gebeten werden würde. Und daß er getrost zur Arbeit gehen solle. Georges' Zimmer indes müßten sie versiegeln, worauf er bitte achten wolle. Höfliche Leute.

In der Frühstückspause wurde Karl ans Telefon gerufen. Meldete sich. Da wurden ihm die Knie weich: Hallo, alter Junge, hab' ich dich erschreckt? fragte Georges. Er solle nicht sauer sein, ihm, Karl, könne doch keiner was, und nichts für ungut, sagen hätte er's ihm doch wirklich nicht können. – Karl hat nicht viel mehr gesagt als: Jaja und: Wiederhören. – Karl entsann sich des Gespräches, das er mit Georges geführt hatte, seinerzeit, als er Julies Adresse brauchte, und Georges hatte gefragt: Biste nachm Westen abgehaun, heute nacht? –

So ein Tag war das. So wunderschön wie heute. Mit

Sonnenschein, der den Buckel wärmt, wenn du ins Wasser starrst. – Ja, sagte der Professor: Nun auch noch das! Hast es schwer, wie? Mußt doch schon grübeln, ob Julie sich die Sache mit dir überlegt. Auf Knien zu dir kommt, mit feuchten Augen voller Reue. – Der Professor lacht höhnisch: Obwohl du es doch besser weißt! Du bist ein Armleuchter, Karl Groß. Oder solltest du nicht wissen, wirklich nicht wissen, daß sie längst einen anderen hat, einen schönen, schwarzäugigen Jüngling aus dem Mittelmeerischen? Mit dem sie schläft, Nacht für Nacht! – Nein, brüllt Karl, holt aus mit seinem rechten Arm. Diesen Hohn will er zerschlagen, kaputtmachen, das hält er nicht aus. Da berührt ihn eine Hand an der Schulter. Die Hand gehört einem jungen Volkspolizisten. Der schüttelt warnend den Kopf: Bürger, gehen Sie weiter. – Und dann: Schlafense sich ma richtich aus, Meesta! – Das war's. Karl nickt stumm. Trabt los. Ausschlafen – was wußte denn der! Für den war Frühling, und Karl besoffen oder nicht ganz richtig im Kopf. Sein gutes Recht, so was zu denken. Wenn nicht gar Pflicht!

Es war Frühling geworden, und Marion hatte keinen Mann mehr. Und Karl keine Frau. Julie hatte den schönen, schlanken Jüngling. Karl hatte nichts. Nicht einmal mehr Georges. Der besah sich die Mauer von der anderen Seite. – Schöne Scheiße, sagt Karl zu Friedrich dem Großen, grüßt hinauf. Sogar der ist wieder aufs Pferd gekommen. Nur Karl, den sie doch einst auch den Großen genannt haben, liegt im Dreck.

Karl geht die Linden entlang. Biegt ab, in die Clara-Zetkin-Straße, vorbei an einer Behörde des Ministeriums für Kultur. Karl sieht es nicht. Interessiert sich auch nicht dafür, welchem Ministerium er untersteht. Verlangt auch keiner von ihm. Zwar ist er nicht, wie Marion ihm einmal in der Hitze des Gefechts anbot, Scheißefahrer geworden, aber viel fehlt nicht! Karl fährt Müll. Das, was ordentliche Bürger nach Gebrauch in Papierkörbe werfen, ist Karls Sammelobjekt. Steuert mit einem Lastwagen der Skodawerke durch die Stadt, von Papierkorb zu Papierkorb, in langsamer Fahrt. Einen Tag läuft Gerd, zu dem Karl jetzt unterwegs ist, hinter dem Auto her, greift sich die Plasteinsätze der kunststeinernen Papierkörbe, kippt sie dem Auto ins Maul, das hinterwärtige, stellt sie leer zurück. Und anderen Tages läuft Karl, gelassenen Schrittes, während Gerd das Auto fährt. – Das ist der Kommunismus, sagt Karl gelegentlich: Wenn einer so viel wert ist wie der andere und keiner dem anderen was neiden kann. Heute kippe ich, morgen kippst du. – Gerd sagt nichts dazu. Seinetwegen soll's Kommunismus sein, wenn er mit dem Kumpel nur klarkommt. Und das kommt er. Nur so maulfaul sollte der Karl nicht sein, Griesgram der. Aber den wird er schon hinkriegen. Gerd ist ein Optimist.

Zum Frühstück fahren die beiden fast täglich in Richtung Hackescher Markt, zu Margot. Karl besteht darauf, und Gerd ist's egal. Das Frühstück schmeckt, auch ohne Bier, obwohl einer welches trinken könnte. Aber da sind sich Gerd und Karl schnell einig geworden: Soll einer dem anderen nicht den Mund wäßrig machen, auch nicht mit einem Bier! –

Zum Hackeschen Markt zieht es Karl auch jetzt: Rasch will er bei Margot ein Bierchen ziehen, eine Kleinigkeit essen, dann geht er zu Gerd. Es ist kein Risiko dabei, um sieben macht Margot den Laden dicht, da kann einer wie Karl nicht hängenbleiben, allen guten Vorsätzen zum Trotz.

Margot ist in voller Fahrt, als Karl die Kneipe betritt. Der kleine Raum ist voll bis zum letzten Stehplatz. Alles Leute wie Karl: Die nicht hängenbleiben wollen, aber nicht vor Ausschankschluß heimfinden. Margot nickt ihm zu, man kennt sich.

An jenen Morgen, Ende November, erinnert sich Margot allerdings nicht. Karl hat sie gefragt, sich Häufchen Unglück beschrieben, wie er da saß, Aus und Bum spielte mit dem Bierdeckel. – Nee, hat Margot gesagt: Frach mich mal uffn Abend, was früh gewesen ist! Und rumheulen tut hier jeden Tag einer. – Karl stellt sich an den Tresen, trinkt sein Bier, ißt eine Wurst, trinkt noch ein Bier. – Ville waret nicht, watter getrunken hat, Herr Kommissar, sagt Margot später, als der Unterleutnant die Zeugen vernimmt. Passiert aber ist, daß Karl nach drei Bieren losgegangen ist, zu Gerd, aber weit gekommen ist er nicht. Hat den Kopf voll gehabt mit Georges, der gestern noch da war und nun fort ist, und Julie, die nichts anderes tut als das, was Karl hätte wissen müssen. Was schaut da einer groß auf die Straße, wenn er so in Gedanken ist! Da bimmelt vielleicht irgendwas, nun ja, soll es bimmeln. Wird eine Straßenbahn sein, weit weg ist das gewesen. Die Bahn indes war nah, und ehe der Fahrer begriff, daß Karl nicht stehenbleiben würde, war's geschehen, flog Karl in hohem Bogen dahin, woher er gekommen war. Vor Margots Kneipe schlug er hin. Sie haben Karl ins Krankenhaus geschafft, allerlei Schläuche an ihm befestigt, schon im Sanitätsauto – gut sah die Sache nicht aus. Da ist ein Punkt, an dem die Geschichte ein gutes Ende nehmen könnte: Denkbar, daß Karl an den Folgen des Unfalles verstürbe, tragisch, ohne Zweifel, an der Schwelle zum Neubeginn! Und alle, die mit ihm zu tun hatten, würden geläutert den Schreck überstehen, würden feststellen: der Karl ist ein Wirrkopf zwar, aber kein schlechter Kerl gewesen. Ehrendes Gedenken, et cetera. Denkbar auch, der Sanitätswagen steuert just das Krankenhaus an, in dem Julie beschäftigt ist. Und ausnahmsweise hat gerade sie Spätdienst ... Aufopfernde Krankenschwester pflegt Schwerverletzten gesund, entdeckt ihre Liebe zu ihm, er liebt sie ja ohnehin. Und wenn sie nicht gestorben sind ...

Tatsächlich hingegen erfährt Julie erst Tage später von Karls Unfall. Da sucht Klara Julie auf, weil es ihr rätselhaft ist, daß mit Georges, von dem sie weiß, wo er geblieben, auch Karl verschwunden ist. Denkt, er ist bei Julie. Da trifft sie statt des erwarteten Karl den Herrn Geldner, Julies nachmaligen Gatten. Herr Geldner, der ein berühmter Schauspieler ist, macht sich nützlich, kennt er doch Hinz und Kunz, gewiß auch im Innenministerium: Versuchen wir es doch erst einmal im guten, scherzt der Herr Geldner, ruft also an, da kommt es ans Licht.

Gestorben ist Karl nicht. Routinierte Chirurgenhände haben sich seines demolierten Körpers angenommen, gesägt und geflickt, genäht und gegipst. Herausgekommen ist ein reichlich bandagierter Karl, der Aussicht auf zweierlei hat: Erstens wird es viele Wochen brauchen, bis er dem Krankenhaus entkommt. Aber, und das ist schon zweitens, er wird es auf eigenen Beinen tun, ohne ersichtliche Beschädigung. Selbst das geschorene Haupthaar wird zu diesem Zeitpunkt bereits wieder im raschen Wachstum begriffen sein.

Größte Sorge hat Karls Verschwinden bei Gerd ausgelöst: Daß Karl am nämlichen Abend nicht kam, hat Gerd zwar geärgert, aber nicht beunruhigt. Das sah am nächsten Morgen anders aus, als Karl um sechs Uhr nicht da war, auch halb sieben nicht. Fiel dem Gerd die Geschichte von Georges ein. Die gut gekleideten Herren fielen ihm ein, von denen Karl erzählt hatte. Womöglich waren die wiedergekommen, hatten Karl zwecks Befragung mitgenommen? So sagte es Gerd seinem Chef, irgendwas mußte er ihm ja sagen. Brauchte einen Ersatzmann. Und siehe: Bevor es noch Mittag war, hieß es im Betrieb, den Groß haben sie eingelocht, wegen Verdunklungsgefahr. Fluchthilfe, flüsterten andere. Überhaupt, woher war der Groß so plötzlich gekommen! Nun, man würde ja noch hören.

Glücklicherweise ist Gerd ein Mensch, der auf Tradition hält, in diesem Fall auf das Frühstück bei Margot. Die fragt, kaum, daß Gerd durch die Tür gekommen ist: Wie geht's ihm, kommt er durch? –

Von all der Aufregung hat Karl nichts mitbekommen, war bewußtlos, tagelang. Da liegt er im weißen Bett, ein Bein gestreckt, den Kopf vermummt. Nicht einmal pinkeln darf er selbst. Einen Katheter hat man ihm verpaßt. Das ist das vorläufige Ende. Niemand, der es nicht erlebt hat, weiß, wie einer den Glauben an sich selbst verlieren kann durch nichts als den Umstand, daß er nicht seine Notdurft verrichten darf, wie's ihm frommt. Lassen wir Karl liegen in seinem Bett. Einstweilen ist nichts anzufangen mit ihm. Tragen wir nach, was geschehen ist, seit Karls großem Abgang in M. Seit er Elvira sein Plastiklineal schenkte.

Aus dem Betrieb kommend, war Karl tatsächlich, wie er es Wölfel gesagt hatte, zum Gericht gegangen. Geraden Wegs. Auf die Frage eines Beamten, welcher Art sein Begehr sei, hatte Karl geantwortet, er wolle sich scheiden lassen. Was bei dem Beamten keinerlei sichtbare Reaktion auslöste. Karl bekam einen doppelten Fragebogen in die Hand gedrückt, dazu den Hinweis, auf einem gesonderten Blatt Papier die Gründe für sein Ansinnen darzulegen in zweifacher Ausfertigung. Eines dieser Exemplare ginge seiner Frau auf dem Postwege zu zwecks schriftlicher Stellungnahme, auch zweifach, wovon ihm ein Exemplar geschickt werden würde. – Karl fragte, ob er seine Stellungnahme nicht gleich seiner Frau geben könne. Und beide gäben sie's dann ab, samt Marions Erklärung. – Nein, erfuhr Karl, das sei so nicht üblich. Und übrigens, wenn sie, Marion und Karl, noch so miteinander stünden, weshalb wollten sie sich da scheiden lassen. – Karl begriff: Das Gericht will offenbar Feindseligkeit sehen. Dabei war Karl froh, daß mit seinem

Entschluß, die Scheidung zu beantragen, die Feindseligkeiten ein Ende gefunden zu haben schienen. Der Haß war unversehens, wie er gekommen war, verschwunden. Karl und Marion sprachen wieder miteinander. Aßen gemeinsam. Es brannte kein Süppchen mehr an. Nur eine Vase wurde noch zerbrochen, aber von Mike.

Ein paar Tage vor Weihnachten telegrafierte Karl an Georges: Ankomme am 27. – wichtige Sache – Karl. – Und Georges antwortete prompt: Er würde Karl erwarten. – Was blieb da noch zu tun? Karl suchte und fand Beschäftigung: Einen Tag lang räumte er den Keller auf, wozu er seit Jahren weder Zeit noch Lust gehabt hatte. Wühlte Briketts verschiedener Jahrgänge aus dem Dreck, worin sie versunken waren. Stapelte die Kohlen an einer Wand zu beträchtlicher Höhe, bewunderte sein Werk. Schleppte den Dreck eimerweise hinaus, zwei und eine halbe Mülltonne voll. Sagte Frau Herzig, die vorbeiging: Also, der Herr Groß, so was von fleißig aber auch! An so einem Mann weiß die Frau, was sie hat! – Karl erstickte beinahe am unterdrückten Lachen. Nein, da konnte er nicht ernst bleiben, so ernst die Lage auch war. Stellte sich vor, wie die Frau Herzig im Januar unruhig werden würde, schließlich Marion fragen, wo denn der werte Gatte sei, schon wieder ein Lehrgang etwa? Und Marion würde ihr erklären, der werte Gatte habe sich in Wohlgefallen aufgelöst. – Wird auch seine Komik haben, dachte Karl: Nur, daß keiner drüber lachen wird. Marion nicht, und Frau Herzig auch nicht. Schon aus Pietät.

Nach dem Keller brachte Karl noch die Bodenkammer in Ordnung, klebte Fußbodenbelag fest, der sich an mehreren Stellen gelockert hatte, versuchte sich am Kleiderschrank, dessen Türen klemmten, doch damit hatte er keinen Erfolg, abgesehen davon, daß er sich die linke Hand quetschte. Erstaunlich, wieviel Arbeit sich fand, wie rasch die Tage vergingen; auch für den Jungen wollte

Karl ja noch Zeit haben, ein großes Haus zu bauen, aus sämtlichen Bausteinen, die Mike besaß. Sie bauten es, halbmeterhoch: Unser Haus, sagte Mike. – Marion kaufte und kochte, putzte und briet in diesen Tagen, wie sie es alle Jahre getan hatte. Auch eine Pute würde es geben, riesengroß, und während er die letzten Bissen noch im Magen hätte, würde er gehen, stellte Karl sich vor. Da fand er den Einfall, Weihnachten noch gemeinsam zu verbringen, schon nicht mehr so gut. Aber wohin hätte er auch gehen sollen? Weihnachten bleibt man unter sich. So war es von alters her. Zur Mutter hätte er fahren können, gewiß, aber wie hätten sie es dem Jungen erklärt?

Dann war das Fest da, und es ging vorüber, ohne Spannung, ohne Streit. Als ob sie einander in guter Erinnerung behalten wollten. Sie schenkten einander natürlich doch etwas, entgegen aller Abmachung. Karl bekam eine Uhr, die im zeitigen Frühjahr auf dem Hackeschen Markt zerschellen würde. Marion war freundlich die ganzen Tage, auch Marions Mutter übte Nachsicht, kam am ersten Feiertag, wie gewohnt, zum Kaffee. Trank gar einen Schnaps mit Karl, fragte: Wenn ich dich herumgehen sehe, scheint es, als ob du dich wohl fühltest. – Ich fühle mich nicht schlecht, gab Karl zu. – Und wenn es so ist, was willst du dann weg, erträgst doch die Enge, nicht wahr? – Es ist, weil alles entschieden ist. – An dieser Stelle unterbrach Marion das Gespräch. Sie brachte den Kaffee. Karl zündete die Lichter am Christbaum an.

Aus dem Gleichgewicht gerieten Karl und Marion erst, als die letzte Nacht herankam. Tranken Wein, keiner von beiden hatte Lust, ins Bett zu gehen. Keiner wollte den Vorschlag machen, zusammen ins Bett zu gehen. Dazwischen standen Marions Schläge in Karls Gesicht noch zu deutlich. Sagte es Marion schließlich doch, brachten sie die Nacht gemeinsam zu, liebten einander, daß Karl dachte: Ob du jetzt nicht doch einen Fehler machst? –

Marion holte ihn zurück, schlug vor, dem Gericht von diesem letzten ehelichen Verkehr nicht Mitteilung zu machen: Sonst denken die, wir meinen es nicht ernst. –

Da liegt also Karl, eine namenlose Zeit lang, während der die Lebensströme seines Körpers nur zögernd, zuweilen stockend fließen. Karl ist nichts als Kreatur, deren urtümlicher Lebenswille alle Energie verbraucht. Das, was die Neurophysiologen »Höhere Nerventätigkeit« heißen, erlebt Karl in fiebrigen Träumen. Da begegnet er Menschen, die er schon gesehen haben muß, sie scheinen ihm vertraut, indes er sich, ohne Schmerz, ohne Angst auch, von ihnen entfernt. Der Weg, den er zu gehen im Begriff ist, führt hin zu einem offenbar sehr breiten Fluß, dessen anderes Ufer im Nebel kaum zu erkennen ist. Einmal fällt Karl in die Bodenlosigkeit tiefen, traumlosen Schlafes, an dessen Ende, nach wie langer Zeit, ein Satz steht, der Karl ins Bewußtsein dringt: Jetzt ist er übern Berg.

Tage später fährt man Karl in seinem Bett spazieren, weg von der Intensivstation, mit dem Aufzug zuerst, dann verwinkelte Korridore entlang bis in ein Einzelzimmer. Die freundliche Schwester wünscht Karl alles Gute für eine schnelle Genesung. Kaum daß sie das Zimmer verlassen hat, taucht eine andere, nicht minder freundliche Schwester auf, die ihren Namen sagt, der auf einem Plastikschildchen in Höhe ihrer linken Brust am Kittel nachzulesen ist. Die Schwester sagt, Karl läge nun auf der Station A III und daß seine Nieren nun wieder funktionierten, weswegen sie ihn vom Katheter zu befreien gedächte. Er solle probehalber in die mitgebrachte Urinflasche pinkeln. Wasser lassen, sagt die Schwester. Dreht den Wasserhahn am Waschbecken auf, damit es aus Karls Hahn besser liefe, und geht diskret hinaus.

Es läuft. Karl kann wieder pinkeln, und ein Gefühl ungeheurer Dankbarkeit überkommt ihn. Die Schwester freut sich mit ihm, als sie ein paar Minuten später kommt, um nach Karl zu sehen. Als sie geht, bemerkt Karl, daß sich unter dem weißen Kittel der Schwester die Konturen des Slips, den sie trägt, und des Hinterns, der den Slip gut, wenn auch nicht üppig füllt, deutlich abzeichnen. Da weiß Karl, noch bevor er weiß, was mit ihm geschehen ist, daß es wieder bergauf geht mit ihm. – Es geht bergauf, murmelt Karl und erinnert sich dabei des unlängst gehörten Satzes, nun sei er übern Berg: Wie geht das zusammen, fragt er sich, und spricht sich beide Sätze noch einmal vor: Nun ist er übern Berg. Darüber schläft er ein.

Gegen Abend kommt der Stationsarzt zu Karl. In einem vorsichtigen, tastenden Gespräch versucht er herauszubekommen, wie weit Karls Erinnerungen reichen. Karl beginnt, mühsam genug, Bruchstücke zusammenzusetzen: Name, geboren wann und wo, Arbeitsstelle, letzter Wohnsitz, bei einem Freund, wie hieß er doch, Georges, ja, Georg Brüschke, der wohnt in der Dunckerstraße, nein, Moment, da wohnt er nicht mehr, der ist doch …

Das letzte, entscheidende Stück vermag Karl nicht zu rekonstruieren, der Kopf schmerzt ihm vor Anstrengung. Karl bekommt eine Spritze. Dann, bevor er einschläft, sagt ihm der Arzt, was gewesen sei: Daß er, Karl, nach Verlassen einer Gaststätte am Hackeschen Markt gegen die Straßenbahn gelaufen sei. – Ob er betrunken war, fragt Karl. – Nein, sagt der Arzt: Das ist es ja. Betrunken waren Sie nicht. –

Wieder schläft Karl, viele Stunden lang. Als er erwacht, es muß gegen Abend sein, hat er Hunger. Karl bekommt ein Süppchen, auch Weißbrotwürfel mit Butter. Karl schwitzt. Karl wird gewaschen. Ungerührt schrubbt ihn die hübsche junge Schwester von Kopf bis Fuß, selbst die Vorhaut vergißt sie nicht zurückzuziehen. Es ist Karl nicht peinlich. Nichts rührt sich da, wo er einst so lebendig war. Karl wundert sich, aber um sich Sorgen zu machen, reicht die Kraft nicht aus. – Sie müssen viel schlafen, sagt die Schwester. Karl schläft.

Am nächsten Tag erscheint der Arzt zu einem zweiten Gespräch. Noch hat er nicht erfahren, was er wissen möchte: Ob der Karl etwa in suizidaler Absicht gegen die Bahn der Linie 71 gelaufen ist, ob es geraten sei, einen Psychiater hinzuzuziehen. Der Arzt rät Karl, über sein Leben nachzudenken, einfach Erinnerungen auskramen, Zeit hätte er ja, noch Wochen. Und er, der Arzt wolle sich die Geschichten, wenn es Karl recht sei, anhören: Das Wichtigste, sagt der Arzt zum Abschied, ist die Vergangenheit. – Ob er ihm den Satz aufschreiben könnte, bittet Karl. – Der Arzt schreibt den Satz auf die Rückseite eines Rezeptes, gleichsam, als verordne er Karl Erinnerungen, Reisen in die Vergangenheit.

Gut, sagt Karl zu sich: Erinnere ich mich also. – Starrt an die lindgrüne Wand des Zimmers, den Kunstdruck, der dort hängt: van Goghs Sonnenblumen. So einfach ist es nicht, sich zu erinnern, stellt Karl fest: Es braucht einen Anlaß, einen Aufhänger, der einen betrifft und zwingt. Einen Haken in die Geschichte werfen, an dem ein gutes, haltbares Seil zu befestigen ist. Vielleicht fängt er bei Georges an, dem verlorenen Freund, dem abhanden gekommenen, der nun im Westen sitzt. In diese Überlegung hinein kommt die Mitteilung der Schwester, er könne jetzt Besuch empfangen, eine junge Frau warte draußen, sie habe schon oft nach ihm gefragt: Ob er sie sehen wolle? – Wie heißt sie, fragt Karl. – Sie Schwerenöter, gibt die Schwester lachend zurück: Kommen denn so viele in Frage? – Gewiß, sagt Karl forsch, um derart seine Verlegenheit zu bemänteln. – Friedländer, sagt die Schwester, Frau Friedländer. – Aha, sagt Karl, und ist so klug wie zuvor: Ich lasse bitten, schließt er schnell an. Kurz darauf tritt Klara ins Zimmer. – Klara, sagt Karl, und er freut sich, daß er sie erkennt, und Klara freut sich, daß er sie erkennt: Du bist Frau Friedländer, fragt Karl: Hab' ich je deinen Namen gehört? – Nee, sagt Klara, sicher nicht. Aber sollte ich dem Personal sagen, guten Tag, ich bin die Klara ... – Damit löst sie sich von der Tür, an der sie bis jetzt verharrt hatte, geht hin zu Karl und küßt ihn auf die Wange. Sie hat Blumen mitgebracht, den werweißwievielten Strauß, der Karl nun endlich erreicht, nicht wie seine Vorgänger im Schwesternzimmer endet, um Karl die aufregende Frage, woher und von wem, zu ersparen. Karl bedankt sich. Sie schweigen beide, bis Karl es unschicklich findet, Klara einfach so anzustarren. Er fragt also, wie es ihr ginge. – Gleich darauf, kaum daß er die Frage gestellt hat, fällt ihm ein, wie idiotisch sie ist, angesichts Georges' Verschwinden. – Ich meine, fügt Karl an, hast du viel Ärger gehabt, kommst du klar? – Klara weint ein bißchen, was sie auf keinen Fall hatte tun wollen, sagt, es ginge schon, mit der Behörde wäre sie schnell ins reine gekommen: Den Rest muß ich selbst klarkriegen. – Das ist Klaras letzter Satz. Da ist die Besuchszeit zu Ende, schnell küßt Klara Karl, unter den Augen der Schwester, diesmal auf den Mund, sagt, daß sie bald wiederkommen wird, wenn Karl es möchte. – Ja, sagt Karl nur, da ist sie schon fort. – Blaß hat sie ausgesehen, denkt Karl, und verändert. Ihm fällt ein, wie er sie zum ersten Mal sah, in Georges' Wohnung, ein halbes Jahr ist das her. Die gelassene Unbekümmertheit, mit der sie Karl begegnete, wie selbstverständlich sie ihren Körper zeigte. Nicht anbot. Ihre spielerische Bewegung, ohne ihrer Nacktheit zu gedenken, fast kindlich. Heute hat sie müde und blaß ausgesehen, mit einem Zug von Bitterkeit, Enttäuschung um die Augen, den Mund. Ein Gesicht, wie Karl viele gesehen hat, in den Wochen, die er in Berlin lebte. Gesichter von Frauen in der Stadtbahn, in der Kaufhalle, in Parks, wo sie rauchend das Spiel ihrer Kinder verfolgten. Karl denkt, solche Gesichter muß es auch in M. gegeben haben. Marion wird jetzt ein solches Gesicht haben. Früher sind ihm solche Gesichter nicht aufgefallen. Solange er im Gleichmaß seines alltäglichen Glücks lebte, muß ihm der Blick für Gesichter gefehlt haben. Oder er hat sie nicht sehen wollen, hat den Frauen nach Männerart auf Brüste und Hintern gestarrt. Und was für ein Gesicht hat seine Mutter gehabt, eine Ledige, wie es in G. genannt wurde, wenn eine Frau zwar ein Kind, aber keinen Mann hatte? – Fräulein Groß, sagte die gehässige Fleischersfrau noch, als Karl bereits erwachsen war: Was darf's denn sein, Fräulein Groß? – Karl entsinnt sich, wie sehr das seine Mutter gekränkt hatte, immer wieder. Daß sie sogar weinte.

Eine wahre Explosion hat da Klaras Besuch in Karls trägen Gedanken ausgelöst. Erinnerungsfetzen, wie Schnipsel einer zerrissenen Fotografie, wirbeln hoch und verschwinden wieder.

Karl klingelt nach der Schwester, fragt hastig, als sie kommt: Meine Mutter, ich meine, weiß sie, was mit mir passiert ist, wo ich bin? – Die Schwester weiß es nicht, verspricht aber, sich zu erkundigen. Zwar hat Karl seiner Mutter geschrieben, nachdem er zu Georges gezogen war, auch hat sie ihm geantwortet: Sie hoffe, er sei glücklich und täte das Richtige. Seitdem aber hat sie keine Nachricht von Karl.

Nein, sagt die Schwester später, hier ist nichts von einer Benachrichtigung bekannt. – Karl fordert Briefpapier. – Morgen, sagt die Schwester beruhigend: Morgen können Sie einen Brief schreiben. – Nein, beharrt Karl, er will es sofort. Die Schwester geht, um den Arzt zu fragen. Es scheint Karl unendlich lange zu dauern, bis er endlich den Bescheid erhält, schreiben zu dürfen. Ob er den Brief nicht besser der Schwester diktieren wolle. – Nein, sagt Karl, da käme meine Mutter mit dem nächsten Zug, falls sie nicht vorher umkippt. – Also schreibt er, einen Karton gegen die aufgestellten Oberschenkel gelehnt, auf dieser Unterlage schreibt er: Liebe Mutter, sorge Dich nicht um mich, es geht mir schon wieder sehr gut. Hatte einen Unfall, bin aber noch intakt. Für heute grüßt Dich ganz herzlich Dein Sohn Karl. – Mit großen, krakeligen Buchstaben hat Karl die Karte restlos gefüllt, der Schweiß läuft ihm den Körper hinab. So schwach ist er, daß er einwilligt, die Schwester das Kuvert beschriften zu lassen. – Sieht aus, wie von 'nem Schulanfänger, lacht Karl über sich selbst. Aber er ist stolz und froh, es geschafft zu haben. Als die Schwester das Kuvert verklebt, schläft Karl schon fest. Er träumt, die brillantberingte Fleischersfrau schenkt ihm, als er mit seiner Mutter im Laden steht, eine Scheibe Wurst. Karl nimmt die Wurst aus den Händen der Frau, die Hände sind klein und fett, die Finger wie pralle Würstchen, auf die einer Ringe gesteckt hat. Obszön sieht das aus … Da wirft Karl der Frau die Wurst ins Gesicht. – Aber Karl, hört er die Mutter entsetzt ausrufen, steht vor ihr, sieht an sich herab, sieht die neuen Schuhe voller Morast, Dreck, verdorben sind die Schuhe, und Mutter weint. Es ist ein krampfartiges, langgezogenes Heulen, wie das eines Tieres. – Was darf's denn sein, Fräulein Groß, fragt die Fleischersfrau und beißt lachend einen ihrer Würstchenfinger ab, der auf der Stelle nachwächst.

Karl erwacht. Es ist noch dunkel und still. Karl pinkelt in seine Flasche. Er hat Durst. Klingelt. Gleich wird er etwas trinken, so lange merkt er sich den Traum, bestimmt schafft er das. Dann, wenn er getrunken haben wird, denkt er nach. Wie hat der Arzt gesagt? Das Wichtigste ist die Vergangenheit.

Da kommt die Schwester, gibt Karl zu trinken, sagt: Na, da wolln wir mal, schiebt ihm unversehens das weiße Hemdchen hoch, stößt eine Kanüle in Karls Hintern, noch ehe Karl begreift, wie ihm geschieht. – Aber, protestiert er, ich wollte doch gar keine Spritze. – Das müssen Sie schon uns überlassen, sagt die Schwester. – Karl sieht sie zum ersten Mal. Eine rundliche, aber sehr entschlossene Person in mittleren Jahren mit einem freundlichen Gesicht. – Karl sagt, er wird sich beschweren. Kaum weiß er noch den Traum. Wie soll sich einer erinnern, wenn man ihn nicht nachdenken läßt. – Beschweren Sie sich, gibt die Schwester gemütlich zu: Aber vorher wird geschlafen.

Am folgenden Tag ist der Stationsarzt nicht im Dienst, so daß Karl sich nicht beschweren kann. Er beschließt, sich schon abends eine Tasse Tee für die Nacht auszubitten. Karl ist gewitzt, aus Erfahrung klug geworden, beginnt, sich aus eigener Kraft, und wie sonst sollte es gehen, der Bevormundung zu entziehen. Karl fragt, ob er nicht für ein paar Stunden in den Garten darf. Er darf. Sie setzen ihn in einen Rollstuhl, der Raum und Ruhe für sein vergipstes rechtes Bein gewährt, fahren ihn hinaus. Karl fragt, ob er rauchen darf. Geld, um Zigaretten zu kaufen, müßte doch unter seinen Effekten sein. Jawohl, Effekten sagt Karl, der Schelm, gleichsam darauf hinweisend, daß er sich der Lage bewußt ist und sie so nicht akzeptiert.

Da sitzt er also im Park, an einem warmen Maitag, und klopft sich im Hochgefühl durchgesetzten Selbstbewußtseins eine Zigarette aus der Schachtel. Schon beim ersten, vorsichtigen Zug dreht es ihm derart im Kopf, daß er meint, er säße nicht in einem stabil gebauten Rollstuhl, sondern auf einem Kettenkarussell. Dabei verabscheut Karl jegliches Karussell, von jeher. Ihm fällt ein, wie ihn die Mutter hat bitten müssen, mit den anderen Jungen aus dem Karree, die immer zusammen spielten, zum Vogelschießen zu gehen. So hieß der Rummel, Jahrmarkt der Lustbarkeiten, von alters her in G. Karl mochte nicht Karussell fahren, Zuckerwatte und kandierte Äpfel schmeckten ihm nicht. Ängstlich mied er die Schießbuden, weil er fürchtete, irgendwann würde bestimmt einer das Personal statt der sonderbaren schmutzig-weißen Röhrchen treffen. Die ganze Vogelwiese war ihm verhaßt, mit all ihren Vergnügungen, dem hundertfachen Lärm aus Mündern und Lautsprechern. Das Kreischen hysterischer Teenager, die sich aber doch gern begrapschen ließen, wozu sonst wären sie gekommen und hätten sich heimlich mit Mutters Lippenstift ein paar Jahre Lebens mehr in die Gesichter zu malen versucht. Karl setzte sein mitgebrachtes Geld zumeist in halbgare Würste um, die schnell den Rost verlassen mußten, um neuen Würsten Platz zu machen. Später, als er ungefähr wußte, was ein Bordell ist (Mutti, was ist ein Puff, hatte Karl als Zehnjähriger gefragt.), hat Karl sich den Betrieb immer in der Atmosphäre des Vogelschießens vorgestellt. Es mußte wohl die Unmittelbarkeit sein, mit der da gegen Geld Vergnügen zu haben war und am stereotypen Vergnügen Geld verdient wurde, die ihn abstieß. – Mutti, hatte Karl einmal gefragt, warum muß ich zum Vogelschießen, wenn ich nicht will? – Damit es die anderen Kinder nicht ihren Eltern erzählen. – Das verstand Karl nicht. – Weil es sonst heißt, die Großens sind so arm, daß sie den Jungen nicht mal auf den Rummel gehen lassen können. – Aber wir haben doch auch nicht viel Geld. – Das verstehst du nicht, sagte die Mutter. –

Sonderbar, denkt Karl, wie man so auf Gedanken kommt. Gleich versucht er's noch einmal, brennt sich eine zweite Zigarette an, der ersten, die nicht geschmeckt hat und die er – nur halb geraucht – ausgedrückt hatte, zum Trotz. Doch siehe, mit dieser geht es schon viel besser, sie schmeckt, sie bekommt! Da stellt Karl das Denken einstweilen ein, gibt sich dem Genuß des Tabaks hin, schaut Wiesen und Bäume an, folgt mit dem Blick promenierenden Leuten, fast lacht er, so komisch ist das Bild der Spaziergänger: Die Männer in gestreiften Schlafanzügen und Bademänteln, die Frauen in seidenen und batistenen Nachthemden, geblümten Morgenmänteln. Weiter geht Karls Blick, unstet und heiter, bis er sich fängt, so unvermutet, daß er erschrickt: Fast greifbar nah und unnahbar zugleich steht da die Mauer, kein Mensch nimmt Notiz davon, so scheint es. Man lebt damit und muß es ja auch, Karl hat gut damit gelebt, nachdem er sich an den Anblick gewöhnt hatte. Aber Georges' Flucht hat einiges durcheinandergebracht in Karl. Wir wissen es, gab sie doch, wenn man so sagen will, Karl den letzten Stoß, daß er schließlich hier, in der Klinik, gelandet ist.

Karl beschließt, Schluß zu machen mit den sporadischen, irrlichternden Erinnerungen. Am Tage seines Einzuges bei Georges wird er beginnen. Wird Schritt für Schritt rekonstruieren. Anders wird es keinen Sinn geben.

Nun, was machen die Erinnerungen, fragt da wer. Natürlich der Doktor. Wie auf ein Stichwort ist er aufgetaucht, steht im ganz zivilen Kordanzug neben Karl. – Sie gehen kreuz und quer, die Erinnerungen, sagt Karl: Ich muß Disziplin üben mit ihnen. – Oder mit sich, meint der Arzt und zeigt auf Karl. – Wie heißen Sie eigentlich, oder hat man es mir schon gesagt? – Wahrscheinlich nicht. Verzeihen Sie. Mein Name ist Kindler. – Doktor Kindler, sagt Karl. – Ich würde mich freuen, wenn Sie Herr Kindler sagten. – Karl sieht dem Doktor, der nicht so genannt sein will, ins Gesicht. Es ist ein junges, rundes Gesicht mit einer großen Nase. Karl, der selbst eine große Nase hat, verspürt Sympathie und Solidarität: Also gut, Herr Kindler. Sie sehen, ich bin ein folgsamer Patient. – Es war nicht ganz ernst gemeint, was Karl gesagt hatte, aber der Satz gab dem Arzt zu verstehen, daß Karl ihm vertraute, ihn als Gesprächspartner akzeptierte. Der Doktor war hinter Karls Rollstuhl getreten, hatte begonnen, den Wagen langsam zu schieben: Erzählen Sie einfach. – Warum soll ich mich erinnern, was interessiert Sie daran? – Sie sind, nahezu nüchtern, gegen eine Straßenbahn gerannt. Das gibt mir zu denken. – Sie meinen also, der Groß hat sich umbringen wollen, ist es das? – Kindler schweigt. – Und wenn ich Ihnen sage, es war nicht so, genügt das? – Nein, das genügt nicht. – Wie soll ich Ihnen beweisen, daß es ein Unfall war? Er ist nicht zu beweisen. – Stimmt. – Sie schweigen. Bis Kindler nach einer Weile, während der er den Rollstuhl langsam weiterschiebt, fortsetzt: Aber die Möglichkeit, daß es doch kein Unfall war, zwingt mich dazu, Sie zu fragen. – Weil ich es in diesem Fall womöglich wieder versuchte? – Ja. – Wieder schweigen sie, dann fügt Kindler hinzu: Ob Unfall oder nicht, Sie haben jedenfalls Sorgen gehabt. Frau Friedländer hat einiges gesagt, als ich mit ihr sprach. Schließlich – damit wehrt Kindler Karls Einspruch ab –, schließlich muß ich doch wissen in solch einem Fall, wer es, wenn nicht Frau noch Mutter, ist, die einen Patienten besucht. – Also hat Klara, Frau Friedländer, Ihnen etwas von mir erzählt. – Karl tut dennoch ein wenig gekränkt. – Ich meine, sagt Kindler, man muß wissen, wie einem geschieht. Denken Sie an meinen Satz: Das Wichtigste ist die Vergangenheit. Nur von da ist die Gegenwart zu erklären. Wie wollen Sie leben ohne Erinnerung. – Also gut, sagt Karl. Beginnt, langsam und oft nach dem passenden Wort suchend, seine Geschichte zu erzählen, von Marion und Julie, Georges und Klara. Wie er sich nicht entscheiden konnte, erzählt Karl und von seinem letzten Auftritt in M., wie er Burglinde das rote Buch hingegeben hat: Und die Arbeit hätte er ohnehin nicht mehr machen wollen. – Warum, fragt Kindler: Sie hatten sich doch frei dafür entschieden. – Hatte ich das? – Ich dachte es, sagt Kindler. – Vorhin haben Sie davon gesprochen, man müsse wissen, wie einem geschieht. Aber man weiß nicht immer. Da sind Eltern, Erzieher – die wissen immer genau, was gut für einen ist. – Karl hat etwas gesagt, das ihm zuvor so noch nicht klar gewesen ist, etwas, wovon er nicht wußte, daß er es weiß. Auch Kindler empfindet diese Spannung, dringt jetzt nicht weiter in Karl, sagt nur: Das ist ein Punkt, den Sie da haben. Darüber sollten wir noch einmal reden, auch von Ihrer Zeit in Berlin, bei diesem Georges. – Karl nickt. Er ist einverstanden. Der Doktor fährt Karl zurück zum Haus, es ist kühl geworden. Bald wird es Abendbrot geben. – Sie haben viel Zeit geópfert, sagt Karl. – Ich habe Bereitschaft, bin sozusagen auf Abruf, sagt Kindler. – Ach so. – Karl ist enttäuscht. Fühlt sich hintergangen. Ein dienstliches Gespräch war es, unter besonderen Umständen. – Wenn Sie im Kittel fragen kommen, sind die Selbstmörder wohl weniger gesprächig? – fragt Karl ironisch. – Ich hätte die letzten zwei Stunden auch schlafen können, sagt Kindler, oder Kaffee trinken oder lesen. Damit wir uns recht verstehen. Gute Nacht. – Karl schämt sich. Fühlt sich gescholten, obgleich er sich immer noch betrogen vorkommt.

Nach dem Abendbrot verschränkt Karl die Arme hinter dem Kopf, bereit, sich einzulassen auf eine Reise in die Zeit, einen Ausflug eher, nur ein paar Monate zurück, bis zu jenem Morgen nach Weihnachten. – Leb wohl, sagte Marion, als sie aufstand, und: Bleib bitte liegen, bis wir weg sind. Den Schlüssel wirfst du in den Briefkasten. – Karl sagte, daß er es so machen wollte, sah seine Frau ihre Blöße mit dem Morgenmantel bedecken, sich Wäsche aus dem Kleiderschrank nehmen, hinausgehen. Vom Bett aus, die Arme hinter dem Kopf verschränkt, verfolgte Karl das Morgenritual, wie es sich von heute an vollziehen würde: reduziert um einen Teilnehmer, der heute noch Zuhörer, ab morgen nicht einmal mehr das war. Alles verlief reibungslos, ja besser als sonst, da er, Karl, mit seinen Gewohnheiten frühen Stuhlganges und ausgiebiger Rasur zu Verzögerung und gelegentlichem Unmut beigetragen hatte. Die Reibungslosigkeit der Verrichtung in Küche und Bad kränkte Karl: Offenbar wäre es ohne mich schon immer besser gegangen, dachte er. Freilich war er sich der Unsinnigkeit des Gedankens bewußt, schon während er ihn dachte – aber die Vorstellung beunruhigte ihn doch. Karl gab die bequeme Stellung, in der er bislang verharrt hatte, auf, wälzte sich im Bett, ruhelos, bis Marion und Mike endlich die Wohnung verließen.

Den Tag brachte Karl wie einen Urlaubstag zu: frühstückte ungewaschen im Bademantel, trank mehrere Tassen Kaffee, auch einen Schnaps. Später heizte er den Ofen, wusch sich, zog sich an, spülte Geschirr. Unsicher war sich Karl angesichts der Betten: Schon hatte er das Laken halb abgezogen, um Marion am Abend nicht mit den Spuren der vorausgegangenen Nacht zu konfrontieren – Karl stellte es sich deprimierend vor, auf den Zeugnissen gehabter, unwiederbringlicher Liebe schlafen zu müssen. Andererseits schien ihm ein frisch bezogenes Ehebett geradezu eine Aufforderung zu sein, es schleunigst zu belegen. Das war ihm auch nicht recht. So zog Karl die Betten lediglich ab, breitete sie zum Lüften aus, das war plausibel. Schließlich stand Karl gegen vier Uhr nachmittags an der Straßenbahnhaltestelle. Zu jener Zeit, da Marion und Mike aus der Gegenrichtung nach Hause kommen mußten. Karl sah sie drüben auf der anderen Straßenseite gehen.

Die Ankunft in Berlin glich der vor wenigen Wochen, jedenfalls äußerlich. Es regnete in Schönefeld, Karl tappte durch Pfützen über die schlecht beleuchtete Holzbrücke hinüber zur Stadtbahn, eine halbe Stunde auf hölzernen Riemchen stand ihm bevor. Nur die ungeheure Erwartung fehlte, die er damals empfunden hatte, auf hundert Jahre, die vor ihm lägen. Karl saß am Fenster, zwischen seinen Beinen stand der albern gemusterte Luftkoffer, den er seinerzeit mit in die Ehe gebracht hatte. Nun nahm er ihn wieder mit hinaus, enthaltend das Nötigste: Waschutensilien, Unterwäsche, Socken, Hemden, drei Bücher von Hemingway. Fiesta. In die Gesellschaft der Überflüssigen, Dekadenten, ewig Traurigen meinte Karl zu fahren, versperrt der Weg zurück. Karl füllte die Leere in sich mit einem großen, feuchtwarmen Gefühl des Selbstmitleids, fraglos, grenzenlos. Ein Gefühl, das ihn trunken machte, berauschte.

Georges empfing Karl mit einem prüfenden Blick: Ob er, Karl, nun aus allem 'raus wäre, ob er das, was er nun täte, auch tun wolle. – Karl erwiderte wahrheitsgemäß, wenn auch sehr allgemein: Es sei alles nicht so einfach. – Damit zog er bei Georges ein, in die kleine Kammer hinter Georges' Zimmer, zweimal drei Meter Fläche, ein winziges Fenster knapp unter der Decke, Tisch und Stuhl und Bett. An den Wänden gelbliche, bröckelnde Leimfarbe, die ganze Szenerie beleuchtet von einer schwachen Glühlampe: 40 Watt, sagte Georges. Mehr hielten die Leitungen nicht aus. – Karl verteilte seine Habseligkeiten, die Kleidungsstücke ließ er im Koffer, trug Zahnbürste und Handtücher in die Küche neben den fleckigen gußeisernen Ausguß.

Sparen wir uns die weiteren Einzelheiten. Karl ist hineingeworfen in die große Stadt Berlin. Soll er sich daran erinnern, an die Schmalzbrote, die Georges zum Abendbrot anbot (Das Schmalz ist von Klara, da hat sie was los), den Gang in die Kneipe ... Viel hat Karl dort nicht gesagt, während Georges mit Hinz und Kunz über Gott und die Welt debattierte.

Silvester erst nahm sich wer Karls an. Georges hatte Karl zu einer Künstlerfete mitgenommen. Da saß er nun, trank Rotwein und kam sich überflüssig vor. Polizeilich gemeldet war er als Untermieter des Herrn Brüschke, eine

Arbeit hatte er – bei der Städtischen Müllabfuhr, anzutreten am fünfzehnten Januar.

Da setzte sich Klara zu Karl, eine Flasche Wein hatte sie mitgebracht. Klara schwieg, aber es tat Karl gut, nicht mehr allein schweigen zu müssen. Irgendwann begann er zu erzählen, wie er Marion kennengelernt hatte, im Sommer nach der Armee. Bevor sein Studium begann. Karl hatte in einem Hotel in G. Teller gewaschen, Gemüse geputzt, Fische getötet und Filets ausgelöst. Küchenhilfe war er gewesen. Markus, sein Freund aus den Kinderjahren, war Koch in diesem Hotel. Er hatte Karl den Job vermittelt. Karl verdiente sich sein Urlaubsgeld. Markus war sehr selbstsicher geworden in den vergangenen zwei Jahren, war längst nicht mehr der dickliche, unbeholfene Knabe. Er und Karl hatten einander einst gegenseitig masturbiert, hatten Angst vor Entdeckung und Krankheit gehabt.

Markus hatte, wenn Karl ihm glauben durfte, fast das ganze weibliche Personal des Hotels, sofern es altersmäßig nur irgend in Betracht kam, beschlafen. Karl hatte noch mit keiner Frau geschlafen, war als Sohn seiner Mutter, braver Abiturient, zur Armee gekommen, war hineingeworfen worden, hatte langsam und widerwillig gelernt, sich seiner Ellbogen zu bedienen, um nicht für dumm gehalten zu werden. – Als ich nach Hause kam, sagte Karl zu Klara, stimmte nichts mehr. – Karl erzählte Klara davon, wie er Markus bewundert hatte, seinen Freund: Der war auf seine Weise stark. War ein tüchtiger Koch geworden. Griff dieser und jener Frau in der Küche vor allen Leuten zwischen die Beine. Die Frauen kreischten dazu, schrill und lüstern. Karl beobachtete, empfand zugleich Bewunderung und Abscheu, lief den halben Tag mit Erektionen herum. Dann fuhr er nach Mecklenburg, zelten. Es war sein erster Urlaub. Mutter hatte nie mit ihm in Urlaub fahren können, sie war nicht gesund und hatte wenig Geld. Karl traf Marion, es war ein sehr heißer Augusttag, er sah Marion auf einem Platz stehen, im Gegenlicht der Sonne: Klein und zerbrechlich stand sie da. Wie ein Mädchen. Schulmädchen. Dabei war sie älter als Karl, schon einundzwanzig. Irgendwie hat er es geschafft, sie anzusprechen, sie einzuladen. Sie sind den ganzen Tag spazierengegangen, haben gegessen und Bier getrunken, sie hat von sich erzählt, daß sie bei ihrer Mutter lebt, in M., der schmutzigen Stadt. Handelskaufmann hätte sie gelernt, um schnell Geld zu verdienen, das mögliche Studium ausgeschlagen. Marion war mit einer Freundin in den Urlaub gefahren, aber die hatte einen Mann kennengelernt, ließ sich kaum noch sehen. Marion und Karl hatten einander gesucht und gefunden, wie es heißt. In dieser Nacht gingen sie zusammen baden, nackt, aber sie wagten es kaum, einander anzusehen. Gingen dann in Karls Zelt. Marion kam einfach mit, ohne daß sie darüber geredet hätten. Zogen sich im Dunkeln aus, nein, sie nähme nichts, hatte Marion ungefragt erklärt, und als Karl ungeschickt zu ihr kam, sie sein Geschlecht dabei führte, bemerkte er ihren Schmerz. – Nun hab ich's hinter mir, sagte sie später und schien überhaupt nicht enttäuscht zu sein, daß er sie, kaum daß er zu ihr gekommen war, verlassen hatte, seinen Samen im Schlafsack verspritzte. – Einer mußte es ja tun, sagte Marion, und Karl war doch überzeugt, sie zu lieben ... Die folgenden Tage verbrachten Marion und Karl gemeinsam, aber Marion ist nicht noch einmal in Karls Zelt gekommen. Sie fuhr früher als Karl nach Hause, fast widerwillig gab sie ihm ihre Adresse.

Die Flasche Wein war ausgetrunken, Karl fragte Klara, ob sie noch zuhören wolle. Klara nickte. Karl nahm die Geschichte wieder auf: Wie er Marion geschrieben hatte, gleich, nachdem sie abgereist war, sich Vorwürfe machte, DAS mit ihr getan zu haben, sie womöglich verletzt zu haben. Gleich nach Studienbeginn besuchte Karl Marion, fing sie vor der Haustür ab, als sie von der Arbeit kam. Sie schickte ihn in ein Café, wollte nachkommen. So ging es wochenlang: Karl besuchte Marion, sie gingen ins Kino, aßen gemeinsam, mehr nicht. Einmal, da war Marions Mutter für ein paar Tage verreist, nahm Marion Karl mit in die Wohnung. – Weil's draußen so kalt ist, sagte Marion. – Sie tranken Schnaps und Tee, Marion küßte Karl, machte ihm die Hose auf, sagte: Ich dachte, wenn ich nicht anfange, versuchst du's nie. – Sie warfen sich auf Marions Jungmädchenbett, Karl schmiß den Teddy vom Kissen. – Jetzt nähme sie was, sagte Marion. Dann sagten sie nicht mehr viel, die liebe lange Nacht. Am nächsten Morgen, als sie müde und glücklich frühstückten, beschlossen Marion und Karl, einander zu heiraten. Karl schwänzte zum ersten Mal in seinem Leben die Schule, damit sie in Marions Mittagspause das Aufgebot bestellen konnten.

Danach fuhr Karl von M. nach Leipzig, in die große, nicht weniger schmutzige Stadt, weigerte sich, auf irgendeine Frage seiner Zimmergenossen Antwort zu geben, legte sich hin und schlief. Das Aufgebot war natürlich nicht bestellt worden, denn weder Marion noch Karl hatten ihre Geburtsurkunde mit. Ohne deren Vorlage war nichts zu machen. Anderntags sprach Karl mit Gabi, der FDJ-Sekretärin, fragte um Rat wegen des versäumten Tages. Es war Karl wirklich unangenehm, indes: Es sei ums Heiraten gegangen, alles ein wenig überraschend, gewiß. Nein, kein Kind, das nicht, aber eilig eben. – Gabi sagte, sie würde das schon in Ordnung bringen. Sie verstand das, war selbst seit kurzem verheiratet. Jene Gabi war es, Gabi Schröder, die nachmalige Megäre, schon damals betrogen, was sie wohl nicht wußte. Man erzählte jedenfalls, daß es Gabis Mann mit anderen triebe. Karl hatte sich nicht dafür interessiert. Er mochte Gabi gut leiden, sie war freundlich und von direkter Art. Jetzt half sie ihm. Daß sie Jahre später in Karl die Wiedergeburt ihres ehebrecherischen Mannes zu sehen meinte, über ihn herfiel mit dem Haß der Enttäuschung, nein, das nimmt ihr Karl nicht übel: Ich bin ihr nicht mal böse, sagte Karl zu Klara. Mit schwerer Zunge sagte er das, weitab des turbulenten Festes. Sie hatten eine zweite Flasche Wein geleert. Karl, hörte er sich noch beim Namen gerufen, dann schlief er ein.

Karl erwacht, und er weiß nicht sofort, wo er sich befindet. Er liegt in einem sauber bezogenen Bett, Türen schlagen. Die Tür seines Zimmers öffnet sich, ein Pfleger erscheint, schiebt Karl ein Thermometer unter den Arm. Karl ist wohl über seinen Erinnerungen eingeschlafen, wie er auf jener Feier einschlief, hat die Erinnerung in den Schlaf, den Traum dieser Nacht hinübergenommen. Der Schlaf allein hebt Raum und Zeit auf: Karl ist, es muß früher Morgen, Neujahrstag, gewesen sein, mit schmerzenden Knochen erwacht, am Boden sitzend, den Rücken an der Wand, den Kopf auf Klaras Schulter. Klara erwachte von Karls Bewegung, sie sahen einander an und lachten. Standen auf, gingen Hand in Hand durch die Räume der Wohnung. Vorsichtig stiegen sie über die allenthalben bizarr verkrümmt liegenden Menschen, Frauen und Männer, manche noch beieinander, gleichsam, als hätten sie ihr kleines, das ewig große Vergnügen, die Lust hinüberretten wollen ins neue Jahr. Irgendwo dazwischen lag auch Georges, dicht neben einem Mädchen, dessen Schlüpfer obszön die gespreizten Knie umspannte. Aber Georges hatte es wohl nicht mehr geschafft, mit dem Mädchen zu schlafen, war zu betrunken gewesen. Vollständig angezogen lag er da, eine Hand auf dem Leib des Mädchens. Er schnarchte. Klara ging hin zu dem Mädchen, bedeutete Karl, einen Moment zu warten, nahm eine Decke vom Boden auf und breitete sie über des Mädchens bloßen Leib. Auf der Straße nahmen sie sich wieder bei den Händen und liefen schnell. Sie froren. – Bist du jetzt wütend? – fragte Karl. – Wegen Georges? – Ja. – Schließlich kann er tun, was er will. – Da waren sie schon an Klaras Haus: Alles Gute fürs neue Jahr, sagte Klara. – Sie küßten einander auf die Wange, so war es Sitte unter Freunden. Karl ging nach Hause, in seine Kammer, zweimal drei im Quadrat. Selbstgewähltes Schicksal. Karl hatte etwas vor: er wollte mit Georges reden. Georges war Karls Freund, er würde es sich gefallen lassen müssen.

Der Pfleger kommt, liest das Thermometer ab, mißt Karls Puls. Dann gibt es Frühstück, Weißbrot und Kuchen. Also ist Sonntag, ein Tag mit viel Ruhe, keine Visite wird es geben, und die Physiotherapeutin wird Karl mit ihren schmerzhaften Bewegungsübungen verschonen. – Wissen Sie, hat Karl zu ihr gesagt: Ihre Übungen lassen mir die Lust auf Bewegung vergehen – es sei denn, Sie hätten weniger an. – Herr Groß, hatte das Mädchen geantwortet: Mir scheint, es geht Ihnen schon wieder recht gut. – Karl hatte sich entschuldigt. – Es mache ihr nichts aus, bekam Karl zur Antwort: Derlei Angebote bekäme sie täglich ein Dutzend, man gewöhne sich daran. –

Heute also hat Karl frei. Er wird sich in den Park fahren lassen.

Gestern hat seine Mutter angerufen, sie haben ihm einen Apparat ans Bett gebracht, da hätten sie lange reden können, nur – daß Mutter nicht so viele Markstücke bei sich hatte. Karl beruhigte die Mutter: Ja, er müsse wohl geschlafen haben, mit offenen Augen, nicht anders zu erklären, einfach gegen die Bahn: Nun ist's nur noch das Bein, das Kummer macht. Und die Haare wachsen schon wieder, weißt du, wie das juckt – Karl hat der Mutter versprochen, ihr einen ausführlichen Brief zu schreiben, sobald er kann. Nein, herkommen soll sie nicht. Wozu die anstrengende Fahrt, für zwei Stunden. Besuchen wird er sie, wenn er hier rauskommt. – Er war zufrieden mit sich.

Karl wird in den Park gefahren, da ist es morgens noch stiller als sonst, nur das Getöse der vorbeijagenden Stadtbahn unterbricht die Ruhe. Karl empfindet den Lärm schon nicht mehr, hat sich daran gewöhnt. Karl versucht, sich des Gespräches mit Georges zu erinnern. Es war wohl das einzige wirkliche Gespräch, das sie je miteinander führten. Georges hatte sich nur unwillig darauf eingelassen. Ungewiß war es ausgegangen. Nein, gekränkt war Georges nicht gewesen, das entsprach nicht seiner Art. Georges nahm nicht übel, Georges schüttelte ab. Um dieser Eigenschaft willen hatte Karl Georges in P. bewundert, wenn sie da wieder einen RUNDGEMACHT hatten, irgendeinen Schwächling, einen Neuen. Wenn Karl sich da empörte, sagte Georges: Was willste machen: Das arme Schwein, jetzt scheuert's den Flur mit der Zahnbürste, schön, und in einem Jahr läßt er andere den Flur mit der Zahnbürste scheuern. Das isses Leben, Karl. – Karl hatte es nicht wahrhaben wollen, aber solche Position ist schwächlich. – Dir habense auf deiner humanistischen Schule zuviel Lessing eingetrichtert. – Auch so ein Satz von Georges. Karl ist hingegangen in die Parteiversammlung und hat sich Luft gemacht. Jawohl, daß es unwürdig ist, hat er gesagt. Da haben sie ihm recht gegeben, der Major hat es bestätigt: So was entspräche nicht den Maßstäben sozialistischer Menschengemeinschaft. – Dabei, als der Major so sprach, hat Karl den Hauptfeldwebel und die Unteroffiziere Blicke tauschen sehen. Sie mochten Karl nicht, der in jeder freien Minute las, im Ausgang statt in die Kneipe oder zu einer Hure lieber ins Theater ging: BÜCHERFICKER hieß Karl bei denen. Karl kam sich vor wie Don Quijote, Georges hatte es vorher gewußt.

Viel später hat ein Genosse, der fast vom Anbeginn dabei war, zu Karl gesagt, auf dessen Klagen: Wir setzen nur so viel durch, wie wir durchsetzen. Der Satz wäre von Brecht, und zum zweimal genannten ›wir‹ gehöre eben auch Karl. Er dürfe nicht resignieren. Zur Zeit des Faschismus wäre Resignation Selbstmord gewesen. Bücher sollte Karl lesen, da stünde das drin. Luxemburgs Briefe aus dem Gefängnis ... Karl glaubte dem Alten – nur zweifelte er an seiner eigenen Kraft, an seinem Vermögen, die Dinge zu ändern, die ihm widerstrebten.

Na, hatte Georges nach der Versammlung zu Karl gesagt, nun wird alles besser, wie, und mit sofortiger Wirkung darf auch keiner mehr Bücherficker zu dir sagen, stimmt's? – Da hatte Karl, der Sprachbeflissene, nur vier, sehr gebräuchliche, von ihm sonst nicht verwendete Wörter gehabt: Leck mich am Arsch.

An jenem Neujahrstag, vor weniger als einem halben Jahr, war Georges spät nach Hause gekommen. Es dunkelte schon, da schlich, so muß es bezeichnet werden, schlich Georges in die Küche, fragte Karl, ob der einen Tee machen könne. – Kater, was? – fragte Karl obenhin. – Hmm. – Karl goß Tee ein. Sie saßen in Georges' Zimmer, auf den Korbstühlen. – Wie vor einem Vierteljahr, sagte Karl: Nur Klara fehlt. – Und Julie. – Georges grinste: Aber vielleicht kommt sie noch. – Georges mußte wohl eine Ahnung gehabt haben, wohin das Gespräch, nach Karls Willen, gehen sollte. Karl zeigte Wirkung. Rührte Zucker in den Tee. Schwieg. – Isses wegen der Kleinen? – fragte Georges. – Klara hat sie zugedeckt, als wir gingen. Sah nicht gut aus. – Kann ich nicht sagen, wandte Georges ein, ich war halt bloß zu besoffen. Und schließlich kann ich machen, was ich will. – Das hat Klara auch gesagt, ich meine, daß du machen kannst, was du willst.

Karl hatte den Zusatz hastig angefügt, des möglichen

Mißverständnisses wegen, Klara hätte sich das gleiche Recht zugestanden mit Karl. Georges winkte großzügig ab. – Weißt du, sagte Karl nach einer Weile, während sie schweigend Tee geschlürft hatten: Ich möchte bloß wissen, ob man auf Dauer so leben kann. – Große Worte, Freund ... Ich lebe, liebe, das geht so hin ... – Karl erinnert sich, von Julie einen sehr ähnlich lautenden Satz gehört zu haben, damals, in jener letzten Nacht, bevor er zurück nach M. fuhr. – Ging es darum nicht mit Julie, fragte Karl ganz sachlich, ohne Gehässigkeit: Seid ihr euch zu ähnlich? – Georges lachte: Die gleiche Frage hat mir Klara vor Wochen gestellt. Das ist komisch, wie? – Karl fand es nicht komisch. Wieder schwiegen sie. Georges stand auf, holte aus dem Schrank eine angebrochene Flasche westlichen Rums: Hat mir 'n Kumpel mitgebracht, auch so ein verkrachter Maler, drüben. – Georges goß zwei Wassergläser halbvoll: Prost, Karl: Auf deinen Idealismus. Bist wirklich noch der alte, dabei liegste selbst im Dreck. – Karl hob sein Glas, trank. Das Zeug brannte höllisch. – Fünfzig Umdrehungen, sagte Georges, der sah, wie Karl sich schüttelte. – Du hast mir noch nicht geantwortet, fing Karl wieder an, ob man so leben kann. – Wie leb' ich denn? Ich hab einen Job, den ich nicht mag. Er kotzt mich an, wenn du es so direkt willst. Aber irgendwie mußt du ja die Brötchen verdienen, un den Schnaps. Kunsthochschule war nicht, wie du weißt: Nicht unbegabt, aber es reicht nicht. Zu melancholisch. Na, der übliche Senf. Da male ich meine Bildchen halt für mich, verschenke eins zuweilen an eine schöne Frau, mit der ich mal geschlafen habe. Mache ich da soviel falsch? – Karl, selbst im Dreck, wie Georges gesagt hat, und da hat er recht, Karl läßt nicht locker: Und bist du glücklich dabei? – Herrgott, nun auch noch das Glück! Ich bin nicht unglücklich. Sollte mich eines schönen Tages etwas noch glücklicher machen, werde ich's tun. Eine Studienreise nach Hawaii ... Du hast nicht etwa einen Tip, wie man das macht? – Georges lachte: Stell dir mal Gauguin in Ostberlin vor. Der müßte glatt bei der DEWAG anfangen! – Georges goß die Gläser noch einmal halb voll, legte eine Platte auf. Für ihn war das Gespräch beendet.

Karl fährt durch den Park. Soviel Kraft hat er schon, daß er den Wagen selbst bewegen kann. Karl freut sich der Sonne, die ihn wärmt. Er denkt immer noch an Georges. Ohne Zorn. Georges' Verschwinden nimmt er als das, was es ist: gegebene Tatsache, status quo. Eines nur wüßte Karl gern: ob es einen Punkt gegeben hat, vielleicht in jenem Gespräch am Neujahrstag, da Georges Karl hat Mitteilung machen wollen. Vermutlich hätte Karl ihn nicht halten können, und das Wissen um die Dinge hätte auch für Karl Komplikationen heraufbeschworen. Karl ist immer ein schlechter Lügner gewesen, er hätte es den gutgekleideten Herren sagen müssen. Karl weiß nicht einmal, was sich Georges von der Flucht erhofft. Karl weiß auch nicht, ob Georges ein begabter Maler ist. Er hat Bilder von Georges gesehen: Landschaften, Stilleben, Akte in warmen, traurigen Farben. Sie haben Karl gefallen. Melancholische Bilder. Gauguin in Berlin, war das der Schlüssel gewesen? Und doch: Georges war kein Besessener, tagelang hatte er nicht gemalt, nicht einmal Skizzen gemacht. Aber woher soll Besessenheit Nahrung bekommen, wenn keiner wartet auf das, was du machst. Wartete dort, Karl sah unwillkürlich hinüber zur Mauer, wartete dort wer auf Georges? Hatte es hier keine Chance mehr für ihn gegeben? Karl hat keine Antwort auf seine Fragen. Er weiß auch niemanden, der sie ihm beantworten könnte. Außer Georges. Aber der ist nicht mehr da. Und was nützte es, wem nützte es jetzt, gäbe Georges Antwort ...

So sagt es Karl auch Kindler. Den trifft er mittags, als

er zum Essen ins Zimmer gefahren wird. Kindler sieht zu, wie Karl eine beträchtliche Portion an Fleisch, Gemüse und Kartoffeln verzehrt. Kindler hat den Eindruck, daß Karl zu sich kommt, Kraft gewinnt, Distanz schafft.

Wissen Sie, sagt Karl zu Kindler, ich empfinde es jetzt umgekehrt: An jenem Morgen, als die beiden Herren in der Wohnung waren, Georges später anrief, von drüben – da kam ich mir total verlassen vor. Heute, als ich darüber nachdachte, habe ich mir Sorgen um Georges gemacht. Ob er klarkommt, dort. Ob er jetzt machen kann, was er machen wollte. Ob er überhaupt gewußt hat, was er machen wollte.

Was Karl nicht weiß, worauf er nicht kommt bei seiner Grübelei, ist aber dies: Er hat zehn Jahre lang ein Bild von Georges gehabt, das ihn faszinierte, ja, lähmte: Georges' Leben war die Alternative zu seinem. Dachte Karl. Mischte seine Unzufriedenheit mit dem Traum vom anderen Leben. Da war Georges, und hier waren Karls Briefe an Julie. Eine Illusion, die Karl sich nicht nehmen lassen will. Kann nicht aus seiner Haut. Kindler merkt das oder ahnt es doch: Und Sie haben alles auf Georges gesetzt, als Sie nach Berlin gekommen sind? – fragt er. – Und auf Julie. Obwohl ich es besser wußte. – Karl lächelt, und Kindler sieht, wie weh Karl das Lächeln tut. – Hat sie Sie besucht, diese Julie? – Wozu, sagt Karl nur, und er möchte es gern glauben, was er sagt. – Kindler steht auf und geht.

Selbst Karl, dessen Gedanken jetzt schon wieder weit weg sind, der wieder eine Reise macht, unschwer zu raten, wohin, selbst Karl registriert, was wir verwundert zur Kenntnis nehmen: Dieser Kindler, Doktor der Medizin, ist ein wunderliches Exemplar seiner species. Er ist jung, gewiß. Da ist, bei aller Anstrengung im Dienst, noch keine Hornhaut aus Routine und Gleichgültigkeit gewachsen. Sobald Karl das Krankenhaus verlassen haben wird, werden wir Kindler aus den Augen verlieren – es bleibt uns die Hoffnung, sollte er uns eines Tages begegnen, daß wir ihn wiedererkennen.

Karl aber ist auf dem Weg zu Julie. Der Tag nach Neujahr ist es, als er sich auf den Weg macht: Karls Fähigkeit, sich phantastische – wie Erinnerungsbilder (und wo ist da die Grenze) gleichermaßen plastisch zu machen. Mit offenen Augen träumen, es war schon die Rede davon. Schon als Junge vermochte sich Karl aus Wünschen, Erlebnissen Bilder, ja – ganze Filme zu träumen. – Einmal werd' ich etwas ganz Großes tun, hieß es im Lied einer Rock-Band des Landes. – Ja, daran bestand für Karl, abends, im Bett liegend, schlaflos, kein Zweifel. Immer wieder gelang es ihm, den Schlaf zu überlisten, und sei es, daß er sich ins Bein kniff, wenn die Müdigkeit die Bilder zu verwischen drohte. Den Reiz der surrealen Träume, die im Grenzgebiet, Niemandsland zwischen Tagtraum und Schlaf schillernd und schrecklich blühen, hat Karl erst später entdeckt. In einem seiner Kinderträume schlug er sich auf nicht näher bezeichnetem Wege bis nach Bolivien durch, und Che lebte noch, sein Tod war einfach eine revolutionäre Schutzbehauptung. Karl hatte es immer durchschaut. Gut, daß du kommst, sagte Che schlicht, und dann machten sie die Revolution. Tania ließ Karl trotzdem sterben, weil es so schön traurig war. Karl weinte sich in den Schlaf.

Jetzt aber ist Karl unterwegs zu Julie. Frühmorgens baut er sich auf, unweit ihres Hauses. Frierend wartet er, daß Julie und das Kind das Haus verlassen. Karl ist, zu allem Überfluß, ein Traditionalist: Er will den Weg bis zur Kindereinrichtung (in gebührendem Abstand, gewiß) mitgehen, will von dort zum Hackeschen Markt fahren, bei Margot einkehren. Es funktioniert nicht. An jenem zweiten Januartag schon hat es nicht funktioniert. Auch jetzt, in der Erinnerung, stolpert Karl.

Karl klingelt, bittet, daß man ihn hinausfährt. Vielleicht, daß es im Park besser geht mit dem Nachdenken. Karl will den Weg noch einmal machen.

Karl steht und friert. Ringsum gehen klappernd die Rolläden des Bäckers, des Milchmannes hoch, eilige Frauen und greinende Kinder bevölkern die Straße. Irgendein Penner bietet Karl aus einer halbleeren Flasche zu trinken an. Julie kommt nicht, wie auch, da sie doch oben, dicht unterm Dach, im sehnigen Arm des schönen Morgenländers liegt, und kein Kind ist zum Kindergarten zu bringen, denn das Kind ist auf dem Land. Woher soll Karl das wissen, der endlich aufgibt, lostrottet zur Straßenbahn. Es ist die falsche Straße, die falsche Bahn, schließlich landet Karl in der Chausseestraße. Geht er eben gleich auf den Friedhof, Karl macht aus der Not eine Tugend. Diesmal findet er Brechts Grab, bescheiden versteckt, wie er es wohl wollte. Karl ist sich nicht sicher, ob es bescheiden ist, die Leute so lange suchen zu lassen. Nun steht er vor dem Grab und weiß nicht recht, was er da soll. Dreht noch eine Runde, verläßt den Friedhof, die schöne Stille, taumelt in den Lärm der Straßen, die Pieckstraße, die Linden entlang, vorbei am Alten Fritzen, über die Brücke, an deren sandsteinernem Geländer er sich lehnen sieht ... Aber das war doch später, das war am Tag, nachdem Georges verschwunden war ... Karl ist unzufrieden. Wütend zerbricht er drei Hölzer, bevor die Zigarette brennt. Der Traum will sich nicht fügen, wie jener Gang nur Betrug gewesen ist, feiges Hinauszögern. Also: Karl steigt die vier Treppen zu Julies Wohnung. Er stolpert, links – Glück bringt's. Da ist sich Karl nicht sicher. Er hat zwei Stunden in der Kneipe gegenüber gesessen, mit der Blonden einen Kirsch getrunken und noch einen. So, als stünde sie immer dort, als sei dies ihr Platz, hatte Karl die Blonde am Tresen vorgefunden, hatte sie erkannt, wie sie ihn erkannt hatte. Sie setzten sich. Wie es der schönen Frau ginge, wollte die Blonde wissen. Karl brauchte den Schnaps, um es ihr zu erzählen. – Schade um so einen wie dich, sagte die Blonde. – Das fand Karl auch. Die Blonde war nicht übel. Sah nach jedem Kirsch besser aus, stieß wohl gar mit dem Knie? Karl faßte nach dem fraglichen Knie. Ja, es war ihres. Sie zappelte ein bißchen mit den Schenkeln herum. Sicher nicht zum ersten Mal. Karl verlor die Lust, noch ehe sie recht aufgekommen war. Er dachte, wenn er neben der Blonden wach würde, morgen früh, müßte er sich selbst ankotzen. Und die Blonde, falls sie es nicht fürs Geld tat, müßte ihn ohrfeigen. – Laß gut sein, sagte Karl. – Die Blonde schmollte ein bißchen. Trank noch einen. Auch Karl trank noch einen. – Bin dir wohl zu alt? Haste recht. Was willste verlangen mit vierzig, der Kerl ist weg, wo soll ich einen hernehmen ... – Die Blonde machte eine große, trunkene Geste nach den Männern in der Kneipe: Nun sag nich', ich soll mit Saufen aufhören. Das weiß ich selber. – Und der Professor, fragte Karl, du weißt schon, der mit Miß Germania? Was ist denn das für einer? – Das is'n Dichter, sagte die Blonde. Wenn der nich' mehr kann, kommt er her. Mein Hintern, sagt er, wenn er besoffen ist, das wär' der Realismus. – Kennst du den ... näher, fragte Karl. – Ich hab' ihn mal mitgenommen, wenn du das meinst. Nun ja. Am nächsten Morgen hat er mir erzählt, wie schwer er's hat. Prima. Schwer hab' ich's selbst. – Irgendwann fing die Blonde an zu weinen. Irgendwann mußte es dunkel geworden sein. Karl zahlte, fast vierzig Mark, das Geld nahm ab. Karl ärgerte sich, nicht wenigstens ein paar hundert Mark vom Konto geholt zu haben, bevor er Marion das Scheckheft gab. War doch schließlich auch sein Geld. Egal, vorbei.

Karl hat die vier Treppen geschafft. Er atmet schwer. Wenn Julie die Fahne riecht, denkt Karl, weiß sie Bescheid. – Aber er geht nicht.

Wenn er diesen Weg noch einmal machen wird – die

Gewißheit schiebt sich wie eine Vision in Karls Traum, wird nichts mehr real sein. Die Kneipe wird geschlossen sein, er wird die Blonde nie wieder sehen, Julies Tür wird verschlossen sein. Julie wird nicht mehr hier wohnen. Karl weiß nicht, ob er das träumt, ob er das ahnt, erinnert er sich, träumt er voraus, voraus wohin – aber er weiß es.

In diesem Moment, im Park des Krankenhauses, weiß er, daß Julie verloren ist:

Karl klingelt. Julie ruft, es sei offen. Karl tritt ein in den Flur, öffnet die Küchentür mit einem viel zu heftigen Stoß, lehnt, weniger lässig als trunken, am Türrahmen: Hallo, Julie, sagt er, die Silben trennend. – Julie ist nackt. Gebeugt steht sie vor dem Waschbecken. Einen Moment lang sieht Karl das schöne Bild ihres bloßen Rückens, die leicht gespreizten Backen ihres Hinterns, das krause Schamhaar. Und die Schönheit des Augenblicks, aller Trunkenheit zum Trotz erlebt von Karl, bricht zusammen in Julies Schrei: Karl! – Wie sie auffährt, herumwirbelt, dabei mit den Armen Brüste und Scham bedeckt. Ins Zimmer läuft. Karl folgt ihr: He, sagt Karl, es ist wie in einem Western, so schleppend spricht Karl: Du freust dich wohl gar nicht? Ich bin da, ich, Karl. – Als er jetzt die Bilder kommen sieht, weiß Karl: das ist Slapstick, Klamauk. Und er hält die Bilder nicht an. – Geh, sagt Julie, bitte geh. – Sie hat sich einen Bademantel angezogen. Barfuß steht sie vor Karl. Wie ein Engel im Bademantel sieht sie aus. Da sieht Karl eine Lederjacke am Schrank, und die langen, braunen Zigaretten auf dem Tisch hat sie nie geraucht: Ach so, sagt Karl, bedächtig sagt er es: Besetzt. – Da geht Julie auf ihn zu: Hau ab, sagt Julie, und schlägt Karl mit der flachen Hand ins Gesicht. Karl holt aus, will zurückschlagen, da greift ihn wer von hinten am Arm. Der Lederjackenmann muß es sein, auch er schlägt Karl, treibt ihn türwärts, stößt ihn die Treppe hinab. Stolpernd, stürzend findet Karl erst auf dem Treppenabsatz Halt. Vor der Klotür sitzend betastet er sich. Oben wird ein Schlüssel gedreht.

Die immer hastiger aufeinander folgenden Bilder haben Karl erschöpft. Karl spürt sein Herz hart und schnell schlagen. Es ist immer noch Sonntag, es ist warm. Schwerer Blütenduft von den Beeten. Insektengetaumel.

Vom Eingang des Parks strömen jetzt Besucher herein, bis eben nur mühsam gebändigte Menschenmenge, ein jeder beladen mit Taschen und Päckchen, Blumen, Kuchen, Wein. Hunderte Rotkäppchen, gegen die ein Wolf keine Chance hätte. Ein Stimmengewirr hebt an, Lautbrei, der in jede Ecke des Parks dringt. Jetzt erkennt Karl unter den Ankömmlingen Gerd, winkt ihm zu. Einen hellen Anzug trägt Gerd. Das heitert Karl auf: Du kommst ja wie zum Staatsempfang, sagt Karl grinsend zur Begrüßung. – Nun, sagt Gerd, seine Frau hätte gesagt, in solch einem Fall. Und noch dazu, Gerd holt tief Luft: da Karl doch auf dem Weg zu ihm, gewissermaßen, nun, Karl wüßte schon. – Karl müht sich, Gerd das Schuldgefühl auszureden. Sagt, daß ihm passieren mußte, was ihm passiert ist: Und im übrigen, sagt Karl, geht's ja schon wieder bergauf mit mir. Frag mal schon immer nach einem Schonplatz im Betrieb. Nächste Woche kriege ich Gehgips, da hat es die längste Zeit gedauert. – Ich dachte, sagt Gerd, du würdest zurück nach Hause wollen, zu deiner Frau. – Nein. Das ist vorbei. Da ist zuviel zerschlagen, die Teile findest du im Leben nicht wieder. – Und was willste machen? In deine kleine Bude zurück, diese Kammer ohne Schrank, und mit mir aufm Auto in die Rente? – Willst mich wohl nicht haben, auf deinem Auto, he? – fragt Karl und boxt nach Gerd. Es ist ein bißchen unecht, ein bißchen Film, Karl spielt den Arbeiter, und Gerd kauft es ihm nicht ab. Karl hat Gerd unterschätzt, das macht Verlegenheit. – Armleuchter, sagt Gerd. – Sie rauchen erst einmal. Nach einer Weile sagt

Karl: Ich weiß nicht, wie es weitergeht. Das heißt, ich habe noch nicht darüber nachgedacht. (Wie soll es bloß weitergehen, das muß es ungefähr gewesen sein, was ich dachte, als ich unter die Bahn kam.) Jetzt mache ich Inventur. Krame in Erinnerungen. Die haben einen gescheiten Doktor hier, der stellt mir Denksportaufgaben. – Karl lacht: Man soll wissen, wie einem geschieht. Und wenn ich ungefähr weiß, wie mir geschehen ist, denke ich, dann weiß ich auch, was wird. – Das war eine lange Rede, die Karl gehalten hat, dort, im Park, leise, mehr zu sich selbst gesprochen als zu Gerd. Später fragt Karl Gerd, wie es auf Arbeit geht, hört von einem Neuen, der aus dem Knast gekommen ist und bummelt, dabei hat er noch Bewährung. Das Kollektiv soll ihn erziehen, bloß weiß das Kollektiv nicht, wie. – Er fährt als Springer mit, sagt Gerd, wenn er kommt. Mann, hab' ich gesagt, reiß dich bloß zusammen, sonst steckense dich wieder ein. – Ist auch nicht schlechter, als hinter deiner Karre herzulatschen und Körbe auskippen. – Als ob ich was dafür könnte, daß er keine Fahrerlaubnis hat. Und wenn er sich nicht zusammenreißt, läßt ihn der Betrieb auch keine machen, hab' ich zu ihm gesagt, das kannste dem Betrieb nicht verübeln. Von nischt wird nischt, denkste, der kapiert das. – Gerd ist sauer. Hat sich richtig in Wut geredet. – Ist schwer, sagt Karl, wieder Boden unter die Füße zu kriegen. Bist du jemals durchs Eis gebrochen? Gerd schüttelt den Kopf. Da erzählt ihm Karl die Geschichte, wie er als Junge in G. mit den Kumpels am Teich war. Es hatte erst ein paar Nächte gefroren, das Eis mußte noch dünn sein. Auch war der Teich von einer Strömung durchzogen, hatte einen ständigen Zu- und Abfluß. – Traust dich nicht, hatten die Jungen zu Karl gesagt, aber sie trauten sich ja selbst nicht. – Feigling, Muttersöhnchen, sagte einer, vielleicht der dicke Helmut, dem Karl später den eisigen Schneeball akkurat aufs Auge geschmissen hat. Muttersöhnchen war hart, sie spielten darauf an, daß Karl keinen Vater hatte, den Karl hatte der Esel im Galopp verloren. – Wenn du dich nicht traust, kriegste auch mein Fahrrad nicht mehr. – Das gab den Ausschlag. Karls Mutter war arm, hätte nie ein chromglänzendes Fahrrad kaufen können, ohnehin eines, das zwei Jahre später zu klein für Karl sein würde. Einige Jahre später hat Karl das Familienfahrrad bekommen, so hieß es, Modell Möwe, Baujahr 39. Das war von seiner Mutter, die es geschenkt bekommen hatte, auf eine Tante, schließlich auf deren Sohn, Karls älteren Cousin, überkommen, bis es endlich, verrostet und klapprig, ein Ungetüm, Karl zum Geschenk gemacht wurde. Karl mußte Onkel und Tante sehr dankbar sein. – Trauste dich nun oder nicht? – Karl dachte an die erniedrigenden Momente, wenn er unterwürfig zu warten hatte, bis ihn einer der Jungen auf seinem Rad einmal ums Karree fahren ließ. Karl ging aufs Eis, vorsichtig, Schritt für Schritt, breitbeinig, instinktiv bemüht, die Last seines Körpers zu verteilen. – Haste dir in die Hosen gemacht? – Sie lachten. Und dann brach Karl ein. Es war nicht tief, brusthoch stand ihm das Wasser, und er legte sich nach vorn, uferwärts, legte den Oberkörper aufs Eis, um sich herauszuziehen. Das Eis brach. Karl versuchte, ein Bein hochzubekommen, und wieder brach das Eis. Die Kälte durchdrang seinen Körper. In panischer Angst brach sich Karl schließlich, das Eis zerschlagend, eine Bahn zum Ufer. Es kann nicht lange gedauert haben, die Jungen indes waren längst, wortlos, wie auf ein geheimes Zeichen, in stiller Übereinkunft davongerannt. – Ja, sagt Karl ein bißchen töricht, so war das. – Sie rauchen noch eine Zigarette, dann wird es Zeit für Gerd zu gehen. Seine Frau ist mit den Kindern bei Gerds Eltern im Garten. Irgendwo hinter Pankow, da hat Gerd noch ein Stück Weg vor sich. Von Margot soll er grüßen, fast hätte er es vergessen, sie wird Karl was erzählen, hat sie gesagt, von wegen ihre Kneipe ins Gerede bringen. – Karl lacht und sagt, er würde es in Ordnung bringen: Wird auf Knien vor den Tresen rutschen, und einen vollen Aschenbecher wird er sich übers Haupt schütten. – Jetzt boxt Gerd nach Karl, und es ist wieder ein bißchen wie Kintopp, aber ein besserer Film. – Mach's gut, Alter, sagt Gerd und geht, dreht sich nach wenigen Schritten um: Ich bin ein Kamel, ruft er, holt eine Flasche Wein aus der Aktentasche, es ist der teure, gepanschte aus Algerien: Hier, damit was aus dir wird! – Drückt Karl die Flasche in die Hand. Karl murmelt etwas von dasseidochnichtnötig ... – Halt's Maul! –

Kaum daß Gerd gegangen ist, erscheint Klara, als ob sie sich verabredet hätten. Klara hat einen Jungen an der Hand, vielleicht drei Jahre alt. – Das ist Benjamin, sagt Klara, und das ist Karl. – Karl freut sich, nicht als »Onkel Karl« vorgestellt worden zu sein. »Onkel Karl« klänge vollends wie Jahrhundertwende. Ohnehin stellt Benjamin fest: Karl? Dis is aber'n komischer Name. – Na bitte, sagt Karl zu Klara: Da hast du's. – Erinnert sich und sie an ihre erste Begegnung. In Georges' Wohnung, vor einem halben Jahr.

Der Junge nimmt den Park in Besitz, sammelt bei den anwesenden Omas und Tanten Bonbons und Kekse. Klara läßt ihn gewähren. – Kriegst du die auf, fragt Karl und hält Klara die Rotweinflasche hin. Klara entfernt das Stanniolpapier vom Flaschenhals, und siehe: ein schnöder Bierdeckel, mitnichten ein Korken verbirgt sich darunter. Einen Flaschenöffner reicht ein hilfreicher Mitpatient, der sich eben über die fünfte Flasche Pilsner hermacht, während seine Frau, eine kleine, grauhaarige Person, ihn dabei schweigend und andächtig beobachtet. Karl und Klara trinken den Wein, so süß und warm er ist, in kleinen Schlucken abwechselnd aus der Flasche. Sie wischen den Hals der Flasche vor dem Trinken nicht ab. – Nächstes Wochenende darfst du vielleicht nach Hause, hat der Doktor gesagt. Wenn die Röntgenaufnahmen in Ordnung sind. – Klara sieht Karl an. Karl träumt: Nach Hause, sagt er. – Zu Hause, das war einmal G., und es ist vorbei. Zu Hause, das war M., und auch das ist vorbei. Für ein paar fiebrige Tage war Julie das Zuhause, ihr Lachen, die Wärme ihres Leibes, ihre Wildheit und ihre Unvernunft ... Soso, sagt Karl, nach Hause. – Der Doktor sagt, es wäre gut, wenn wer auf dich aufpaßte, die erste Zeit. – Ja. – Karl scheint immer noch zu träumen. Ist abwesend. Er macht es Klara nicht leicht zu sagen, was sie sagen will. Kommt ihr nicht entgegen, kein Stück. Weiß gar nicht, worauf Klara hinaus will. – Du könntest zu mir kommen, die erste Zeit. – Klara kommt sich vor, als böte sie sich an. – Ich habe ein zweites Zimmer, das von Benjamin, da wäre Platz. – Karl schweigt noch immer, Klara sieht, wie sein Blick dem spielenden Benjamin folgt. Sie ahnt, wo Karl mit seinen Gedanken ist. Wie mag das sein, denkt Klara, wenn man ein Kind hat und auch keins? – Ich wollte ihn zu meiner Mutter geben heute, aber die macht eine Dampferfahrt, von der Gewerkschaft aus. – Karl soll nicht denken, sie hat den Jungen mitgebracht, um Familienpläne zu bauen. Klara wird heiß bei dem Gedanken. Oder ist es der Wein, der zu Kopf steigt? – Sobald du richtig gesund bist, renovieren wir deine Wohnung. Georges' Zimmer ist jetzt freigegeben. – Gut, sagt Karl endlich. Und: Ich danke dir. – Karl nimmt Klaras Hand und hält sie einen Augenblick lang fest. Das verunsichert Klara vollends. – Ich muß nach dem Jungen sehn, sagt sie. – Klara steht auf, holt Benjamin von einer Bank, auf der er seit einer Weile herumkrabbelt: Nicht mit den Schuhen da 'rauf, wenn sich da einer setzt, wird er schmutzig. – Klara kommt, Benjamin an der Hand, zu Karl: Es wird Zeit, sagt sie, wir müssen gehen. – Ja, sagt

Karl. Wenn es so ist. – Ich hole dich dann am Samstag ab. – Gut, sagt Karl und denkt: Hoffentlich geht sie jetzt, und hoffentlich küßt sie mich nicht. – Nein, Klara küßt Karl nicht. – Tschüs, sagt sie, mach's gut, und Benjamin gibt Karl artig die Hand. – Bis Samstag, sagt Klara, schon im Gehen. Winkt Karl noch einmal zu. – Ja, ruft Karl, und noch einmal: Danke. – Dann ist er allein. Der Park hat sich geleert, die Besucher sind gegangen, in der Klinik rüstet man zur Nacht.

Karl sitzt da, und er findet, es ist allerhand, was er zu verdauen hat. Der ungewohnte Alkohol ist noch das Geringste. Träge drehen sich die Gedanken in Karls Kopf. Noch ist er längst nicht fertig mit seinen Gedanken an Marion und das, was vorher war. Da kommt ein neues Zuhause auf ihn zu, wo er doch noch alte Bilder zu ordnen hat. Und ein Bild zieht andere mit empor, aus jener Schublade Vergangenheit, die Karl sonst fest geschlossen hielt. Wie ein Luftzug ist es hineingefahren in die unsortierte Bildersammlung. Nach Hause, hat Klara gesagt. Zwar hat sie nicht gesagt, er soll bei ihr zu Hause sein, und dennoch... Da ist die Erinnerung an Julie. Empfindlichkeit – wie die der rosigen, kaum vom Haar überwachsenen Narben auf Karls Schädel.

Karl schläft ein. Ist es die Spannung, die sich nun löst, ist es der Wein, der ihn schlafen läßt. So finden sie ihn: Halb aus dem Rollstuhl gekippt, mit einer Flasche Wein, eine Handbreit noch voll, im Arm.

Und wieder macht Karl eine Reise, zurück nach G., in sein Abiturjahr. Nähert sich wieder dem Fuß seines Lebensbaumes, staunend steht er vor dem Wurzelgewirr, den feinen Verästelungen, den Fädchen, die sich im Erdreich verlieren.

Es ist der Abend vor seiner Einberufung zum Militär. Seltsam, daß dieses Bild überlagert wird von einem viel früheren, vierzehn Jahre älteren. Es ist die gleiche Szene:

Großmutter, Mutter und Karl sitzen an drei Seiten des Küchentisches. Karl sitzt an der Stirnseite. Karl, der der Mann der Familie ist, das Oberhaupt, ungeachtet seiner Jugend. Karl, um den sich alles dreht. Ihm gegenüber die Wand, der Volksempfänger auf dem Küchentisch, die »Goebbelsschnauze«, wie er einst hieß, schäbig und flekkig geworden mit den Jahren, zerrissen das Bastgeflecht überm Lautsprecher. – Das warst du als Krabbelkind, haben ihm Mutter und Großmutter gesagt. – Das frühe Bild von jenem Tisch, auch eine Essenszene, Abendbrot, stammt vom Tage des Einzugs. Ein feuchter, düsterer Tag, Schneeregen, Advent. Karl ist diesen Tag über in Tante Christels Obhut gegeben worden. Die hat ihn auf den Weihnachtsmarkt geführt, zu den bunten, geheimnisvollen Buden, den Karussells, dem riesigen Lichterbaum. Am Abend brachte die Tante, die nicht Karls Tante war, sondern eine Schulfreundin der Mutter (eine alte Jungfer, sagten Mutter und Großmutter, wenn sie glaubten, Karl höre es nicht), brachte diese Tante Karl in die neue Wohnung. – Hier sind wir jetzt zu Hause. – Karl gefiel es nicht in diesem neuen Zuhause. An der Decke hing eine Glühlampe, überall standen Kisten und Waschkörbe voll Geschirr und sonstigen Hausrates. Mutter weinte vor Erschöpfung. – Warum weint Mutti, fragte Karl, und Großmutter brachte ihn zu Bett. Mutter war müde, erfuhr Karl, und nervös. Nervös ist eines der geheimnisvollen Worte aus Karls Erinnerungen.

Karl sitzt am Tisch, lehnt sich zurück auf dem harten hölzernen Stuhl. Er ist satt. Mutter und Großmutter bestreichen Brotscheiben mit Butter und Wurst. Karls Reiseproviant. Karl nimmt die Brote und geht in den Flur. Dort steht seine Tasche. Er hat gesagt, er will noch eine Zigarette rauchen. Karl zieht Schuhe und Kutte an. In der Küche spielt das Radio muntere Weisen.

Sie hören nicht, wie Karl geht. Bis zur Haustür geht er

leise, dann, auf der Straße, beginnt er zu laufen. Mutter hatte mitkommen wollen zum Sammelpunkt, der im Gestellungsbefehl angegeben war. Wie er da geht, weiß Karl, daß er nicht zurückkommen wird. Er geht hinaus aus der Enge der Wohnung, der Enge der kleinen Stadt, wer weiß, wohin. Und schon am Tor des Betriebes, in dessen Speisesaal er sich zu melden hat, als man seine Papiere kontrolliert, spürt er die Einsamkeit, die der Preis ist, um den sich Karl freikauft aus der Gewohnheit, aus der vertrauten Umgebung, aus dem erdrückenden Schutz der Mutter, die selbst des Schutzes bedarf.

Der Speiseraum ist schon voller Menschen, junger Männer gleich Karl. Eben noch Zivilisten, doch schon jetzt patrouillieren zwischen ihnen wachsame Männer in Uniform, werfen mißbilligende Blicke auf die kreisenden Flaschen. – Ab morgen pfeift der Wind aus einem anderen Loch, hört Karl einen der Uniformierten sagen. Es macht Karl angst. Karl hat nichts zu trinken mitgenommen. Am Mittag hat er mit Christoph, einem Freund, zwei Schoppen Wein getrunken, zum Abschied. Seitdem keinen Alkohol mehr. Karl sitzt und beobachtet die Szene, gleichsam in der Totale, sieht auch sich selbst da sitzen, auf einem Plastikstuhl inmitten der lärmenden, trunkenen Menge. Schließlich nach einer sehr langen Zeit, wie es Karl scheint, ohne daß er aber Ungeduld, Spannung empfunden hätte, wird der Aufbruch befohlen. Am Hof des Betriebes hat Karl später nie vorbeigehen können ohne Furcht, es könnte ihn wer hineinholen, alles begänne von neuem.

Auf dem Hof mühen sich einige Vorgesetzte, es werden wohl Unteroffiziere gewesen sein, eine Kolonne zu formieren. Es ist sehr laut.

Endlich setzt sich der Zug schwankend in Bewegung. Einzelne versuchen, den losen Kordon der Posten zu durchbrechen, einige von ihnen schaffen es, zu ihren Frauen

Bräuten Freundinnen am Straßenrand zu gelangen. Sie küssen und umarmen sich. Als ob's in den Krieg ginge, denkt Karl. Da hört er sich beim Namen gerufen. Die Mutter ist ihm nachgegangen, steht dort, auf dem Bürgersteig, winkt, ruft etwas, das Karl nicht versteht. Mutters Stimme geht unter im Lärm, im aufkommenden Gesang der Menge, ein sehr populäres Lied von John Lennon ist es: Please give peace a chance. Sonderbar, unwirklich ist das. Eine Opernszene.

Es ist nicht das Bild der schönen, bunten Broschüren, das Karl hier sieht, in der schlecht beleuchteten Bahnhofstraße; vorbei an Betrieben, Lagerschuppen, Kohlehaufen führt der Weg. Karl fühlt sich fremd in seiner Haut.

Gescheite, überlegene Leute sagen (der Einwand ist geläufig), was wäre anderes zu erwarten, schließlich sei eine Armee als Instrument eines Staates wie des unseren zum Absterben verurteilt, sobald die Zeit dafür reif ist. Lenin sagt es. Und man denke doch an Babels »Reiterarmee«, bitte sehr. Aber Karl hat das Buch noch nicht gelesen, es ist kein Gegenstand schulischen Interesses, und das Wissen um Staat und Revolution, das Absterben des Staates gar – was nützt es Karl jetzt, in diesem Moment.

Am Bahnhof werden sie in einen Zug verfrachtet. Der fährt nach endlos scheinender Zeit los, nach Leipzig zunächst, heißt es. Dort würden neue Transporte zusammengestellt. Doch schon nach wenigen Minuten Fahrt hält der Zug jäh: Die Notbremse ist betätigt worden. Im Nachbarwaggon ist ein Betrunkener im Gang gestürzt, mit den Armen in die Scherben einer zerschlagenen Flasche, hat sich womöglich die Pulsadern zerschnitten dabei. Karl, der den Blicken der anderen gefolgt ist, sieht den Mann am Boden liegen, dann sich aufrichten, knien, fassungslos und trunken auf das Blut starren, das aus den Wunden in seinen Unterarmen schießt. Karl wird übel, er muß wegsehen, das Fenster öffnen, kalte, neblige Nachtluft atmen. Lange dauert es, bis endlich ein Krankenwagen kommt.

Ein Jahr später, auf einer Versammlung fällt der Oberfeldwebel Ziergiebel über seinen Kompaniechef, Hauptmann Trotta, her: Duldet, ja fördert die Disziplinlosigkeit! – Hauptmann Trotta ist krank, er hat schon einen Infarkt gehabt, heißt es. Trotta will sich verständigen, redet von Vernunft. Die Soldaten nennen ihn verächtlich Papa, duzen ihn. Es scheint, sie wollen Druck spüren, brauchen ihn wirklich.

In Karl ist nichts als stumme Empörung, hilfloses Mitleid mit Trotta, der wenig später verschwindet, in den vorzeitigen Ruhestand versetzt. Karl hat sich später immer geschämt, wenn er an Trotta dachte, für den er nichts als dieses stumme, beschissene Mitleid gehabt hat. Wem nützt schon Mitleid.

Dort, im Zug nach B., in jener unwirklichen Atmosphäre, überkommt Karl erneut das Gefühl, das er schon hatte, nachdem sein Freund Wolf gestorben war – das Gefühl, nichts zu wissen, nicht vorbereitet zu sein. Wir sind jung, die Welt ist offen, so klangen die Lieder.

Die Fahrt nach B. endet frühmorgens, vor sechs. Müde trotten sie über den Bahnhofsplatz, hin zu der langen Reihe graugrüner Lastwagen, steigen steifbeinig über die Bordwand, neugierig abschätzend gemustert von Leuten, die zur Arbeit gehen. Karl sind die Leute gleichgültig, es geht ihn nichts an, was sie sagen: Kopf hoch, und: Viel Spaß. – Karl ist erfaßt vom gleichmäßigen Gang des Mechanismus. Im Kinosaal der Kaserne werden sie namentlich aufgerufen. Später bekommt er Bekleidung und Ausrüstung, lernt, aus einer Zeltbahn einen Seesack zu knüpfen, schleppt das ganze Zeug in den großen Raum, wo er fortan wohnen soll. Sagt man wohnen? Karl weiß es nicht. Karl muß seine Zivilkleidung in einem Postmietbehälter verpacken, an die Heimatadresse schicken. Dann wirft er das Paket mit den Broten weg. Karl ist angekommen.

Dösend verbringt Karl den Tag, liegt auf dem Bett, das mit einer rauhen, grau und schwarz gestreiften Decke bezogen ist. Auf der Bettwäsche zu liegen, ist nicht statthaft, erfährt Karl. Karl denkt an Wolf, der ist jetzt fast ein Jahr tot. Die beklemmende Unwirklichkeit der letzten Nacht, einem Alptraum nicht unähnlich, aus dem er gleich erwachen muß, und das Wissen um die Realität des Erlebten – das hält Karl bei aller Müdigkeit wach, hat ihm die Sinne geschärft, Erinnerung geweckt an diesen, nicht weniger unwirklichen Dezembermorgen im vergangenen Jahr:

Es war ein Montag, ein frostklarer, sonniger Tag. Karl stand am Fenster des Klassenzimmers, bäuchlings am Heizkörper lehnend. Draußen lag Schnee. Das Zimmer war im obersten Stockwerk des Schulhauses, eines stillosen, häßlichen Baues der Gründerzeit, aus protzigen Sandsteinquadern gefügt und mit Türmchen und Zinnen sonderbar verziert. Karl sah über den Stadtrand hinaus, auf die verschneiten, sonnenbeschienenen Felder. Weit hinten stieg bläulich der Schatten des Gebirges auf. Karl genoß die Zeit, sie war geschenkt, eigentlich hätte Baumann, Mathematik, schon dasein müssen, Baumann, der ein Muster an Pünktlichkeit war, der nie zu spät kam. Als Baumann dann kam, der kleine Mann, der immer der große Zauberer sein wollte, der Entfesselungskünstler (über Tische und Bänke sprang er, wenn's ihm notwendig schien), als er an diesem Morgen kam, bemerkte ihn Karl nicht. Leise war Baumann eingetreten, hatte sein Schlüsselbund nicht wie sonst mit Elan aufs Pult geworfen, nicht unvermittelt einen seiner Urschreie abgegeben. Wolf sei tot, sagte er leise. Aller Rollen, die er je gespielt hatte, entkleidet, gleichsam nackt stand er vorn. Nackt und klein und hilflos. Wolf hatte sich, so erfuhren sie, am Samstag erhängt. Mit einer Stahlschlinge. Karl sieht Baumann vorn, auf dem Podest, hin und her schreiten, die Arme hinter dem Rücken verschränkt, er doziert, senkt die Stimme unvermittelt bis zum Flüstern, verharrt dabei in der Bewegung, um plötzlich, jäh aufsteigend herumzuschnellen, sein quod erat demonstrandum herauszuschreien. Schweiß läuft an seinen scharf rasierten Wangen hinab ... An jenem Tag paßte keine von Baumanns Rollen, konnte er nichts als er selbst sein. Menschlich und schwach.

Karl denkt, das hat er sich und uns nicht verziehen: die Entzauberung. Unwiederholbare Suggestion. Keine von Baumanns Lebensweisheiten, die er bereitwillig und ungefragt verteilte, wollte passen – jene höchstens, daß man sich das Leben wie einen Bahnhof vorzustellen habe, wo man auf seinen Zug zu warten hätte, der nicht halten würde. Man müsse im geeigneten Moment aufspringen. Da hatte Wolf wohl den Absprung verfehlt, war mit dem falschen Bein gesprungen, hatte sich auf dem Schotter den Hals gebrochen.

Weit weg, in Berlin, der großen, lärmenden Stadt, unterbricht Karl seine Reise für die Dauer der Mahlzeiten, der Leibesübungen, des Schlafes, der ihn schwer und mit verworrenen Träumen überkommt, nicht erfrischt entläßt in einen neuen Tag, einen der wenigen, die ihm noch verbleiben, ehe Klara ihn abholen wird, er wieder hineingeworfen wird in sein Leben. Entscheidungen werden zu treffen sein, Karl wird handeln müssen. Gerd hat es ihm zu verstehen gegeben, Klara erwartet womöglich etwas von ihm. Wie soll er sich verhalten. Dabei denkt er an Wolf. Man soll die Toten ruhen lassen, auch ein Spruch der Großmutter. Karl aber läßt der Tote nicht ruhen, nach so vielen Jahren nicht. Karl ist mürrisch in diesen Tagen. – Ihnen hat's wohl die gute Laune verregnet, fragt die freundliche Schwester. – Tatsächlich ist das warme, frühsommerliche Wetter einem zähen, grauen Regen gewichen, der in die blühenden Bäume schlägt. Karl kann nicht in den Park gehen – jetzt, da er mit seiner Krücke gut allein hinaus könnte. Statt dessen muß er sich das Gebarme seines Zimmergenossen anhören. Ja, auch sein Einzelzimmer hat Karl verloren, er gilt wohl als endgültig über den Berg gekommen.

Da liegt er nun bei diesem Fred im Zimmer, der klagt von früh bis spät, dies tue ihm weh und jenes, über die verdorbene Obsternte klagt er, und die Frau hat wieder nicht den richtigen Schlafanzug mitgebracht. Karl hat sich aus der Bibliothek einen Kriminalroman entliehen, beim Lesen stellt er fest, daß er ihn bereits kennt. Immerhin kann er sich hinter dem aufgeschlagenen Buch vor Freds Gerede verstecken, kann an Wolf denken, dessen Tod er heute so wenig wie damals begreift. Was weiß er von Wolf? Es ist wenig. Wie die Seiten seines Buches wendet Karl die spärlichen Erinnerungen, wenigen Momentaufnahmen, vergilbt schon, wie die Fotografie seines Großvaters, kernig deutsch, im besetzten Frankreich aufgenommen, im ersten Krieg.

Karl sagt: Mein Freund Wolf. – Ist Wolf Karls Freund gewesen? Hat Wolf überhaupt Freunde gehabt? Er muß sehr einsam gewesen sein, nicht erst, als er starb. Karl entsinnt sich ihrer letzten Begegnung: Es war der Tag, an dessen Abend Wolf sich erhängte. Nach der Schule sind sie, wie jeden Samstag, in die dicht bei der Schule liegende Kneipe gegangen. Es ist jene Kneipe gewesen, die Karl unlängst, vor einem halben Jahr, so verändert gefunden hat. Die Woche vertrinken, nannten sie das. Karl vermag sich keines Gespräches zu erinnern, das er mit Wolf an diesem Samstag geführt haben könnte. Ob Karl am Ende sein Steckenpferd geritten hat, von der gesellschaftlichen Arbeit geredet, die es zu verbessern, zu intensivieren galt? Es würde Wolf nicht sehr interessiert haben. Nie hat Wolf gefragt, was zu fragen verständlich gewesen wäre: Wie Karl darauf gekommen ist, mit eben achtzehn Jahren in die Partei einzutreten. Und Karl war froh, diese Frage nicht gestellt zu bekommen, nicht von Wolf. Der hätte es ganz genau wissen wollen, wie alles. Und Karl hätte gestammelt, daß es sich so ergeben habe, aus seiner ehrenamtlichen FDJ-Arbeit, die Konsequenz eben. Das stimmte, gewiß, aber es klang dünn, wenn Karl es gelegentlich aufsagte. Auch wäre zu reden gewesen von Karls ganz und gar undialektischem Traum, die Welt mit einem Mal umzukrempeln. Mit einem Ruck. Che Guevara und Jesus Christus hatten mit diesem Traum zu tun, und Karl schämte sich, Wolf – ausgerechnet dem kühl und klar denkenden Wolf – davon zu erzählen. Karl und Wolf haben tatsächlich nie darüber gesprochen, und das spricht für sich.

Wolf, der Klassenerster war, lebte sehr zurückgezogen. Merkwürdig kommt Karl jetzt dieses Wort vor, unpassend für einen Achtzehnjährigen. Das war es wohl auch, diese Unstimmigkeit. Und niemand hatte es bemerkt. Wolf war intelligent, weit über dem Durchschnitt. Dem Begabten wurde unterstellt, sich selbst helfen zu können. Wenn er lieber allein sein wollte – bitte sehr. Wolfs Eltern lebten in Scheidung, selbst das erfuhr Karl erst, nachdem Wolf tot war. Wolf sprach nicht viel über sich. Wolf war sehr ehrgeizig. Er schwamm, brachte es bis zu Kreismeisterehren, weiter aber nicht. Da gab er es auf. Auch das Schachspielen gab er auf. Zog sich zu den Büchern zurück, Karl hatte sie auf Wolfs Tisch liegen sehen: Marx und Plato, auch Nietzsche. Was wußte Karl damit anzufangen … Es hatte ihn niemand geheißen, wenigstens Marx im Original zu lesen. Und Karl war ein folgsamer Schüler. Ein guter Schüler. Vor Wolf aber kam er sich klein, unbedeutend vor. Das zog ihn hin zu Wolf, das stieß ihn ab.

Vielleicht stimmt es so: Karl wäre gern Wolfs Freund gewesen. Vielleicht wäre auch Wolf gern Karls Freund gewesen. Aber Wolf ist gestorben. Die Erschütterung ist Karl über alle Jahre geblieben. Das gestörte Gleichgewicht der Dinge ... Karl entsinnt sich der Situation: Wie die Mädchen, nachdem Baumann es gesagt hatte, hysterisch zu weinen begannen, jenes heulende Weinen der Hilflosigkeit, wie Karl es von der Mutter kannte, die zuweilen noch in eine monotone Klage fiel: Warumhilftmirdennkeinerwarumschlägtmichkeinertot. So weinten die Mädchen. Christoph sagte, Karl erinnert sich deutlich an die Wirkung des Satzes: Davon wird er auch nicht wieder lebendig. – Es war ein brutaler Satz. Und es war die Wahrheit. Bedauerten sie sich nicht alle selbst, indem sie Wolf beklagten? In den folgenden Tagen waren die Lehrer von äußerster Rücksichtnahme gewesen. Wie Kranke wurden sie behandelt. Leistungskontrollen fielen aus. Es wurde leise gesprochen. Und dann, erst unmerklich, ging das Leben weiter. Das Leben muß doch weitergehen, auch so ein Satz. Irgendwann erzählte wer wieder einen Witz. Es wurde wieder gelacht. Es wuchs Gras über die Angelegenheit.

Karl hat Lust, Kindler die Geschichte zu erzählen. Aber Kindler ist nicht da. Kindler hat Weiterbildung. Und schließlich ist Kindler ja kein Psychotherapeut, sondern Arzt. Den Gedanken, mit Fred über Wolf zu sprechen, verwirft Karl sofort. Fred soll morgen operiert werden, die Galle wollen sie ihm herausschneiden, und Fred redet von nichts anderem mehr, als daß er sterben wird: Seinen Garten sieht er nicht wieder, keinesfalls. – Wie soll einer, der so was im Kopf hat, an nichts sonst denken kann, bereit sein, über das Sterben eines anderen nachzudenken. Wer denkt schon an anderer Leute Tod.

Mißmutig schlurft Karl über den Flur, schwenkt sein gipsernes Bein an den vielen Türen entlang, läßt sich schließlich in die Geheimnisse des Tupferdrehens einweihen. Karl findet, dies ist nicht der schlechteste Zeitvertreib, sobald nur die ungelenken Finger Herr der Bewegung sind. Es läßt sich gut nachdenken bei dieser Arbeit. Karl sitzt im Aufenthaltsraum der Schwestern, es ist Nachmittag, im Spätdienst geht's ruhig zu. Die beiden diensthabenden Schwestern machen Kaffee. – Ob Karl eine Tasse mit ihnen trinkt? Das schlägt Karl nicht ab. Schweigend sitzt er, bläst in den heißen, starken Kaffee, hört dem Gespräch der beiden zu. Die eine heiratet in ein paar Wochen, ja, den Ingenieur. Und ein Haus werden sie bauen, draußen vor der Stadt. Der Mann ist sehr praktisch, wird vieles selbst machen können. Lange wird es trotzdem dauern, drei Jahre rechnen sie. Bis dahin natürlich keine Kinder, Kinderaufziehen und Hausbauen, das geht nicht.

Karl hört sie reden. Es ist das alte Märchen, er kennt es. Wer kennt es nicht. – Vielleicht ist es gut, denkt Karl, daß alles immer wieder von vorn beginnt. Es muß wohl so sein. – Karl bleibt stumm, was soll er auch sagen. Skeptische Einwände erscheinen dem Gläubigen als Blasphemie. Es ist ihm ja selbst so ergangen, vor fast zehn Jahren: Als Karl seinem Freund Markus, kurz bevor er nach Leipzig ging, von Marion erzählte, fragte Markus: Hast du sie ordentlich gefickt? – Da hätte Karl seinen Freund schlagen wollen, so kränkte es ihn. Er beherrschte sich aber, sagte, daß er Marion liebe, sie heiraten wolle. – Da war zwischen Marion und Karl, wir wissen es, noch kein Wort von Heiraten gefallen, hatten sie sich, unvollkommen genug, in der Liebe geübt. War es auch das, was Karl so empörte, angesichts der derben Frage von Markus?

Daß sie heiraten würden, stand für Marion und Karl, nachdem sie das Wort einmal ausgesprochen hatten, nie mehr in Frage. Marion gefiel Karl, er fand, sie war schön. Seit er sie zum ersten Mal gesehen hatte, fand er das. Sie lachte gern. Sie teilte Karls Liebe zu den Büchern. Sie schlief mit ihm, sooft er zu ihr kam.

Und dann saßen sie einander im Kreisgericht von M. gegenüber, nach neun Jahren, und wurden geschieden. Ende Januar, beim ersten Termin. Die Richterin mühte sich aufzuhellen, was im Dunkel dieser Jahre lag, was Karl und Marion selbst nicht zu sagen wußten. Wie sollte es hier, in dieser grotesken Szenerie gelingen, auf hohen, steiflehnigen Stühlen sitzend, unter dem strengen, aber nicht unfreundlichen Blick des Staatsoberhauptes – gleichsam, als nähme es ganz persönlichen Anteil am zu verhandelnden Gegenstand. (Der zu verhandelnde Gegenstand war die Ehe von Marion und Karl.) Dazu noch das Echo der Richterin, die jede der gemachten Aussagen für das Protokoll in das Mikrofon eines Kassettentonbandgerätes sprach: Der Kläger erklärt, vor seiner Dienstreise nach Berlin keine außerehelichen Verhältnisse eingegangen zu sein. – Die Verklagte stimmt der Aussage des Klägers zu, die gemeinsame Ehe sei der Grundlage verlustig gegangen.

Karl sah, wie sich in Marions Augen ein Lachen ankündigte, aber sie beherrschte sich. Es wurde die Frage des Unterhaltes für Mike geregelt, wer die Wohnung behält, wie die Güter geteilt werden. Da gab es nicht viel zu reden, den Unterhalt für Januar hatte Karl bereits gezahlt, die Wohnung blieb Marion, mit allen Gütern darin. Selbst wenn Karl etwas hätte mitnehmen wollen – es mangelte ihm am Platz. Kopfschüttelnd verlas die Richterin am Ende das Urteil, im Namen des Volkes: Sie begriffe noch immer nicht ganz, wie sie, Marion und Karl, sich bei so viel Verständnis füreinander scheiden ließen. Ob sie es sich nicht noch einmal überlegen wollten. – Nein.

Gemeinsam verließen Marion und Karl das Gericht. Es war ein merkwürdiges Gefühl, nebeneinander her zu gehen und vor Recht und Gesetz, Gott und der Welt nicht mehr zusammenzugehören. Karl hielt Marion die schwere Tür des Gerichtsgebäudes auf. – Danke, sagte Marion. – Karl brannte sich eine Zigarette an: Nun sind wir also geschiedene Leute.

Es war Vormittag, die Sonne schien, so gut sie konnte, durch die Dunstschleier über M. Marion hatte freigenommen, Haushaltstag, nun lachten sie doch. – Ob sie noch etwas trinken wollten, fragte Marion. – Ja, sagte Karl, trinken wir was. – Nein, in die Wohnung wollte er nicht. Sie gingen ins Stadtcafé, da würde Gertrud sich wundern. Doch Gertrud war nicht da. Gertruds Mann war gestorben, erfuhr Karl am Büfett. So ging das.

Sie tranken Kaffee und Schnaps, danach eine Flasche Wein. – Lebst du jetzt bei dieser Frau, fragte Marion. – Nein, ich wohne bei Georges. – Karl erzählte nicht, wie sein Besuch bei Julie ausgegangen war. So schwach, wie er war, sollte Marion ihn nicht sehen. Es genügte, daß sie es ahnte, auf welch unsicherem Grund Karls äußere Festigkeit gebaut war. – Armer Karl, sagte Marion, nun hast du gar keine Frau mehr. – Sie sagte es in jenem leicht ironischen Ton, der ihr ein Übermaß an Sicherheit gab, Überlegenheit, die Karl schon in den Wochen, da er, zaudernd noch und entschlußlos, hier gelebt hatte, irritierte. Wann und auf welch geheimnisvolle Weise war Marion so geworden, daß Karl sich wie ein Trottel vorkam, wie der Clown im Zirkus, der über die eigenen Beine fällt …

Du wirst schon wieder eine finden, sagte Marion, und noch eine und wieder eine andere. – Marions Stimme klang jetzt ernst, und was sie sagte, war wie eine Beschwörung, eine Verwünschung. – Was soll das, fragte Karl, und er wußte es doch. Es war Haß, mit dem die zerbrochene Liebe sich schützend bedeckte, wie eine Wunde sich mit Schorf bedeckt.

Marion ging, noch ehe Karl gezahlt hatte. Ohne Widerspruch zu dulden, hatte sie zuvor einen Geldschein auf den Tisch gelegt: Sie ließe sich doch nicht von fremden Männern einladen. – Lächelte beim Gehen.

Karl fuhr zurück nach Berlin. Der Zug hatte Verspätung, oft hielt er auf freier Strecke. Karl war es recht so, er hatte keine Eile. Dachte an Marion, die nun nicht mehr seine Frau war, aber neun Jahre Leben besetzt hielt in Karls Erinnerung. Diese neun Jahre waren wie ein Klotz. Karl besann sich des Anfangs, des Endes ohnehin, aber was hatte dazwischen gelegen? Nun fuhr er nach Berlin, und seine Gefühle waren zwiespältig. Daß er Marion nicht hilflos, verzweifelt gefunden hatte, tat eigentlich wohl. Es machte die Sache leichter. Karl brauchte kein schlechtes Gewissen zu haben, sie kam ja zurecht, wie es schien. So selbstbewußt hatte Karl seine Frau früher nicht gesehen. Doch eben das kränkte ihn auch, rieb sich an seinem Stolz.

Was wußte denn Karl, der Ahnungslose, dem so gar nichts von den Fähigkeiten seiner Großmutter vererbt war, was wußte denn er schon von Frauen! Saß da in seinem Zug, starrte wie blödsinnig aus dem Fenster in die nächtliche Landschaft, als ob von dort eine Antwort zu erwarten gewesen wäre. Trank Bier dazu, was die Sinne nur schläfrig macht, unempfänglich für Eingebungen. Bemerkte nicht einmal die beiden kichernden Teenager, die Karls steinernes Gesicht zum Umwerfen komisch fanden.

Marion indes brachte eben den Jungen zu Bett, wischte die Böden auf, polierte den Gasherd, briet sich ein Stück Fleisch, das sie dann nicht aß, sah eine halbe Stunde fern, ohne daß sie anderntags hätte Auskunft geben können, was sie gesehen hatte, nahm sich schließlich, was sie noch nie getan hatte, eine Flasche Schnaps mit ans Bett, trank daraus, bis sie schläfrig wurde. Noch am nächsten Morgen schmerzte ihr der Kopf. – Nein, sagte sie Mike, der Vati kommt nicht mehr, nie mehr, nie mehr. – Und Mike weinte, und Marion schimpfte mit ihm, schrie ihn an. Dann streichelte sie ihn: Ist ja gut, istjaallesgut.

Nichts davon ahnte Karl, der sich so viel auf seine Empfindsamkeit zugute hielt, die für Marion nicht gereicht hatte. Da war es am Ende gut, daß es so gekommen war.

Jetzt, in seinem Bett, geht Karl der Geschichte mit Marion nach, seiner und Marions Geschichte. Fred hat Schlaftabletten bekommen, nun schnarcht er friedlich. Soll er von seinen Obstbäumen träumen, Karl gönnt es ihm.

Karl sucht die Bruchstelle, den Punkt, von dem aus Marions und sein Leben auseinanderlief. Bis sie schließlich auseinandergelaufen sind. Ist es dem Schlag zu danken, den Karls Schädel auf dem Trottoir vor Margots Kneipe genommen hat, daß Karl sich solche Gedanken macht, oder sind es Kindlers Fragen, daß man wissen müsse, wie einem geschieht – wir wissen es nicht. Es mag an beidem liegen, und es ist auch egal. Karl versucht sich des Tages, des Anlasses zu erinnern, an dem er den ersten Brief an Julie schrieb, sein Geheimes Tagebuch begann. War es der Tag, an dem Karl erfahren hatte, daß er Abteilungsleiter werden sollte, nach gerade zwei Jahren Berufspraxis? Es hätte Karl natürlich klar sein müssen, daß sie ihn vorschlagen würden. Es kam sonst niemand in Frage, den frei werdenden Posten zu besetzen. Und dann überraschte es ihn doch. Nahm natürlich an. Empfing Glückwünsche. War ein bißchen durcheinander. Das nahm ihm keiner krumm. Dann stand er auf der Straße, es war Feierabend, und wunderte sich: Wieso freute er sich nicht? Da vertrauten sie ihm, dem jungen Dachs, eine Abteilung an. Mehr Arbeit kam auf ihn zu, mehr Verantwortung, aber es würde nicht so viel sein, daß er es nicht gut schaffen könnte. Mehr Geld würde er verdienen, viel mehr Geld als bisher. Und Karl freute sich nicht. – Ich werde Abteilungsleiter, sagte er Marion, als sie Kaffee tranken, beiläufig sagte er es, was Marion für einen Trick hielt, um die Überraschung zu erhöhen. Marion klatschte in die Hände, küßte Karl, wirbelte hinaus, um mit der Flasche Sekt für besondere Gelegenheiten zurückzukommen. Karl mußte die Flasche öffnen, Marion holte Gläser aus dem Schrank, die neuen Gläser, die ihnen Marions Mutter vor ein paar Monaten zum Einzug geschenkt hatte. Endlich, nach über vier Jahren, die sie in Marions Jungmädchenkammer gewohnt hatten, waren sie zu einer eigenen Wohnung gekommen. Karl goß den Sekt ein, er wollte Marion die Freude nicht verderben. Er mochte keinen Sekt. Sekt stieß ihm auf, noch Stunden später. Marion trank hastig, und mit einem Mal fürchtete Karl, Marion könnte jetzt mit ihm schlafen wollen. Er wußte, wie Sekt sie anregte, und ekelte sich, noch ehe Marion ihn berührt hatte. Marion wollte geküßt werden, Karl tat es. Marion öffnete den Reißverschluß an Karls Hose. Sie kicherte: Noch nie hätten sie's auf dem schönen, neuen Teppich gemacht. – Also machten sie es auf dem schönen, neuen Teppich.

Und während Marion sich aufbäumte, Karls Samen empfing, dachte Karl zum ersten Mal das Wort Julie. Wahrscheinlich an jenem Tag ist Mike gezeugt worden. Bevor sie einschlief, da, auf dem Teppich, sagte Marion Karl, daß sie die Pille nun abgesetzt hätte, daß es doch Zeit sei für ein Kind. – Karl trug die schlafende Marion hinüber ins Bett. Wie ein Kind legte sie ihm die Arme um den Hals, ohne daß sie erwacht wäre dabei. Da empfand Karl wieder Zärtlichkeit für seine Frau, diese Geste der Schutzlosigkeit rührte ihn.

Später saß er im Zimmer, hatte etwas gegessen, ein Bier getrunken, und starrte auf den Bogen Briefpapier: Liebe Julie, hatte er im ersten Schwung darauf geschrieben: Was ist los mit mir, daß ich traurig bin, statt froh zu sein. Meine Mutter wird es allen Leuten erzählen, den Nachbarn, einem alten Lehrer, wenn sie ihn trifft. – Sieh an, was aus dem Karl so wird, er macht sich, der Karl. Aber das hat ja ernstlich auch keiner bezweifelt. Der Karl macht seinen Weg. Und eine Frau hat er bekommen, vielleicht ist gar ein Kindchen unterwegs ... – Und ich mache den Weg, der mir vorgezeichnet ist. Ich enttäusche keinen. Am wenigsten meine Frau, die hat keinen Moment gezweifelt, daß ich mich freue, wie sie sich freut. Ein idiotisches Mißverständnis! –

Diesem ersten Brief an Julie ist lange kein zweiter gefolgt. Das erste Zeichen ist in Vergessenheit geraten, wie im Märchen niemand mehr recht an den Fluch der bösen Fee glaubt, wenn die Zeit verstreicht, ohne daß er sich erfüllt. Marion war schwanger, und Karl meinte, sie in dieser Zeit mehr zu lieben als je zuvor. Er konnte nicht genug haben vom Anblick des sich rundenden Leibes, und jene neue, schon mütterlich geprägte Zärtlichkeit, mit der ihm Marion begegnete, erregte Karl immer neu. Wie weich sie ihn aufnahm, wenn er, auf der Seite liegend, ihrem Rücken zugewandt, zu ihr kam.

Sogar jetzt, während Fred noch immer ungerührt schnarcht, Karl schlaflos in die Dunkelheit des Zimmers starrt, erregt die Erinnerung ihn, daß es das weißleinene Nachthemd näßt. Zwar hat Karl keine Frau mehr, da hat Marion schon recht gehabt, indes – er ist durchaus noch ein Mann. Zum ersten Mal wird es Karl auf so nachdrückliche Weise bewußt, und es macht ihn nicht froh. Wo soll er hin mit seiner Männlichkeit? Wer wird ihn haben wollen, halb invalid, wie er noch ist. Soll er etwa mit Klara schlafen, seines Freundes Frau, auch wenn der Freund über alle Berge ist, und Julies Freundin obendrein, auch wenn Julie so weit weg wie Georges zu sein scheint? Wütend fast hantiert Karl an seinem aufständischen Geschlecht, daß es Ruhe geben möge. Erinnert sich dabei unversehens an die Zeit, da er von Markus das Masturbieren gelernt hatte. In einer Gartenlaube, der von Markus' Großeltern, taten sie's einander, hinter verschlossenen Fensterläden, verschlossener Tür. Es war doch verboten, was sie taten. Karl mußte immer die Hände über der Bettdecke haben beim Schlafen, sonst zehre es die jungen Männer aus, Rückenmarksschwindsucht bekäme man davon. Zwar wußten sie kaum, was Rückenmark bedeutete, von Schwindsucht zu schweigen, aber sie fürchteten sich um so mehr. Am meisten ängstigt man sich vor Dingen, die man nicht kennt. Nackt bewegten sie sich in der Laube und hatten Angst, auch vor ihrer Nacktheit. Nacktsein war genauso unanständig, wie es das Spähen durch die Ritzen der Umkleidekabine in der Badeanstalt war: Nebenan zog sich eine Mitschülerin um. Große, weiße Brüste hatte sie, und ihr Badeanzug modellierte plastisch die Schamspalte nach. Einmal machte es Markus ihm mit dem Mund, Karl tat's ihm gleich, nur einmal, und dann war da dieses geheimnisvolle Wort SCHWUL. Sie waren am Ende homosexuell, das war das letzte.

Karl schläft ein. Er träumt, daß die nette, saubere Schwester sich zu ihm legt, jene, die ihn so ungerührt gewaschen hat. Die bald den Ingenieur heiraten will. – Du willst doch heiraten, wendet Karl ein. – Ach du, sagt die Schwester, nunmachschon. Und Karl schafft es einfach nicht, sosehr er sich müht. Schon tut ihm alles weh. So hat er sich als Junge selbst gestraft, hat sich absichtlich weh getan, fällt Karl in seinem Traum ein, das hat er nun davon. Kichernd verschwindet die Schwester, blendend hell wird es, Hände hoch, ruft wer.

Es ist früh, Karls Puls soll gemessen werden. Fred ist wach und jammert. – Nun hör schon auf, fährt Karl ihn an, du stirbst nicht. So leicht stirbt sich's nicht. – Fred sagt, da hat er die Beruhigungsspritze schon bekommen, die LMA-Spritze, Leck-mich-am-Arsch, so nennen sie es hier, Fred sagt, solchen Schiß hätte er seit dem Krieg nicht mehr gehabt, wenn Luftalarm war und er mit der Mutter in den Keller rannte. – Karl sagt nichts dazu, er schämt sich auch ein wenig, Fred so hart angefahren zu haben. Und dann ist schon wieder die Rede vom Krieg, den er nicht kennt: Fehlt nur, daß Fred jetzt sagt, was wüßte er, Karl, denn schon vom Krieg. – Aber Fred sagt nichts, schon fallen ihm zuweilen die Augen zu, reißt er sie mühevoll wieder auf. – Laß mal, sagt Karl: In vierzehn Tagen krauchst du schon wieder in deinem Garten 'rum und hast vergessen, daß du jemals im Krankenhaus warst. – Dann holen sie Fred, und Karl ertappt sich bei dem Gedanken, was wäre, wenn der nun wirklich sterben würde. Und an den Krieg denkt Karl. Er hat ihn nicht erlebt, aber es ist wohl kein Verdienst, ihn erlebt zu haben. Jochen fällt ihm ein, ein Kollege. Der war von Polen über Frankreich, in Griechenland und Kreta, Jugoslawien und schließlich Rußland dabei. Dann ist er, Ende vierundvierzig, verwundet worden, nach Dresden in ein Reservelazarett gekommen, hat die Zerstörung Dresdens überlebt: Er begreife es heute noch nicht, sagte er Karl einmal, und schließlich doch noch Gefangenschaft, vier Jahre Workuta. Der ist mit achtzehn Jahren in den Krieg, mit achtundzwanzig kam er wieder. Hat eine Soldatenwitwe geheiratet, ist Bibliothekshelfer geworden. In den sechziger Jahren hat man ihm wegen treuer Dienste den Titel »Bibliothekar« zuerkannt, da starb die Frau am Krebs. Abteilungsleiter konnte Jochen nicht werden, er war nicht qualifiziert. Und er war zu alt.

Das sind so Geschichten, die Karl einfallen, wenn vom Krieg die Rede ist. Weswegen er sich kränkt, spricht ihm wer das Recht ab, mitzureden. Karl denkt auch an die Erzählungen seiner Mutter, von den Luftangriffen auf G., seine Heimatstadt: Die Straße, in der seine Mutter damals wohnte, in der Karl die ersten Jahre seines Lebens verbracht hat, führte zu einer Kaserne. Da sind viele Bomben gefallen, das linke wie das rechte Nachbarhaus sind getroffen worden. Und viele andere. Seltsamerweise nicht die Kaserne. Sie steht heute noch. Und womöglich hätte G. das Schicksal Dresdens bevorgestanden, hätte nicht ein Major der Wehrmacht die weiße Fahne der Kapitulation auf den Schloßtürmen – weithin zu sehn – aufziehen lassen, als Geschwader von Bombenflugzeugen Kurs auf die Stadt nahmen. Sie drehten ab, warfen ihre Last auf Nordhausen, daß kaum ein Stein auf dem anderen blieb. Der Major ist von der SS erschossen worden. Eine schmale, unbedeutende Straße am Rande der Stadt trägt heute seinen Namen, kaum einer von den Jüngeren weiß noch, warum die Straße so heißt. Alle haben sie, zu Karls Schulzeit, den Tod von Janis Joplin beweint. Karl denkt, daß etwas nicht stimmt, angesichts dieser beiden Aussagen. Das Leben ist weitergegangen, die Toten sollten Ruhe haben, und bedeutet nicht der Satz, man soll die Toten ruhen lassen, eigentlich, man soll die Lebenden mit den Toten in Ruhe lassen?

Die Kleinstadt blühte auf nach dem Krieg, Handel und Wandel, langsam, freilich langsam, kam Wohlstand auf. Die Leute begannen der Pakete zu spotten, die aus dem Westen kamen, von den reichen Brüdern und Schwestern. Markenbutter und Backpulver von Dr. Oetker. Nur den Kaffee nahmen sie weiterhin gern. In Karls Häuslichkeit spottete man so gut wie nie. Karls Mutter hatte nicht viel Geld, da freute man sich auch an getragenen Sachen. – Und jetzt, denkt Karl, reißen sie die Altstadt ab, bauen Einheitshäuser aus Beton, und es ist natürlich begründet. Abriß ist billiger als Rekonstruktion.

Karl erinnert sich, Marion bei ihrem ersten Besuch in G. noch die alten Gassen gezeigt zu haben, die symmetrisch vom Markt abgingen, eine mittelalterliche Anlage, wie selten eine noch erhalten, wenn auch das Rathaus jüngeren Datums war. Oben, über dem Markt, lag breit und schwer das Schloß. Mchrmals zerstört, und immer wieder aufgebaut. Jene letzte, drohende Zerstörung hatte der Stadtkommandant abgewendet. Dann fraßen sich unerbittliche Bagger durch die Stadt. In ihren Kabinen saßen junge, lachende Männer. Freilich kostete diese Zerstörung kein Menschenleben, gewiß hatte niemand mehr in den alten, verkommenen Gassen wohnen können. Es ist alles so plausibel, daß es zum Kotzen ist. Karl war mit Marion noch durch die Gassen gegangen, den Brühl. Es sah düster aus, gespenstisch, das windschiefe Fachwerk, die engen Höfe, mit einem Abort fürs ganze Haus. Hätte Karl nicht später Prag und Krakow gesehen, womöglich erschiene ihm der Abriß normal, schmerzte weniger, bliebe nur Wehmut, wie man sie bei etwas Unabänderlichem verspürt.

Karls Mutter hatte Marion mit unverhohlenem Mißtrauen betrachtet: Diese war es also, die angetreten war, ihr den Sohn zu nehmen, mit der wäre Karls Liebe wenigstens zu teilen. Da begriff die Mutter wohl, daß Karl nicht nach Hause, zu ihr, zurückkehren würde. Steif ging der Abend, trotz der Flasche Wein, zeitig zog Mutter sich zurück. Grotesk kam Karl am nächsten Morgen Mutters Entsetzen vor – Marion hatte nicht im Wohnzimmer geschlafen. Karl weiß nicht, weshalb er seiner Mutter diesen Schreck über voreheliche Bettgenossenschaft mehr verübelt hat als Marions Mutter, die doch darauf bestand, daß Karl wenigstens am Morgen in der Stube anzutreffen war, wohl wissend freilich, daß Karl selten früher als gegen drei dorthin umzog, nachdem sie, Marion und Karl, in Marions keuschem Bett das Ihrige getan hatten. – Am Ende ist man der eigenen Mutter gegenüber stets weniger nachsichtig, fordert, daß sie sich einstellen muß. Mutter hat sich immer einstellen müssen. – So hat Karl Mutters

Leben noch nie angesehen, aus solchem Blickwinkel. Mußte wohl selbst erst Prügel einstecken, sich die Hörner abstoßen, heißt es, und sich dabei fast den ganzen Schädel zerschmettern. Mutter hat sich einstellen müssen, daß ihr Vater sie nicht liebte. Er wollte einen Sohn, daß der Name bliebe. Von ihm, Karl, dem Bankert, hat er nichts mehr erfahren, da war er schon tot. Mutter hat sich einstellen müssen, daß Karls Vater zwar Liebe, aber keine Kinder machen wollte. Also hatte Karl keinen Vater, die Mutter keinen Mann. Karls Vater war im Krieg, in Frankreich, auf ruhigem Posten, soll er geprahlt haben – viel Wein, viel Weiber. Karl kennt seinen Vater nicht, er ist auch nicht darauf aus, ihn kennenzulernen. Im Bayrischen soll er sein.

Noch eine Szene kommt Karl in den Sinn, wenn er an Krieg denkt, automatisch ist die Erinnerung da: Karl sieht sich als Schuljungen am Radio sitzen, morgens, es sind große Ferien. Karl ißt Marmeladenbrote, trinkt Kaba – den Plantagentrank, natürlich von Onkel Fritz, dem fränkischen Honigspender. Dazu liest er Zeitung: Wie ein Alter, sagt die Großmutter mit Stolz. Das Radio bringt Musik, bis jene Meldung das Programm unterbricht: In Prag seien Truppen der Warschauer-Pakt-Staaten einmarschiert. Es würde geschossen. Was weiß denn Karl von Prag, was hat er gehört von den Dingen dort? Nichts weiß er, bis zu der Meldung, die ihn erschreckt. Karl läßt die Brote liegen, hastig läuft er aus dem Haus, hin zu Mutters Büro, wo sie eine Angestellte ist, weswegen in Karls Fragebögen unter der Rubrik »soziale Herkunft« immer »Angestellte« steht, was eindrucksvoll klingt, viel eindrucksvoller, als Mutters Verdienst ist.

Atemlos noch erzählt Karl der Mutter, was er gehört hat. Ob er sich auch nicht irre, fragt ihn die Mutter, die blaß und erschreckt aussieht. – Nein, sagt Karl, es stimmt, und er ist stolz darauf, unsinnig stolz, solche Bewegung ausgelöst zu haben, auch bei Mutters Kollegen. – Meingott, sagt Mutter, hoffentlich gibt es keinen Krieg. – Den Satz hat Karl nie vergessen.

Wenige Tage später, am ersten Schultag, unterschrieben Karl und seine Mitschüler ein Papier. Alle unterschrieben. Nur wußte Karl noch immer nicht, was dort, in Prag geschehen war. Die Zeitungen erklärten, die Konterrevolution sei zerschlagen worden. Im Westradio nannten sie es Freiheit. Karl hat das Gefühl des Unbehagens bei jener Erinnerung nie verloren. Dabei ist es geblieben. Karl ist ein seltsamer Wahrheitssucher. Undenkbar schien damals, das Einfachste zu tun: zu fragen. In jener Zeit, da nächtens noch in die verbotene Richtung zeigende Antennen auf den Dächern geradegerückt wurden, da keiner es wagen durfte, in Jeans zur Schule zu kommen. In jener Zeit gab es keine Fragen.

Das hatte Karl fast vergessen, die Taschenkontrollen, die morgendliche Überprüfung der Kleidung. Die Dinge geraten in Vergessenheit, wie die Tat des Stadtkommandanten von G.

Karl ordnet Erinnerungen ein, Bilder für etwas, das ein Geschichtsbild heißen könnte. Einige der Bilder haben noch jetzt den Geruch des Verbotenen, der Anstößigkeit. Darüber spricht man nicht. Das bringt uns nicht weiter. Wie es in Karls Kindheit als anrüchig galt, eine gewisse Monatszeitschrift zu betrachten, beim Zahnarzt etwa, wegen der fotografischen Abbildung nackter Frauen. Später vergißt man das. Irgendwann ist es nicht mehr wahr.

Das Wichtigste ist die Vergangenheit, hat Kindler gesagt, und er hat Karl gemeint damit. Nun stellt Karl fest, wie der Satz über ihn hinaus zu wirken beginnt. Karl will darüber sprechen, er wird es mit Klara tun. Er entsinnt sich der Geduld, mit der Klara in der Neujahrsnacht seinen weitschweifigen Reden zugehört hat. Klara ist jünger als Karl, zudem aus Berlin, der aufgeklärten Stadt. Es wird Widersprüche geben. Was in Karls Provinz ein Problem war, ist hier keines gewesen.

Karl entsinnt sich seines Schreckens, als vor ein paar Wochen ein Junge hinter einer Litfaßsäule hervorgesprungen war, auf ihn zu, in den Händen eine ratternde Maschinenpistole, sehr naturgetreu: Du bist tot, hatte der Junge ihm zugerufen.

Seinerzeit hatte Karls Mutter die gegen ein Briefmarkenalbum eingetauschte Zündplättchenpistole in den Müll geworfen und Karl vom Krieg erzählt.

Karl hatte dem Jungen, der ihn für tot erklärte, nichts gesagt, war verstört und hastig weitergegangen. Wer erzählt diesen Kindern vom Krieg, wenn schon ihre Eltern nur davon gehört haben, gottlob, denkt Karl.

Fred wird ins Zimmer gefahren, bleich sieht er aus, schnarcht laut und unregelmäßig, stöhnt. Er wird bis zum Abend schlafen, erfährt Karl. Auch soll Karl Bescheid geben, wenn die Infusionsflasche, aus der Glukose durch einen Schlauch, eine Kanüle, in Freds Körper tropft, leer ist.

So wird es abermals nichts mit einem Spaziergang in den Park, Karl hat eine Aufgabe bekommen. Unruhig verfolgt er Freds Atmung, möchte am liebsten protestieren gegen die Verantwortung, die man ihm da aufgeladen hat, fühlt zugleich aber die Lächerlichkeit seiner Befürchtung: Mit Fred ist alles in Ordnung, wie sonst hätten sie ihn allein in Karls Obhut gelassen! Karl fällt dabei ein, wie eine ähnliche Angst Marion und ihn die ersten Nächte, nachdem Marion mit dem Baby aus der Klinik gekommen war, nicht hatte schlafen lassen. Das Körbchen mit dem Kind, diesem winzigen Lebewesen, stand zu Füßen des Ehebettes, und allenthalben kroch einer der beiden vorsichtig dorthin, spähte über den Rand des Korbes: Ob das Kind noch atmete? Schauerliche Geschichten gab es genug, denen zufolge Babies geradezu serienweise erstickten, unterm Federbett, an Erbrochenem, angottweißwassonst.

Das war noch einmal eine gute Zeit für Marion und Karl gewesen, in der gemeinsamen Sorge um das Kind. Einmal hatte es Schnupfen, dann schrie es verdächtig selten, schlief selbst beim Trinken ein. Karl war froh, als Marion keine Milch mehr hatte für Mike. Der Anblick ihrer mit einem Mal riesigen Brüste, blau marmoriert, hatte ihn erschreckt und abgestoßen. Werden die wieder normal, hatte Karl gefragt, ich meine, so wie früher? – Die Frage hatte wohl ängstlich geklungen, denn Marion lachte: Sie hoffe doch. – Dann die große Lust, auch Marion hatte sie, wieder miteinander schlafen zu können. Karl war froh, mit seiner Lust nicht allein zu stehen, war regelrecht eifersüchtig gewesen auf seinen Sohn, wenn der nach Marions Brust grapschte, was ihm, Karl, verboten war, schon aus hygienischen Gründen. Als ob er drekkig wäre! – Das verstehst du nicht, sagte Marion. – Eines Sonntags tuschelte Marion Karl zu, nun sei es wohl endlich soweit, er wüßte schon, nur brauchten sie was dazu, er wüßte sicher ... Karl lief los, bis zum Bahnhof, wo er glücklich einem Automaten fünf Pakete dieser fatalen Dinger, Präservative genannt, entlockte, unter den staunenden Blicken der Toilettenpächterin: Was der wohl vorhatte! – Der Abend war enttäuschend, schon die Suche nach dem Automaten, der ernüchternde Vorgang des Kaufs, hatten Karls Gelüste schwinden lassen. Zudem saß Marions Mutter im Zimmer, sie wollte einen gemütlichen Plausch machen, in aller Ruhe, wogegen Karl sonst nichts hatte, indes – mußte es gerade an diesem Tag sein! Schließlich im Bett, fand Marion sich nicht bereit, wozu Karl sie ermuntern wollte, was eines der gescheiten Bücher als vorteilhaft angepriesen hatte. Karl würgte sich den Gummi also selbst über, es war kein Spaß, und es machte auch dann keinen.

Karl klingelt nach der Schwester, die Flasche, aus der es in Fred hineingelaufen ist, um seine Lebensgeister zu wecken, ist fast leer. Eine neue Flasche wird an der Kanüle befestigt, die in Freds Vene steckt. Fred brabbelt etwas Unverständliches, schlägt die Augen auf, stöhnt. Die Schwester eilt mit einer Injektion herbei, schickt Fred wieder ins Land der Träume. – Die Flasche wird ein paar Stunden reichen, erfährt Karl. – Da kann er also doch hinaus. – Aber gewiß, das kann er. – Karl zieht den Bademantel über das lächerlich kurze Krankenhaushemdchen. Er hat vergessen, seine Schlafanzüge aus M. mitzunehmen, was mag wohl Marion damit anfangen, ob sie sie einem Nachfolger verehrt? –

Wolf fällt ihm wieder ein, der zehn Jahre tot ist, Wolf hat nie mit einer Frau geschlafen, hatte keine Freundin. Wieso fällt ihm das jetzt ein? Karl weiß es nicht. Er hat noch nie darüber nachgedacht, aber seit Tagen gehen ihm ja Dinge durch den Kopf, über die er noch nie nachgedacht hat. Erstmals bei Julie, in jener Nacht nach dem Fest, hatten Karl Erinnerungen wachgehalten, hatte er erzählt. Später erzählte er Klara die Geschichte, wie er Marion kennengelernt hatte, sogar von Gabi Schröder war die Rede gewesen. Irgendwo mußte Karl sogar noch Gabis Adresse haben. Karl denkt: Gabi, nicht: die Schröder. Ob er ihr schreibt? Warum soll er ihr nicht schreiben, bevor sie den Rest ihres Lebens mit einer bösen Erinnerung an Karl verbringt! Wird er ihr sagen, daß er damals (wie das klingt: damals), vor einem halben Jahr, nicht wußte, was er jetzt weiß? Daß ihm nichts leid tut? Auch das stimmt nicht, und heuchlerische Entschuldigungen mag er nicht vorbringen, wozu auch. Will es Karl am Ende doch wieder allen und jedem recht machen? Wir wollen es nicht hoffen! Es ist allerdings auch kaum anzunehmen, zu tief hat Karl in Dingen gegraben, die vergessen zu sein schienen, Erinnerungen ans Licht geholt und betrachtet. Nun will er sich erklären, will reden, auch von Wolf, mit dem er zuwenig geredet hat. Schon gar nicht über Mädchen. Vor Wolf hatten die Mädchen Respekt. Er war klug, viel gescheiter als alle, dem trauten sie Verführbarkeit nicht zu. So wird es gewesen sein: Sie haben gedacht, Wolf lebt so jenseits der Dinge, wie ein Asket, der mag nicht küssen im dunklen Stadtpark, findet es lächerlich, das alte Spiel, den Kampf um jeden Zentimeter Haut, der betastet werden darf, nach schicklicher Zeit des Werbens gar eine Brust! Womöglich, denkt Karl, und schon wieder ist es die Sexualität, die ihm der Schlüssel zu sein scheint, womöglich hätte das Wolf geholfen: die Zettel von Bank zu Bank, Verabredungen, das Getuschel der Mädchen, einer untern Rock fahren ... Wenn er wenigstens mit Karl darüber geredet hätte, aber dem war das unangenehm, peinlich. Wollte auch nicht als Angeber dastehen, mit seinen bescheidenen Erfolgen, die Marlene ihm gestattet hatte. Es war Karl banal erschienen angesichts der Dinge, die Wolf beschäftigten. Plato, der Staat, las Wolf, und Karl war die Erwähnung dieses Werkes im Unterricht noch gegenwärtig. Es hatte geklungen, als sei diese Lektüre allenfalls Genies vorbehalten – selbst er, der Lehrer, verstünde es kaum. Wie sollte Karl da dem Wolf mit Liebesleid und ertastetem Schamhaar kommen, in dem zu kraulen Marlene Karl endlich erlaubte! Wir haben zuwenig miteinander geredet, denkt Karl, nicht nur Wolf und ich haben zuwenig geredet, mit Marion war es nicht anders, mit Georges.

Plötzlich sind da vollendete Tatsachen, Dinge sind geschehen, müssen sich längst im Verborgenen vollzogen haben. Und dann ist das Kind in den Brunnen gefallen, ist da einer tot, ist eine Ehe, die doch auch eine Liebe war, kaputt, ist einer im Westen, guckt die Mauer von der anderen Seite an.

Karl geht durch den Park. Es ist Donnerstag. Zwei

Abende, ein Tag bleiben ihm noch, bevor Klara ihn holt, dann wird er seine ganze Kraft, seine Energie brauchen, um zu leben, aufzupassen, wie ihm geschieht. Karl kennt seine Trägheit. Es ist die Trägheit des Menschen, sich den Dingen anzupassen, mitzugehen in eine Richtung, die geboten scheint.

Es ist dies nicht die schlechteste menschliche Gewohnheit, solange man nicht den Blick verliert, die Orientierung.

Eines aber ist noch ungeklärt, eines will Karl noch wissen, da ist er stur, quält sich, wenn es sein muß: Wie ist es geschehen, daß er mit Marion nicht mehr sprach; das Tagebuch, die Briefe an Julie ihm das Gespräch mit Marion ersetzten? Sie hatten es doch beide gespürt, bis hin zu Marions bitteren Worten, er schliefe lieber im Sitzen als in ihrem Bett.

Da war es schon geschehen. Lebten sie getrennt in einer Wohnung. Die Zeichen aber waren vorher gesetzt: Irgendwann faßten sie einander auf der Straße nicht mehr bei den Händen, wie auf eine Vereinbarung hin, die doch nie getroffen worden war. Nun waren sie wohl erwachsen. – Liebe Julie, schrieb Karl (es war Weihnachten, das erste Weihnachten mit Mike): Es war alles sehr schön, und ich bin traurig. Das Leben geht hin, Tage, Wochen, Jahre, eine endlose Strecke, und nichts geschieht. –

Marion und Karl hatten sich zu Weihnachten die wunderschöne, dunkle Polstergarnitur gekauft. Marions Mutter hatte Geld beigesteuert: Die habt ihr fürs Leben. – Marion wurde nicht müde, alle möglichen Sitzvarianten auszuprobieren, Karl fand es lächerlich. Es ging ihm auf die Nerven. – Freust du dich nicht, fragte Marion. – Doch, versicherte Karl lahm, er freue sich. – Immerhin sei es seine Idee gewesen, dieses sündhaft teure Ding zu kaufen. – Ja, und? – fragte Karl und Marions Freude erlosch. Schweigend setzte sie sich zu Karl an den Eßtisch.

Später sahen sie fern, einen dieser endlosen, amerikanischen Historienfilme mit schwellenden Miedern und Schlachtgetümmel.

Es hätte eine gute Zeit sein müssen, in diesem ersten Jahr nach Mikes Geburt. Marion war zu Hause, sie konnten gut leben von Karls neuem Gehalt. In dieser Zeit begannen sie sich zu streiten. Nicht sehr heftig, kein Geschirr ging zu Bruch. Karl erinnert sich der seltsamen, neuartigen Lust, weh zu tun. Es lag ihm, er konnte das. Danach tat es ihm immer leid. Es renkte sich wieder ein. Und es hinterließ Spuren, feinen Sprüngen gleich, die mit bloßem Auge nicht wahrnehmbar sind.

Einmal kam Karl nach Hause, gegen fünf Uhr nachmittags. Marion hatte Besuch: Ein früherer Freund, ein Klassenkamerad, erfuhr Karl. Marion hatte ihm Karls Hausschuhe gegeben. – Wo sind denn meine Latschen, fragte Karl. Marion sagte es ihm: Er könne doch einstweilen die Sandalen anziehen. – Nein, das wollte Karl nicht, ging in Socken hinein, sagte »Guten Tag«, murmelte etwas von Arbeit, die er noch hätte, und nicht stören lassen. Damit ging er wieder hinaus, und eine unerklärliche Wut war in ihm. Karl zog sich um, ging in den Keller und begann, am letzten, noch fehlenden Bücherregal zu bauen. Schon längst hätte es fertig sein sollen, immer hatte Karl es aufgeschoben. Vom Keller aus hörte Karl, wie Marion den Freund verabschiedete. Karl hämmerte und sägte noch eine Weile, dann ging er nach oben. Marion wusch ab, der Junge war schon zu Bett gebracht. Im Radio spielten sie deutsche Schlager, die mochten Marion und Karl beide gern, sie waren so schön doof, wie Karl sagte. Jetzt aber ging Karl hin, drehte den Knopf, sagte etwas von Gedudel, das ihm auf die Nerven ginge. – Ob sie ihm einen Kaffee machen solle, fragte Marion. – Nun brauche ich auch keinen mehr. – Aber er wäre doch vorhin gleich wieder verschwunden, wie hätte sie ihm da … – Marion war ein bißchen ratlos. – Ja, sagte Karl gehässig: Da hattest du doch alle Hände voll zu tun mit diesem Kerl. – Marion schwieg dazu, polierte minutenlang ein Glas. Karl starrte auf das Glas. Es war ein Schnapsglas. – Ja, sagte Marion, Schnaps haben wir auch getrunken. Karl hörte an Marions Stimme, daß sie gleich weinen würde. Es befriedigte ihn. Er hatte Macht über sie. – Na, wenn es so ist, sagte Karl (was war denn wie – er wußte es selbst nicht): Gute Nacht. – Karl ging zu Bett. Er hörte vom Schlafzimmer aus, daß Marion nun wirklich weinte. Da hatte er schon keinen Spaß mehr daran, tat ihm Marion leid. Aber er ist nicht hinausgegangen, hat sich, als Marion nicht viel später ins Bett kam, schlafend gestellt.

Am nächsten Tag kaufte Karl auf dem Heimweg Farbe. Wieder ging er in den Keller, nachdem er den schon bereitstehenden Kaffee getrunken hatte, fügte die letzten Sprossen ins Regal, schmirgelte die Kanten ab, strich Firnis übers Holz, ging hoch: Willst du mal sehen? – fragte er Marion. – Es war ein Angebot: Schließen wir Frieden, hieß das. – Marion kam mit, bewunderte, tat also, was von ihr erwartet wurde. Dabei war es wirklich ein schönes Regal geworden. Entschuldigt hat sich Karl nicht, womit auch. Er hätte vom Ärger im Betrieb sprechen können, ein klassisches Muster, aber Karl hatte keinen Ärger im Betrieb. Es lief. Karl war ein netter junger Mann, den hatte man gern. Sogar die Putzfrau mochte ihn. Hin und wieder küßte Karl ihr die Hand, und irgendwie bekam er es so hin, daß die Geste nicht ironisch wirkte. Frau Schumann, die im Wissen um ihre Monopolstellung vor keinem Respekt hatte, selbst Burglinde anschnauzte, weil Kippen nicht in den Papierkorb gehörten (dahörtsichdochwohlallesauf, jetzt lege wohl schon die Partei Feuer) –, Frau Schumann war sprachlos, wenn Karl ihr die Hand küßte und sagte: Solche Hände verdienten es, geküßt zu werden. – Das stimmte ja, und nach solcher

Tat konnte man sicher sein, daß Frau Schumann ihre Drohung, diesen Saftladen seinem Schicksal zu überlassen, einstweilen vergessen würde: So ein Scharmör, brummte Frau Schumann: Als ob dem was an mir altem Weib läge! – Aber es schmeichelte ihr, tat ihr gut, derart beachtet zu werden.

Wenige Bilder sind es, die Karl aus den letzten Jahren mit Marion bewahrt hat. Auch das ist ein Indiz, denkt er. – Alles läuft vor ihm ab wie ein schlecht belichteter Film, Grautöne, das Gleichmaß. Wem soll Karl die Schuld dafür geben? Sich selbst? Marion? Der Mutter? Oder der Schule? Karl sollte es einmal besser haben, das stand von Anfang an fest. Es ist dies ein stereotyper Satz: Du sollst es einmal besser haben. Der Satz ist in seiner ursprünglichen Absicht ehrlich: Du sollst keinen Hunger leiden müssen. Du sollst keinen Krieg erleben müssen. Du sollst eine Chance haben, daß du was wirst, etwas darstellst im Leben. Da wird es schon kritisch, findet Karl, bei dieser letzten Aussage. Nie hat in Zweifel gestanden, daß Karl studieren würde, auch er selbst hat nicht daran gezweifelt. Es kam nichts anderes in Betracht. Er würde Mutters Wunsch erfüllen. Mutter hatte nicht studieren können. Da war der Krieg, da war ihr Vater, ein kleiner Nazi, Mitläufer, um nicht an die Front zu müssen, daheim drei Töchter, die versorgt werden mußten, Mutter ging ins Büro, ist immer unter Wert gehandelt worden. Karl aber sollte es besser haben. Schon als Kind, erinnert sich Karl, war da eine Trennung zwischen ihm und den Straßenjungen, den Kindern der Nachbarschaft. Die würden Proleten werden. Es klang abfällig. Das waren so Verhältnisse ... Wie bei denen nebenan, sechs Kinder, Vater und Mutter arbeiteten Schicht, die Kinder waren viel allein, der Obhut der großen Schwester überlassen. Sie war ein Jahr älter als Karl, maß den Geschwistern das Essen zu, zwei Brote gab's am Abend, Margarine und Schmalz.

Der Vater trank. Wenn er besoffen war, prügelte er die Frau, selten die Kinder. Als er starb, Karl war eben zurück vom Militär, war er keine fünfzig Jahre alt. Magenkrebs. Die älteste Tochter hat Karl einmal getroffen. Es war kurz nach ihres Vaters Tod, sie sah gedunsen aus, schob einen Kinderwagen, ein Kind an der Hand, noch eines im Bauch. Karl aber hat studiert, hat's zu etwas gebracht. Zwar nicht zum Mediziner, das war Mutters heimlicher Wunsch gewesen – indes, auch Abteilungsleiter war nicht übel. – Wie soll es Karl der Mutter verübeln. Höchstens die niemals gestellte Frage bleibt, ob Karl nicht etwas ganz anderes hätte werden wollen. Die Frage, die auch Karl sich nicht gestellt hat, sie kam ihm nicht in den Sinn. Und Marion? Sie schien zufrieden zu sein, tat ihre Arbeit gern und vergaß sie schon auf dem Weg nach Hause, zu Karl und Mike. Oder war es nicht so, hat Karl es so sehen wollen, aus Bequemlichkeit? – Nein, von der Arbeit hat Karl zu Hause nicht sprechen wollen, so war es ausgemacht. Wovon hatten sie geredet? Solange die Liebe noch neu ist, einer den anderen betrachtet und sich einstellt, braucht es wenige Worte. Da gibt es Gesten, Streicheln, ein Lachen. Ein Rest Scham vor dem anderen ist da noch, Vorsicht. Ängste, von denen man einander Mitteilung macht.

Bevor Mike geboren war, hatten Marion und Karl mehrmals davon gesprochen, wie sie einander begegnet waren. Marion erzählte Karl, wie unglücklich sie war, mit reichlich zwanzig Jahren noch keinen Mann gehabt zu haben: Ich hab' gedacht, es muß daran liegen, daß ich noch wie ein Mädchen aussehe, so dünn und mit wenig Brust. – Deshalb hatte sie Karl ihre Brust nicht betrachten, nicht anfassen lassen. Und kaum war sie mit ihrer Freundin auf dem Zeltplatz angekommen, schon hatte die wieder Bewerber, zog am übernächsten Tag mit einem Kerl ab, sollte Marion doch sehen, wo sie blieb. – Nun haste sturmfreie Bude, hatte Marions Freundin gesagt, bevor sie verschwand. – Und dann war Karl aufgetaucht, war sie mit in sein Zelt gekommen: Das war's also, hab' ich gedacht, sagte Marion. Lange hat sie nicht glauben wollen, daß es für Karl nicht alles gewesen war. – Und du hast nicht mal gemerkt, daß ich genauso ahnungslos war wie du? – Nein, sagte Marion: Ich hatte viel zuviel Angst, du würdest es verpassen, weißt schon, was. – Dann, irgendwann, hatte die Langeweile begonnen. Karl gibt es auf, den Punkt zu suchen, von dem aus das Leben, sein Leben mit Marion, sich zu einer grauen, endlosen Geraden streckte. Hand in Hand waren sie in ein Feld gelaufen und hatten einander verloren. Das Feuer, das sie entzündet hatten, wärmte nicht mehr. Karl bedankte sich nicht mehr für die makellos gebügelten Hemden. Marion vergaß, daß Karl keine gestreiften Schlafanzüge mochte. Früher hatte Karl überhaupt keine Schlafanzüge getragen, auch Marion nicht. Sie schliefen nackt. So banal sind die Dinge, fügt eines sich zum anderen. Verwundert stellte Karl eines Tages fest, daß Marion ein Nachthemd anzog, sie fröre in letzter Zeit. Karl sah das ein. Er gewöhnte sich. Es war ihm nicht peinlich, wenn ihm ein Darmwind abging. Hatte nicht schon Luther gesagt? Der Spruch ist geläufig. Nie hat Karl in Betracht gezogen, daß Marion unzufrieden sein könnte, wie er es war. Keine Stelle seines Geheimen Tagebuches belegt solche Überlegung.

Karl erinnert sich eines Besuches, den Beate und Fred bei ihnen machten. Sie besuchten einander im Wechsel, jeden Monat einmal. – Was mache ich zu essen, fragte Marion, zwei Tage vorher. – Was weiß ich, sagte Karl. Er wußte es wirklich nicht: Ist das wichtig? – Nein, so wichtig wäre es nicht. – Karl las, einen Roman von Trifonow, Der Alte, darüber wollten sie im Betrieb diskutieren, Karl sollte die Grundlage für das Gespräch geben. Marion wälzte ihre Kochbücher, es war mit der Zeit immer schwieriger geworden, ein Gericht nicht zum zweiten Mal anzubieten, wenn sie sich mit Beate und Fred trafen.

Toll, rief Fred zwei Tage später aus: Was deine Frau so kocht! Du weißt nicht, wie du lebst. – Na, sagte Marion an Karls Stelle: Du wirst doch nicht behaupten wollen, deine Frau setzt dir nichts als Kartoffeln und Quark vor. – Marion hatte Beates betretenes Gesicht gesehen, wollte Mißstimmung vorbeugen. – Hättest eben doch Marion heiraten sollen, sagte Beate spitz. Indes, das Essen sei tatsächlich ausgezeichnet gewesen. – Was es denn eigentlich gewesen sei, fragte Karl, dem es auch geschmeckt hatte. – Ein ukrainisches Gericht, mit Hammel. – Soso, mit Hammel. – Karl erzählte die Anekdote, wie seine Großmutter ihrem Schwager, dem Bruder ihres Mannes, Hammel vorgesetzt hatte, den der um keinen Preis essen wollte: Irgendwie, sagte Karl, hat sie das Zeug so zubereitet, daß es nicht nach Hammel schmeckte, und dem Arthur hat's geschmeckt wie noch nie. Als er satt war, hat es ihm die Großmutter gesagt. – Karl wurde beim Erzählen das Gefühl nicht los, die Geschichte schon einmal erzählt zu haben, die Pointe nicht über die Bühne zu kriegen. Marion schielte schon nach den Tellern. Sie wollte abräumen. – Und, was hat er gesagt, der alte Knabe, fragte Fred, vielleicht aus Gutmütigkeit. – Nichts. – Karl hob die Stimme: Nichts hat er gesagt. Gekotzt hat er, mitten in die Stube! – Bist du jetzt fertig, fragte Marion. – Ja. – Karl war müde, er hatte es satt. Aber der Abend war noch lang, es war Samstag, und Sonntag konnte ja ausgeschlafen werden. Dann kam alles, wie es immer kam. Beate und Marion hockten in einer Ecke der Sitzgarnitur, Fred und Karl in der anderen. Groß genug war das Möbel, in der Tat. Irgendwann stellte dann Beate, meistens war es Beate, fest, die Männer sonderten sich aber ganz schön ab, wollten wohl nichts mehr mit ihren lieben Frauen zu tun haben. Fred und Karl bestritten das natürlich, sie rückten zusammen, und Fred erzählte Episödchen vom Datschenbau gottweißwelcher Leute, die Karl nicht interessierten. Wahrscheinlich interessierten sie niemanden, nicht einmal Fred. Dann kamen sie auf Bettgeschichten, wie sie das Thema zu nennen übereingekommen waren. Wir wissen schon, was nun kommt: Die Männer sind's, die gleich einschlafen, wozu man die geheiratet hat. – Meistens führte Beate das Gespräch. – Ist es nicht so, Marion? – Natürlich, so ist es. – Jeder hatte seine Rolle in diesem Gesellschaftsspiel, sonst funktionierte es nicht. Und vielleicht wollte es keiner spielen, nicht einmal Beate, die bei einer gemeinsamen Silvesterfeier, vor anderthalb Jahren, erinnert sich Karl, das Gleichgewicht zu zerstören buchstäblich in den Händen gehabt hatte: Es war Mitternacht. Traditionell küßten sich die Ehepartner. Fred schaffte es nur mit Mühe, Beate zu küssen, so schlecht war ihm schon. Der Sekt hatte ihm den Rest gegeben. Im Radio bimmelten, wie üblich, die Glocken aller Städte, die der Deutschlandfunk für deutsche Städte zu halten geneigt war. Fred war zum Klo gewankt, war Marion zuvorgekommen. – Beeile dich, rief sie ihm nach, und schließe nicht ab. – Marion trat vor der Badezimmertür von einem Bein aufs andere. Da küßte Beate Karl. Sie lachte: Ob er wüßte, was sie sich fürs neue Jahr vorgenommen hätte? Keinen Büstenhalter wolle sie fortan tragen. – Sie schaffte es irgendwie, sich das Ding unter dem T-Shirt abzumachen: Guck mal, Karl, sagte sie und zeigte Karl ihre blanken Brüste, draußen wurde die Spülung betätigt, Beate zog Karl ins Kinderzimmer, wieder küßten sie einander, hastig und sinnlos, griff Beate nach Karls Geschlecht: Ob sie nicht alle vier, sagte Beate, mit verteilten Rollen ... – Na, fragte Marion, schläft er? – Sie fand die beiden im Halbdunkel des Kinderzimmers, Beate den Pulli unterm Kinn, Karl mit geöffneter Hose, aus der sein Geschlecht hervorragte. Es muß ein pornographisches Bild gewesen sein. Beate erklärte Marion ihr Vorhaben, sie ließ mit der Beharrlichkeit der Trunkenen nicht ab davon: Es wäre etwas ganz Neues und verpflichte zu nichts, man kenne sich schließlich gut genug. – Nein, sagte Marion, nicht einmal böse, aber bestimmt: Selbst wenn sie wollte, damit lenkte Marion schon ab, zog den Vorfall ins Lächerliche: Mit Fred sei nichts mehr zu machen. – Der lag tatsächlich erledigt im Sessel, bleich, und schlief. Ein säuerlicher Geruch kam von ihm her. Sie haben dann noch Kaffee getrunken, Fred und Beate blieben da, schliefen im Wohnzimmer, so war es ausgemacht. Am nächsten Morgen trug Beate wieder den Büstenhalter.

In dieser Nacht wehrte Marion Karl ab, den die Erregung nicht verlassen hatte, wer sie auch ausgelöst haben mochte. Es war ihm ehrlich egal, daß nebenan Beate schlief, bis Marion sagte: Sei nicht geschmacklos, Karl. – Damit nahm sie Karls Hand von sich, wie ein Insekt, das man wegnimmt, vorsichtig, bemüht, es nicht zu zerdrükken. Da war Karl noch einmal der Gedanke gekommen, zu Beate zu gehen, wenn Marion schliefe, aber er selbst schlief über dem Gedanken ein. Später ist nicht wieder über den Vorfall geredet worden. Das war es eben, sie schwiegen. Karl hätte sagen müssen, daß etwas war an dieser Sache. Daß er mitgemacht hätte. Er hätte fragen müssen: Weshalb. Vielleicht war das der Punkt, an dem Marion und Karl sich hätten retten können.

Karl denkt: Retten ist ein sehr pathetisches Wort. Was für eine Katastrophe ist denn geschehen? Eine Ehe ist geschieden worden, nun gut. Nein, gut ist es nicht. Aber es geschieht ein paartausendmal in jedem Jahr. Es ist normal. Karl behagt es nicht, normal zu sein, ihn stört das Wort. Aber Karl kann nicht umhin zu gestehen, daß nichts Besonderes geschehen ist. Eine Familie aufgelöst unter Tausenden. Das Bild drängt sich Karl unvermittelt auf: dieses Heer von Kindern aus zerstörten Familien, die irgendwann miteinander Familien gründen, um sie zu zerstören. Eine Explosion jahrhundertealter Wohlanständigkeit, aller Dreck, der je unter den Teppich gekehrt worden ist, fliegt hoch. Was mag das geben? Wohin soll Karl mit solchen Gedanken?

Karl denkt an Mike, seinen Sohn, und an Benjamin, Klaras Sohn, von dessen Vater nie die Rede gewesen ist. Da war Georges, wenn er auch nicht immer da war, und nun überhaupt nicht mehr. Karl denkt an Julie, sonderbar fern ist sie, denkt an die Frage ihrer Tochter, ob er hier wohnen bliebe. Sie hat wohl gar nicht gewußt, daß Georges ihr Vater war. Wichtig wäre, Kinder zu mögen, hatte Georges einmal gesagt: Das Beste daraus machen, nach diesem Satz hatte Georges schon in P. gelebt. Nun war er im Westen.

Karl geht hinein. Im Zimmer steht schon der Teller mit seinem Abendbrot, Jagdwurst und Blutwurst. Karl ist froh, daß es das vorletzte Abendbrot im Krankenhaus sein wird. Mechanisch schmiert er Butter auf die Brotscheiben, legt die Wurst darauf. Fred schläft. Ausgerechnet Fred muß der heißen, denkt Karl. Muß ihn auch der noch an M. erinnern. Karl ist müde. Nicht, daß es ihm an Schlaf fehlte. Soviel Schlaf wie hier in der Klinik hat Karl seit Jahren nicht gehabt. Aber es ist seit Tagen kein guter Schlaf gewesen, wir wissen es. Bis in die Träume hat Karl nicht Ruhe gehabt vor sich. Wie dem Zauberlehrling ist es ihm ergangen, den die Geister, die er rief, nicht mehr losließen. Es gibt wohl den Punkt, an dem einer nicht mehr nachdenken will, nicht mehr kann. Wenn alles mehrfach gewendet, betrachtet, weggelegt und wieder aufgenommen ist. Plötzlich ist keine Distanz mehr da. Woran soll er messen? Da muß wieder gelebt werden, muß etwas geschehen. Neue Erfahrung braucht Karl.

Dann wird sich zeigen, was alle Grübelei eingebracht hat. Lassen wir Karl, der sein Abendbrot verzehrt hat, Schlaf sucht, unruhig sich im Bett wälzt, lassen wir ihn liegen. Bei dieser Qual, gemischt mit der Unruhe, was werden wird, wie es weitergeht mit ihm, kann ihm niemand helfen.

Zu dieser Stunde, es ist noch nicht spät (in Krankenhäusern geht man zeitig schlafen), sitzt Klara am Küchentisch. Sie raucht, trinkt eine Tasse Kaffee. Benjamin rutscht über den Boden und läßt Autos fahren, brummt die Geräusche dazu, ein geläufiges Bild. Die Zigaretten, die Klara raucht, heißen Marlboro, versprechen Abenteuer und Freiheit, auch wenn der Bundesgesundheitsminister sagt, so steht es auf der Schachtel, daß Rauchen gesundheitsschädlich sei. Der Kaffee, den Klara trinkt, ist von Jacobs: Die Krönung. Beides, Zigaretten und Kaffee, stammen aus einem Paket, das Georges geschickt hat. Auch die kleinen, bunten Spielzeugautomobile sind von Georges. Und eine Flasche Kognak war im Paket, dazu eine Schallplatte der Rolling Stones. Einer der Songs heißt »Ain't no use in crying«. Verstünde sich Klara aufs Englische, wüßte sie, daß es soviel wie: »Es hat keinen Zweck zu heulen« heißt. Das stimmt zwar, doch Klara heult trotzdem. Wie verhöhnt kam sie sich vor, als sie das Paket aus dem Zustellfach nahm, hätte es am liebsten weggeworfen oder zurückgeschickt: Liebe Klara, ich hoffe, es geht dir so leidlich, grüße alle von mir, Georges. – Das war auf einen Zettel gekritzelt, der im Paket lag. – Oh ja, es ging ihr so leidlich. – Sie gießt sich nun doch ein Glas Schnaps ein. Eigentlich hatte sie die Flasche nicht öffnen wollen, bevor Karl da war, wollte mit ihm gemeinsam Georges' Grüße vertrinken, aber auf ein Glas kam es ja wohl nicht an.

Es wird Zeit, Benjamin, sagt Klara. – Der Junge überhört es. – Du kannst eins von den Autos dann mit ins

Bett nehmen, sagt Klara. – Sie läßt Wasser ins Waschbekken laufen, zieht Benjamin aus, der mault, er sei nicht schmutzig. – Jaja, sagt Klara mit der Geduld aller Mütter und wäscht ihn. Benjamin überlegt lange, welches der Autos das allerschönste sei, welches er mit ins Bett nehmen soll. Schließlich schläft er, jedenfalls hört Klara nichts mehr aus seiner Kammer. Klara macht sich an die Arbeit, öffnet zuerst die Flügel des Fensters. Es ist ein milder, warmer Abend, Geruch von Lindenblüte strömt herein. Klara beginnt abzuwaschen, dann fegt sie Küche und Flur, setzt die Waschmaschine in Gang, eine alte »Schwarzenberg«, nicht so ein neumodischer, automatischer Kasten. Klara hat nicht so viel Geld, um sich solchen Luxus leisten zu können, auch ist sparen, beharrlich Mark auf Mark legen, nie ihre Sache gewesen. Schließlich geht es auch so, es dauert halt seine Zeit, und das Kreuz schmerzt vom Bücken. Das Spülen in Eimern und Schüsseln ist kein Spaß. Klara läßt die Wäsche im letzten Spülbad liegen, morgen wird sie sie schleudern und auf den Boden bringen. Dahin ist's nicht weit, das ist der Vorteil, wenn man unterm Dach wohnt.

Als Klara fertig ist, geht es auf zehn Uhr. Steht und schaut sich in ihrem Wohnzimmer um: Staub müßte sie mal wieder wischen, doch heute nicht mehr. Aber das Tischtuch wechselt sie noch. – Sie setzt sich und legt die neue Stones-Platte auf. – Umräumen muß sie noch, fällt Klara ein. Karl soll in Benjamins Zimmer schlafen. Also wird Benjamin hier, in der Stube schlafen müssen. Das ist auch nicht gut. Da müssen wir ja jeden Abend in der Küche sitzen. Nein, das gefällt Klara nicht. Also muß Karl in der Stube schlafen, wo auch sie schläft. Sie wird ihm ihre Couch überlassen. Sich selbst macht sie ein Lager aus Matratzen zurecht, die können tagsüber unter die Couch geschoben werden.

Ja, so wird sie es machen. – Keinen Gedanken verliert

Klara daran, was Karl dazu sagen wird, mit ihr in einem Zimmer zu schlafen. Was ist schon dabei!

Klara wäscht sich, es ist Zeit, schlafen zu gehen. Im Zimmer verharrt sie. Auf dem Weg zur Couch wendet sie sich um, sieht sich im großen Spiegel, der in den eintürigen Kleiderschrank eingelassen ist. Ein schöner Schrank, Nußbaum, und ein schöner Rahmen für Klaras nackten Körper. Stumm steht sie da, sieht sich an wie eine Fremde, dreht sich nicht, bewundert nicht. Der Körper ist noch jung, kein Fett, das quillt, Falten wirft. Und Klaras müdes Gesicht, zwei Falten von der Nase zu den Mundwinkeln hin. Klara geht zu Bett. Sie hat vergessen, den Wecker aufzuziehen. Das ist allerdings ungewöhnlich.

Am gleichen Abend tanzt Marion mit Knoll. Es ist Betriebsvergnügen, kein Mensch weiß, weshalb an einem Donnerstag. Marion hat nicht hingehen wollen: Da bin ich doch Freiwild, hat sie zu ihrer Mutter gesagt. Und die Mutter hat gefragt, ob Marion ewig zu Hause hocken wolle: Jünger wirst du nicht davon. – Noch auf dem Weg ins Klubhaus hat Marion gedacht, daß Mutters Argumente ein wenig so geklungen haben, als müsse sie, Marion, wieder auf den Markt, ihr Fleisch anbieten. Das ist natürlich Unsinn. Sie weiß es. Obwohl, ein Mann täte ihrem Fleisch nicht schlecht. Es ist nicht leicht für eine Frau, einen Mann zum Schlafen zu bekommen, den sie anderntags nicht mehr kennen will. Schon gar in M. und für eine Frau, die sich nichts vergeben will. Nein, erniedrigen will sich Marion auf gar keinen Fall: Sie wird eine Flasche Wein mit den Kollegen trinken, dann fährt sie heim. Bestellt sich ein Taxi und fährt nach Hause.

Na, sagt Knoll beim Tanzen (Wie hätte es Marion abschlagen können, und natürlich hat Knoll eine langsame Runde erwischt, drängt sich dicht an Marions Leib!). Na: Ist der Große weg und nicht mal ein kleiner in Sicht, haha! – Marion erzählt etwas von der Quartalsbilanz, die sie diesmal nur schwer wird schaffen können, er wüßte doch, die Rosi sei für lange Zeit krank. – Aber Frau Groß, oder darf ich Marion sagen? – Er darf. – Also Marion, da machen Sie sich mal keine Gedanken, und schon gar nicht heute abend! Zudem, sagt Knoll, wenn er sie so reden höre, da müsse er sich aber wundern. Das heißt, da wundere es ihn fast nicht mehr, daß einer so schönen Frau der Mann, nun ja, abhanden gekommen sei! – Nein, denkt Marion: Der nicht. – Nein, sagt sie, an die Bar käme sie nicht mit. – Läßt Knoll einfach stehen.

Später tanzt sie mit einem aus der Ökonomie. Ende dreißig wird er sein, ein bißchen unbeholfen. – Der weiß sicher auch, daß ich zu haben bin, denkt Marion: Einen Ring trägt er nicht. Meingott, denkt Marion, auf was für Gedanken ich komme, fällt mir denn nichts anderes ein? – Wartet aber doch die nächste Stunde, daß der Mann wiederkommt, sie noch einmal holt. Er kommt wieder, sie tanzen, trinken Gin-Tonic an der Bar. Knoll wirft giftige Blicke. Den ist Marion los, immerhin.

Was ist denn das für einer, fragt Marion auf dem Klo, beim Händewaschen, eine Kollegin, die sie flüchtig kennt, eine Sekretärin aus der Ökonomie. Sie fragt möglichst unbeteiligt. Marion erfährt, der Mann hieße Klaus-Dieter, verheiratet sei er, aber die Frau liege seit Jahren in einer Klinik: Die hatten ein Kind, das ist beim Spielen unter ein Auto gekommen. Sie hat mit einer Bekannten gesprochen, auf dem Bürgersteig, und dann ist es eben passiert. – Und? – Durchgedreht, sagt die Kollegin: Hat wohl ein paarmal das Gas aufgedreht, es hat nie geklappt, da ist sie in die Klapsmühle gekommen. – So ist das also, denkt Marion, und sie weiß nicht so recht, was sie mit diesem Mann Klaus-Dieter anfangen soll, der wieder auf sie zukommt, um die nächste Runde bittet: Soll sie ihn fragen, ob er allein sei, da sie es doch schon weiß? Soll sie sagen, daß sie es weiß und es ihr leid täte? – Marion schweigt. Denkt flüchtig an Karl. Weiß nichts von seinem Geschick, woher sollte sie es auch wissen. Karl ist nie mit ihr tanzen gegangen. Karl tanzte nicht gern, es war ihm peinlich. Marion genießt jetzt den Tanz, der Mann ist sicherer geworden, wahrscheinlich hat auch er jahrelang nicht getanzt.

Was ist, denkt Marion später, wenn er mich nach Hause begleitet. Marion ist aufgeregt wie schon lange nicht mehr. – Ob er sie begleiten dürfe, fragt der Mann Marion. – Ja, bitte, wenn es Ihnen nichts ausmacht. – Es klingt eher steif als kokett.

Schweigend gehen sie dann beide durch das nächtliche, verschlafene M., spärliche Lichter beleuchten den Weg. – Gut, daß man sich auskennt, sagt der Mann, der Klaus-Dieter heißt und eine Frau im Irrenhaus hat. So sagt man doch, Irrenhaus, oder? – Sonst könnte man glatt hinstürzen, bei der Beleuchtung. – Marion bestätigt es. Dann schweigen sie wieder. Was sollen sie reden? Davon zu sprechen, woran sie beide denken, ist unmöglich, so, wie sie miteinander stehen. Marion überlegt, was wäre, wenn sie den Mann fragte, ob er mit ihr schlafen wolle. – Aber sie wird es nicht sagen, nie wird sie so etwas sagen können. Und es wäre auch nur die halbe Wahrheit: Die Frage müßte heißen: Ich will mit dir schlafen, wie ist's, hast du Lust? – Hier ist es, sagt Marion vor der Haustür. Da stehen sie beide, ringen die Hände, sehen sich schließlich an. Der Mann küßt Marion auf die Wange. Marion schreckt nicht zurück, sie hat es erwartet. Der Mann küßt sie auf den Mund. Marion holt den Schlüssel aus der Manteltasche. Ihre Lippen sind hart: Nein, bitte nicht, sagt sie, küßt den Mann nun ihrerseits auf die Wange, stürzt ins Haus, verschließt die Tür, läuft die Treppe hinauf. Auf halbem Weg verharrt sie, lehnt sich kraftlos an die Wand, geht dann langsam, Stufe um Stufe, wieder hinab, öffnet die Tür. Sie schwitzt. Aber der Mann ist gegangen. Marion geht hinauf in ihre Wohnung, Karl Groß steht auf dem Schild: Ich muß es endlich abschrauben, denkt Marion. – Immer hat sie es vergessen.

In der Wohnung beginnt sie zu weinen, nicht krampfhaft – leise, endlos weint sie, den Kopf auf die Arme gelegt.

Karl wacht um diese Zeit auf. Eine Stimme hat ihn geweckt. Karl weiß nicht sofort, wo er sich befindet. Karl hat von einem großen Fest geträumt. Da war Julie. Er konnte den Blick nicht wenden von ihr, aber sie erkannte ihn nicht. Am Ende ist Karl nicht so ahnungslos, wie wir meinen! Die Stimme aber, die ihn geweckt hat, ist die von Fred. – Durst, ruft Fred heiser: Durst. – Karl macht Licht, er kann das vom Bett aus, hinter dem Kopfende der Betten ist eine Neonröhre angebracht: He, sagt Karl, was ist los. – Ich habe Durst. – Warte, ich will sehen, ob du was kriegen kannst. – Karl geht hinaus, humpelt den Flur entlang, der nur von spärlichen Notleuchten erhellt ist. Gespenstisch dröhnt sein gipsernes Bein: Bum, Bum. – Ob der Fred trinken darf, der Fred hätte Durst. – Der Fred darf noch nicht. – Dann erklären Sie ihm das mal, sagt Karl zu der Schwester. – Es ist die gleiche, die ihm seinerzeit, als er nachts zu trinken begehrte, die ungewollte Injektion verpaßt hatte. – Ja, sie käme gleich mit, und flugs, hat Karl es nicht geahnt, zieht sie eine Spritze auf. War wohl auch besser so. Wenn Fred schon nicht trinken durfte, sollte er wenigstens schlafen. – Fred, sagt Karl, die Schwester kommt gleich. – Das ist diplomatisch, wenn auch ein wenig unfair, nährt Karl doch so die Hoffnung in Fred, daß er gleich, in diesem Moment noch, etwas zu trinken bekommt. Karl entsinnt sich gut des quälenden Durstgefühles: Wenn der Mund, der ganze Körper ausgetrocknet zu sein scheint, brennt, und du denkst nichts als das Wort »trinken«, siehst dich schon die Tasse an den Mund führen, spürst gar die Erleichterung schon, tauchst weg in einen sekundenlangen Schlaf und fährst hoch, der Durst ist wieder da, ist immer noch da, wird immer da sein. – Nein, sagt die Schwester, jetzt könne Fred noch nichts bekommen. Sticht ihm die Kanüle in den Hintern. – Ich halt' das nicht mehr aus, bitte, Schwester, fleht Fred. – Aber Herr Kowalski, sagt die Schwester, das haben schon ganz andere ausgehalten! Sie sind doch ein Mann! – Es ist ein idiotischer Satz, dieses: Sie sind doch ein Mann. – Wie oft mag Fred den Satz schon gehört haben, wie oft hat Karl ihn gehört! War er beim Spielen gestürzt, hatte die Knie blutig geschlagen und Mutter nahte mit der unvermeidlichen, verhaßten Sepso-Flasche, daß Karl sein Bein versteckte, die Hände drüber hielt, schon hieß es, er sei doch ein Mann. So werden Patriarchen gemacht, harte Männer, die nicht weinen. Die stehen das durch. Karl fragt sich, wann er zum letzten Mal geweint haben mag. Auf dem Friedhof von G., als die Großmutter gestorben war?

Eines Sonntags war das Telegramm gekommen: Oma stirbt, Gruß – Mutter. – Karl war mit dem nächsten Zug losgefahren, hatte Marion gebeten, am Montagfrüh bei Wölfel anzurufen wegen Urlaub. Ein frostkalter, klarer Tag war es gewesen, und noch im Zug begriff Karl den Sinn des Telegrammes nicht: Es konnte nicht sein, nie hatte Karl diese Möglichkeit in Betracht gezogen.

Dann sah er sie liegen, klein und verkrümmt. – Apoplex, hatte der Arzt gesagt, das hieß wohl ›Schlaganfall‹, hatte die Schultern gezuckt und erklärt, sie würde das Bewußtsein nicht wiedererlangen. Drei, vier Tage würde es dauern, und ob sie ins Krankenhaus solle.

Nein, da waren sich Mutter und Karl einig. Sie warteten. Saßen im Zimmer, redeten wenig, hörten nach nebenan, woher die schweren, unruhigen Atemzüge der kleinen, alten Frau kamen. Wechselten aller Stunden die Zellstofflagen im Bett. – Erst muß alles rauslaufen, ehe sie stirbt, sagte eine Nachbarin. – Es war geschmacklos, aber Karl sagte nichts dazu. Nach fünf Tagen war die alte Frau tot, morgens. Karl und die Mutter hatten es nicht gemerkt, waren spät in der Nacht doch schlafen gegangen. Es war, als wäre eine Spannung von ihnen genommen, jetzt konnten sie weinen. Ruhig, wie eine Kerze niederbrennt und verlischt, war die Großmutter gestorben, hatte ihre Sprüche, ihr nie ausgesprochenes Leid mit sich genommen.

Von der Großmutter wird er Klara erzählen, nimmt Karl sich vor, da schläft Fred schon längst. – Ob Klara das freut, denkt Karl, wenn ich von nichts als Toten erzählen werde? Nun, ihr eine Freude zu machen, werden sich Wege finden. – Karl denkt nicht ans Schlafen dabei, zu seiner Ehre sei es gesagt. Karl ist keiner von denen, die nur DAS im Kopf haben. Auch so ein Spruch.

Eines muß noch nachgetragen werden, noch etwas ist an jenem Abend geschehen: Es fand Julies Verlobung statt mit dem namhaften Schauspieler Geldner. Und auch davon hat Karl nicht wissen können, wie er von Marions Betriebsfeier nicht wußte. Sein Traum ist also nicht von ungefähr gekommen, entbehrte nicht der Grundlage. Da sind wir bei der Metaphysik, brechen lieber ab, ehe noch der Gutwilligste sich an die Stirn tippt.

Es ist Samstag, noch sehr früh. Karl liegt im Bett und wartet, daß der Tag endlich beginnt, noch einmal wird er ein Fieberthermometer bekommen, zum letzten Mal. Karl hat nicht viel geschlafen in dieser Nacht. Jetzt sieht er zum Fenster hinaus. Es ist schon hell, die Vögel lärmen im Park. Um acht Uhr wird ihn Klara holen, bis dahin bleibt nichts zu tun. Gestern hat ihm Klara Sachen gebracht, eine Hose, ein Hemd. Klara hat daran gedacht, daß Karls Hosen, die er am Tag des Unfalls trug, zerrissen sein müssen und schmutzig. Karl ist es nicht eingefallen. Hose und Hemd stammen von Georges. Der braucht es nicht mehr, hat Klara gesagt. – Das stimmt, aber es ist Karl unangenehm: In Georges' Hosen ziehe ich zu Klara, da ist wenig Eigenes, denkt er: Und dazu ein Bein aus volkseigenem Gips. – Klara hat auch an ein Viertelpfund Kaffee und einen Kasten Konfekt gedacht. Das soll Karl den Schwestern geben, es sei so Sitte.

Dann war noch das letzte Gespräch mit Kindler zu absolvieren, Ratschläge und Termine gab es für Karl, so ging der Freitag hin. Kindler hatte wenig Zeit, so hat Karl ihm die Geschichte von Wolf nicht mehr erzählen können. – Er zöge also zu Frau Friedländer, fragte Kindler nur, da hatte er sich schon von seinem Stuhl erhoben. – Einstweilen, sagte Karl, solange ich dies hier – er klopfte auf den Gips – noch trage jedenfalls. – Und dann? – Schließlich sei er ja Wohnungsinhaber, durch den ... Umzug des Herrn Brüschke. – Aber Sie sind nicht der Mann, der sich allein durchs Leben bringt. Hüten Sie sich vor Straßenbahnen!

Karl denkt, jetzt, am Samstagmorgen, daß er sich viel eher vor den Frauen wird hüten müssen: Wie wird das gehen mit Klara? – Jetzt, da sein Umzug zu ihr so unmittelbar bevorsteht, macht es Karl Herzklopfen, daran zu denken.

Dann, als Klara kommt, ist keine Zeit mehr für solche Gedanken. Karl, dem die Zeit nicht hatte vergehen wollen, war am Ende noch in Eile geraten, war noch nicht einmal angezogen bei Klaras Eintritt. Ruhig und selbstverständlich hilft ihm Klara in die Hosen, es sind sehr alte Jeans, mit so weiten Beinen, daß Karl auch den Gips unterbringt. Karl verabschiedet sich von Fred. Der steht inzwischen schon auf, hat sein Frühstück mit Appetit verzehrt. – In ein paar Tagen bist du auch draußen, sagt Karl zu Fred. – Jetzt, da Fred die Angst nicht mehr hat, wäre mit ihm zu reden gewesen.

Karl und Klara fahren mit dem Taxi nach Hause: Sonst

sind wir vor Mittag nicht da, bei dem Tempo, das du vorlegst, sagt Klara. – Karl steigt die Treppen hoch, wenigstens das Taxi hat er bezahlt, fühlt sich gleich besser, nicht mehr völlig Klaras Gastfreundschaft ausgeliefert. – Wie sie es halten wollen mit der Wirtschaft, fragt Karl, als sie oben, in Klaras Küche, beim zweiten Frühstück sitzen. Klara hat sogar einen Kuchen gebacken. Das käme bei ihr zweimal im Jahr vor, sagt sie. Und die Wirtschaft? Karl könne ja, wenn er sich's zutraue, gelegentlich einkaufen gehen: Natürlich nicht Kartoffeln und Bier, sagt Klara, nichts Schweres. Sie kämen schon klar, mit dem Pfennig wolle sie jedenfalls nicht rechnen, sie wären schließlich Freunde. Oder nicht, fragt Klara. – Doch, natürlich, beeilt sich Karl zu versichern, und er meint es auch so. Wieder verblüfft ihn Klaras unkomplizierte Art, Probleme zu lösen. Es braucht Zeit, bis er sich darauf einstellt.

Klara holt den Schnaps, den aus Georges' Paket, gießt zwei Gläser voll: Prost Karl. – Dann erzählt sie ihm, woher der Schnaps stammt. Zeigt Karl den bekritzelten Zettel, Georges' Botschaft, die ja auch Karl betrifft. – Vielleicht hat er nicht mehr Zeit gehabt, sagt Karl. – Dann hätte er's lassen sollen. Dann lieber gar keinen Brief als solchen Wisch! – Oder er schämt sich, und es fehlen ihm die Worte, wendet Karl ein. – Nein. – Klara schüttelt den Kopf: An Worten hat es ihm nie gefehlt, und unverschämt war er wie keiner, den ich kenne. – Karl ist es unbehaglich: Zwar gibt er Klara recht, aber es gefällt ihm nicht, hinter Georges' Rücken von ihm zu reden. Das ist zwar lächerlich, Karl weiß es ja. Wie sollen sie es Georges ins Gesicht sagen … – Wirst du ihm schreiben, fragt Karl. – Klara weiß es nicht: Was soll ich schreiben? Vielen Dank für die schönen Sachen? Daß er denkt, ich will bald wieder so ein Paket, nee! – Hat er dir von seinen Südsee-Träumen erzählt, fragt Karl nach einer Weile. –

Klara wundert sich: Nein, davon weiß sie nichts. – Karl erzählt ihr von dem Gespräch am Neujahrstag, auch da ist Schnaps getrunken worden, und vom Glück war die Rede. Große Worte, Freund, hatte Georges gesagt. – Und du hast gesagt, daß ich sauer gewesen bin wegen der Kleinen, da auf dem Fest? – Nein, sagt Karl. Daß ich es nicht gut fand, habe ich ihm gesagt. Auch, daß du gesagt hast, er könne schließlich machen, was er wolle. – Und er hat dich nicht angebrüllt, das ginge dich nichts an? – Klara lächelt: Ich hätte ihm so nicht kommen dürfen. – Karl sagt, er wird Georges einen Brief schreiben, auf jeden Fall wird er das tun. Auch, wenn es nun bedeutungslos scheint.

Es ist fast schon Mittag. Klara räumt den Tisch ab, gießt Karl den Rest Kaffee in die Tasse: Nein, er soll gefälligst sitzen bleiben, das schafft sie gut allein. Er soll sie unterhalten, wenn er mag. – Karl möchte schon, nur ist er noch unsicher, noch fremd in dieser Wohnung, benimmt sich so steif, wie es sein Gipsbein ist, das er weit in die Küche streckt. – Hoffentlich fällst du nicht über mein Bein, sagt Karl immerhin, obgleich das nicht sehr unterhaltsam ist. – Ob Karl etwas dagegen hat, wenn sie rasch ein paar Nudeln kocht, mit Tomatensoße, fragt Klara, weil sie doch am Nachmittag den Jungen von der Oma holen will. – Nein, sagt Karl, ich bitte dich. – Fast hätte er noch den blödsinnigen Satz, sie solle sich doch keine Umstände machen, angefügt. Da muß Karl lachen, wie er mit seinem Gipsbein in Klaras Küche sitzt und gesagt haben könnte: Aber bitte, machen Sie sich doch keine Umstände! – Karl erklärt Klara den Grund seiner Heiterkeit. – Ja, und ich hätte händeringend versichern müssen, es mache mir nichts aus. – Karl erzählt ein paar Geschichten aus seiner Kinderzeit. Da wurden solche Sätze noch ernsthaft ausgesprochen. – Später, sagt Karl, hat er seine Mutter deswegen verspottet und gesagt, sie wären arm, aber vornehm, am Ende gar adlig? Und doch – irgendwie ist das auch haftengeblieben: Manchmal, wenn ich wo eingeladen bin, esse ich mich nicht mal satt aus Furcht, es könnte unverschämt wirken. – Das wirst du hier hoffentlich nicht tun, sagt Klara. Und ob er die Nudeln gelegentlich umrühren könne. Karl kann. Klara wäscht indes ihr Haar, sie hat es gestern abend nicht mehr geschafft, ist zu müde gewesen.

Klara hat einfach den Pulli übern Kopf gezogen, steht halbnackt nun, nur in der Hose, vor dem Waschbecken. – Das soll sie nicht so oft machen, denkt Karl und starrt auf die Nudeln, gibt sich alle Mühe, nicht zu Klara zu sehen: Sie kann doch nicht annehmen, ich wäre kein Mann! – Karl weiß es besser, er spürt es ja.

Klara aber, die wie alle Frauen den sechsten Sinn hat, auch sie hört das Gras wachsen, fragt: Stört es dich, wenn ich hier so nackig herumlaufe? – Klara sagt, es käme ihr albern vor, Karl ins Zimmer zu schicken oder die Augen schließen zu lassen. Zudem wären ja die Nudeln zu rühren! – Nein, sagt Karl, es störe ihn nicht. – Was sonst soll er sagen? Etwa, daß er sie zwar nicht ungern so sieht, aber sie müsse mit seinem, Karls, Verlangen rechnen, das derart entstünde? – Karl merkt, daß ihn seine Ahnungen nicht getrogen haben, daß es nicht einfach ist, bei einer Frau zu leben, ihr Gast zu sein, wenn sie zugleich auch Begehren weckt. Und hat sie nicht auch das Recht, begehrenswert zu sein? Selbst als Witwe hätte sie es, als Frau über Vierzig hätte sie es. In jedem Fall. Klara ist aber nicht verwitwet, ihr ist der Mann abhanden gekommen, und sie ist noch nicht einmal dreißig Jahre alt.

Da denkt Karl über Dinge nach, die Klara zwei Tage zuvor, ihr nacktes Spiegelbild betrachtend, gedacht haben könnte. Und während er denkt, rührt Karl beharrlich die Nudeln. – Hilfe, schreit Klara mit gespieltem Entsetzen, das ist ja schon Brei! – Tatsächlich haben die Nudeln ihre Gestalt fast völlig verloren, auch sprudelt längst kein Wasser mehr im Topf. Es ist verkocht. – Macht nichts, tröstet Klara Karl, auf das Aussehen kommt's nicht an. – Klara bereitet in aller Eile eine scharfe Soße zu: In der Behendigkeit der Bewegung, wie Klara die Zutaten hernimmt und mengt, erinnert sich Karl unwillkürlich an Julie, an den ersten Abend, als Julie kochte, Karl den Knoblauch schälte und schnitt. – Nein, Knoblauch verwendet Klara nicht, er stinkt ihr zu arg.

Tapfer essen sie den dicken Nudelbrei – Karl, weil er ihn verschuldet hat (Nicht einmal Nudeln kochen kann er, wird Klara denken!), Klara gabelt, als ob's ihr schmeckte, um Karl kein schlechtes Gewissen zu machen. – Schmeckt doch, sagt Klara. – Nun ja, sagt Karl bescheiden, deine Soße macht es genießbar. –

Als Klara den Tisch abräumt, sagt sie, daß am Abend noch mal gekocht würde: Ein Begrüßungsessen. Und nun ginge sie los, den Jungen holen. Ob Karl sich hinlegen möchte? Er müsse doch müde sein, am ersten Tag in Freiheit. – Klara zeigt Karl rasch, wo er schlafen soll; auf der Couch, nicht in Benjamins Kammer. Klara erklärt es Karl. – Und du? Wo schläfst du? – Klara deutet auf die Matratzen unter der Couch, daraus macht sie sich ein Lager zurecht, kein Problem. – Karl will protestieren, warum denn nicht er, er kann ebensogut auf den Matratzen, wird doch nicht eine Frau auf dem Fußboden schlafen lassen … – Nein, sagt Klara, es macht mir keine Umstände. – Erinnert Karl damit an den Vormittag, lacht. Karl gibt sich geschlagen.

Als Klara gegangen ist, steht Karl im Zimmer, sieht sich im Spiegel des Schrankes: In fremden Hosen. Die Hosen passen gut, fast scheint es ihn zu ärgern. Klaras Wohnung gefällt ihm, und es ist ihm nicht recht. Nun wird er gar in einem Raum mit ihr schlafen. Das macht ihm Angst.

Was ist los, du Hinkfuß, Armleuchter, beschimpft Karl sich selbst. Karl sieht für einen Moment des Professors höhnisches Gesicht vor sich, der gar kein Professor ist. Ein Taschenspieler, besoffener Gaukler, nun ja, ein Dichter ist er! Trotzdem will Karl mit ihm reden; sobald er besser gehen kann, sucht er ihn.

Wenn ich mich schon mit seinen Worten beschimpfe, muß etwas dran sein, denkt Karl, und die Hosen kann ich ja weglegen, sobald der Gips ab ist. Und eine Wohnung habe ich auch. Der Doktor hat mich verrückt gemacht mit seinem Gerede, ich könnte nicht allein ...

Karl spült Geschirr. Klara soll sehen, daß er nicht nur zum Essen und Herumsitzen taugt. Er ist wieder zuversichtlich, legt sich endlich und ohne Skrupel auf die Couch, schläft ein, ahnungslos, wie er doch ist, es bleibt dabei. Als ob es um Hosen ginge!

Am Montag, zwei Tage später, bleibt Karl lange im Bett. Zwar hat er Klara und den Jungen zeitig aufstehen hören, ist aber nicht richtig wach geworden. Nur leise drangen die Geräusche aus der Küche zu ihm ins Zimmer. Es ist nicht wie an jenem letzten Morgen in M., als er gespannt und eifersüchtig das ohne ihn stattfindende Morgenritual verfolgte. Heute ist Karl ohne Spannung gewesen, ist seiner Müdigkeit gefolgt.

Spät wacht Karl auf, es geht auf zehn Uhr, und im Haus ist es still. Karl liegt noch eine Weile auf dem Rükken, mit hinter dem Kopf verschränkten Armen, wie er es gern tut. Karl ist zufrieden mit seiner Lage. Er freut sich, daß die Arbeitswoche begonnen hat. So gewinnt er fünf Tage, die er allein in der Wohnung ist, sich vertraut machen kann mit dem Platz, an den die Dinge gehören. – Es macht einen verrückt, denkt Karl, wenn du nach dem Abwaschen nicht weißt, wohin Tassen, Teller und Töpfe zu stellen sind. Irgendwie schaffst du es dann, ahnst aber gleichzeitig, die Ordnung gestört zu haben. – So war es

Karl am Samstag ergangen, als Klara am Abend noch einmal zu kochen begann, das richtige Begrüßungsessen, wie sie sagte, und dann fand sie den richtigen Topf nicht, den Karl weit nach hinten in den Schrank gestellt hatte. Und wo war das besonders scharfe Messer, mit dem das Fleisch geschnitten werden sollte? Es war beim Besteck, nicht unterm Küchengerät, das in einem irdenen Topf aufbewahrt wurde für schnellen Zugriff. – Aber das macht doch nichts, hatte Klara gesagt. – Karl war so verlegen gewesen, daß Klara ihm tröstend über den Kopf strich. Die Geste hatte Karl überzeugt, beruhigt. Er begann, mit Benjamin zu spielen, der die Chance, späteres Zubettgehen zu erhandeln, nutzte. Benjamin erzählte Karl vom Spielplatz, auf dem er nachmittags mit seiner Mutter gewesen war; und dem tollen Klettergerüst, das es dort gab: Janz aus Holz. – Sie spielten mit Benjamins neuen Autos, ein Stuhl war ein Tunnel, Karls Gipsbein die steile Abfahrt, die kaum ein Wagen nehmen konnte, ohne sich zu überschlagen. Das bot Anlaß, die Polizei vorfahren zu lassen. Benjamin heulte die Sirene dazu. Indes briet und kochte Klara, daß die Küche, die Wohnung sich mit Dunst und Gerüchen füllten. – Ich will mit euch essen, forderte Benjamin von Karl. Das war so ein Punkt. Sagte Karl: Klar kannst du mit uns essen, brachte er Klaras Prinzipien und Pläne durcheinander. In M. (Karl müht sich jedesmal, wenn er an Marion und Mike denkt, nicht »Zu Hause« zu denken) – in M. hatten sie es so gehalten, daß Mike nur zu besonderen Gelegenheiten mit seinen Eltern Abendbrot aß. Meist gab es für Mike schon Abendbrot, wenn Karl nach Hause gekommen war. Der Junge war nach dem Tag im Kindergarten müde und quengelig, er mußte zeitig zu Bett gebracht werden. Aber ob Klara es mit Benjamin ebenso hielt – woher sollte Karl das wissen? Außerdem war ja Samstag. – Geh, sagte Karl zu Benjamin, frage deine Mutti, was sie dazu sagt. –

Der Karl hätte gesagt, hörte Karl Benjamin in der Küche reden, von ihm aus könne Benjamin noch aufbleiben. – Ist nicht wahr, rief Karl aus dem Zimmer, das habe ich nicht gesagt. Gar nichts habe ich dazu gesagt. – Da hatte der kleine Kerl es also schon heraus, nach ein paar Stunden: wie man solche Lage nutzen kann, einen gegen den anderen ausspielt.

Sie aßen zu dritt. Die duftende, goldgelbe Zwiebelsuppe kam im Topf auf den Tisch. – Eine Terrine hätte sie nicht, sagte Klara, und sie brauche auch keine. – Bedachtsam löffelten sie die heiße, eine Spur nur sämige Bouillon, die glasigen, weichen Zwiebelstückchen.

Karl und Klara gerieten in sanften Schweiß, jenen angenehmen, keineswegs lästigen Schweiß, der einem nur bei solchem Essen kommt. Fast gleichzeitig wischten sich beide die Stirn, sahen einander an dabei und lächelten. Benjamin aß Eierkuchen, dick mit Marmelade bestrichen: Pfui, Zwiebeln, kommentierte er die Suppe, die seiner Mutter und diesem Karl so außerordentlich zu schmecken schien. – Brauchst sie ja nicht zu essen, die Suppe, sagte Klara und tat Karl und sich selbst noch einmal auf davon. Dann tranken sie langsam, in kleinen Schlucken, doch ohne ihre Gläser abzusetzen, herben Weißwein. – Das wärmt bis in die Zehenspitzen, sagte Karl und erzählte Klara von jener wunderlichsten aller Zwiebelsuppen, die ihm einmal vorgesetzt worden war: In Dresdens berühmter Studentenkneipe war das. Ich wollte mir die Suppe nicht entgehen lassen. Was dann kam, war eine Tasse Brühpastenbouillon, sofern es nicht überhaupt Sünde ist, das Wort Bouillon im Zusammenhang mit Brühpaste zu gebrauchen. Darin schwammen zwei einsame Zwiebelringe, gänzlich roh. Der Koch, sofern auch er den Namen verdient, hatte sie wohl eben erst hineingeworfen. – Karl schüttelte sich bei der Erinnerung an jene Suppe: Noch Stunden danach sei sie ihm aufgestoßen.

Nach gebührlicher Pause, nicht von der Hast, mit der allenthalben geschlungen wird, getrieben, trug Klara das Hauptgericht auf: Auf ein Holzbrett stellte sie das heiße Blech, darauf lagen Lendenscheiben auf Toast, soviel ließ sich gleich erkennen, mit duftendem Käse überbacken. Darunter verbarg sich, das merkte Karl erst, als er den ersten Bissen langsam, der Hitze und des Genusses wegen, kaute, noch anderes: Pilze, kleine, kugelige Champignons und Pfirsichstückchen, in reicher, doch wohlbemessener Zahl, so daß nicht der Geschmack einer Zutat die Oberhand gewann. Es war ein fürstliches Essen. Karl bescheinigte es Klara, lange bevor er zu essen geendet hatte, als Klara nach einer Pause ein zweites Blech hereintrug. Karl aß, wie er lange nicht gegessen hatte: Langsam und mit Bedacht, alle Lust und Begierde auf das Essen gerichtet, bis er endlich, gleichsam als Antwort auf die Lust des Essens, Mattigkeit sich schwer in seinen Gliedern ausbreiten fühlte. Längst hatte Karl den Knopf der Hose geöffnet, daß der enge Bund die Freude des Essens nicht mindere. Selbstverständlich, ohne ein Wort der Entschuldigung, hatte er es getan.

Daran denkt Karl jetzt. Er liegt immer noch im Bett. Schon macht es ihm wieder Spaß, im Bett zu liegen, zu spinnen, wie er es nennt – nun, da keine ärztliche Anordnung ihn zwingt zu liegen. – Genuß, denkt Karl, ist in gleicher Lage, aber wider Willen nicht zu haben. – Jetzt genießt er. Denkt abermals an den vergangenen Samstag, wie Klara schließlich den Jungen zu Bett gebracht hatte, der nicht einmal widersprach, so müde war er wohl. Karl hatte den Tisch abgeräumt, und dann, als Benjamin eingeschlafen war, hörten sie Musik. Gustav Mahler, sieh an, Klara mochte ihn auch! Klara bot Karl von den Marlboro-Zigaretten an, auf daß sie alle würden. Und sie leerten noch eine Flasche Wein.

Später, beim Zubettgehn, sah Karl Klara zu, wie sie

sich auszog, und es war wieder so wie bei ihrer ersten Begegnung. Selbstverständlich bewegte sich Klara. Karl sah ihr zu, ohne Begierde: Betrachter eines schönen Bildes.

Freilich, diese ehrliche, begierdelose Betrachtung war an die Situation gebunden, aus der sie entstanden war: Das Essen, das Musikhören, schweigendes Einverständnis. Es ist jener Punkt von Freundschaft und Sympathie gewesen, nach dessen Überschreitung, durch einen Blick, eine Geste, die Beziehung umschlägt, ausbricht in Erotik, Begehren und Der-Begierde-Nachgeben. (Karl hat es mit Julie erlebt.)

Anderntags, stellt Karl fest, ist die Stimmung der Stunde nicht zu beschwören, allenfalls annähernd. Karl denkt die Geschichte anders zu Ende. Tatsächlich aber löschte Klara das Licht: Schlaf gut, Karl, sagte sie, von ihren Matratzen her, und Karl wußte doch: Was einer die erste Nacht im neuen Bett träumt, wird wahr.

Karl hat es vergessen, was er in dieser Nacht träumte. Lebte Großmutter noch, könnte er sie fragen, ob auch das etwas zu bedeuten hat. Karl hat die Großmutter oft ausgelacht wegen ihrer Geschichten, und doch geht ihm der Aberglaube nach, fällt ihm immer wieder ein, und im passenden Moment. – Als ihr Bruder gefallen sei, wäre der Wecker stehengeblieben, gar vom Küchenschrank gesprungen, jawohl gesprungen und auf sie zugegangen, es war die Minute, als die Granate ihn zerriß. – Das hat die Großmutter sich nie ausreden lassen, seit 1916 hat sie die Geschichte immer fester geglaubt.

Karl steht auf, wird sich waschen, frühstücken, das Radio andrehn. Damit er auf andere Gedanken kommt. Den Tisch am Küchenfenster findet Karl schon gedeckt, nur den Kaffee muß er noch brühen. – Guten Morgen, lieber Karl, hat Klara auf einen Zettel geschrieben, der an der Tasse lehnt.

Karl sitzt am Küchentisch. – Lieber Georges, hat er

immerhin schon geschrieben –, sieht aus dem Fenster in den Hof hinunter. Eine Kastanie steht da, deren Äste fast bis hierher, ins vierte Stockwerk, reichen.

Lange sieht Karl aus dem Fenster, sieht Leute kommen und gehen, er kennt sie nicht. Was soll er Georges schreiben, welche der wenigen Neuigkeiten ist von Belang für ihn? – Karl beginnt: Ich weiß nicht, was ich Dir schreiben soll, obwohl ich glaube, daß ich Dir schreiben muß. Das klingt paradox, aber ich meine damit meine Unsicherheit, was noch wichtig ist für Dich, nachdem Du weggegangen bist. – Karl unterbricht, es ist eine Unruhe in das Haus gekommen, Türen schlagen, Schritte gehen treppauf und treppab. Nun laufen gar zwei Polizisten über den Hof, der eine kommt nach ein paar Minuten wieder, geht zurück auf die Straße, die Karl nicht sehen kann. Karl müßte ein Klotz sein, spürte er nicht, daß etwas geschehen sein muß, aber er mag nicht hinausgehen, auf die Treppe. Niemand kennt ihn hier. So bleibt er am Fenster sitzen, trinkt vom kalt gewordenen Kaffee, sieht weiter auf den Hof hinunter, wartet. Den Brief kann er allemal fortsetzen, jetzt hat Karl nicht die Ruhe, die er brauchte. Ist abgelenkt.

Passiert aber ist, daß sie die alte Maroffke gefunden haben, und sie war tot. Die Leute im Haus hatten gedacht, sie wäre bei der Tochter in Marzahn. Heute hat die Tochter beim Bäcker im Vorderhaus angerufen, was mit der Mutter wäre, sie hätte doch am Wochenende zum Kaffee kommen wollen. – Nein, die Bäckersfrau hat die Frau Maroffke seit Tagen nicht gesehen, sie wird mal klingeln, fragen, was ist, bleibenseamapparat. – Der Rest ist vorstellbar. Die Maroffke hat nicht aufgemacht, die Tochter ist gekommen, hat aufgeschlossen, schon im Flur roch es so seltsam, sind ja warme Tage jetzt.

Karl weiß nichts davon, sieht indes einen Arzt kommen, unschwer zu erkennen, kurz darauf erscheinen zwei andere Männer, diese ganz in Schwarz, bis auf die leuchtend weißen Hemden. Die beiden Männer tragen einen Sarg. Es ist also wer gestorben. Das macht Karl ruhiger, nun weiß er Bescheid. Wie soll der Tod irgendeines unbekannten Menschen ihn beunruhigen, und ein Kind kann es nicht sein, nach der Größe des Sarges. Es ist nicht so, daß Karl nun zur Tagesordnung überginge, vergessen, vorbei. Nein. Dieses fremde Sterben, der Tod, der im Haus gewesen ist, wecken gleichsam Karls Gedanken auf. Leben und Tod sind Dinge, über die wohl in einem Brief geschrieben werden kann: Nicht nur gelebt, auch gestorben wird dort, wo Georges jetzt ist, denkt Karl. Er setzt den Brief fort, schreibt hin, daß es nun ein paar Stunden später wäre, schreibt den Grund: Sie haben eben einen Toten abgeholt, es ist jemand aus dem Haus gestorben. Ich weiß nicht einmal, ob es eine Frau oder ein Mann gewesen ist. Es ist nicht unser Haus – den Satz streicht Karl wieder aus, schreibt neu: Es ist nicht in der Dunckerstraße, sondern in Klaras Haus passiert. Du mußt wissen, daß ich seit drei Tagen bei Klara wohne, fürs erste, nach dem Krankenhaus. Ich hatte im April (Nein, Karl schreibt nicht: am Tage deines Verschwindens!) einen Unfall. Ich bin gegen eine Straßenbahn gelaufen.

Erinnerst Du Dich an unsere Gespräche in P., als ich Dir von meinem Freund erzählt habe, der sich erhängt hat? Seitdem hat das Sterben mich immer beschäftigt, auch der Gedanke an meinen eigenen Tod. Ich dachte, ich wäre gefaßt darauf, aber ich bin doch erschrocken, lange nach dem Unfall, als ich daran dachte, eben nur Glück gehabt zu haben. Gestern hat Klara mich aus heiterem Himmel gefragt, ob ich eigentlich wüßte, wie wenig gefehlt hat zum Sterben. Nein, ich wußte es nicht. Seltsam, wie der Wille, wieder auf die Beine zu kommen, diesen Gedanken verdrängt haben muß. Nun will ich noch fragen, ganz in der Art Deiner Zeilen im Paket, ob es Dir gut geht. Zu grüßen brauchst Du ja keinen, ich kenne niemanden dort außer Dir. Karl. –

Karl brennt sich eine Zigarette an, keine von Georges' Marlboro, es erscheint ihm im gegebenen Zusammenhang unpassend. Ein bißchen verworren kommt ihm der Brief beim Lesen vor, es ist die Leere zu spüren, in die solch ein Brief zielt. Dafür findet sich Karl beim Lesen des Schlusses entschädigt, die milde Bosheit tut ihm wohl, ganz gleich, ob Georges sie bemerken wird oder nicht.

Es ist ein Brief geworden, wie viele Briefe geraten: mehr an den Schreiber gerichtet, als an den Adressaten, selbst in der Bosheit versteckt sich Genuß für den Schreiber, gerade da! Karl tut ein übriges, fügt noch ein Postskriptum an: Daß ich bei Klara wohne, wird Dich doch wohl nicht stören?

Zum Mittag brät Karl ein paar Eier, spült danach das Geschirr. Das geht ihm heute schon besser von der Hand, er findet sich zurecht, beginnt, das System des Küchenschrankes zu durchschauen. Das freut ihn.

Was soll Karl nun tun? Vorstellbar, er legte sich hin, hielte Mittagsruhe. Bis zu Klaras Eintreffen sind noch wenigstens drei Stunden Zeit, so lange kann ein ausgeruhter Mensch, wie Karl es ist, unmöglich schlafen. Auch gehen ihm die Gedanken an Georges noch im Kopf herum.

Karl hat eine Idee: Er wird Klaras Bücherregal absuchen, etwas zu lesen wird er suchen. Die meisten Bücher kennt er, was Wunder bei seinem Beruf. Aber er hat sie längst nicht alle gelesen. Auch das ist kein Wunder. Karl sortiert Bücher aus dem Regal, die er in die engere Wahl ziehen will, nicht jedes Buch kommt jederzeit in Frage, da braucht es Lust und Laune, auch Neugier.

Die Neugier ist es, die Karl am Ende zu Gorki greifen läßt, den hat er seit der Schulzeit standhaft gemieden. Hat sich geweigert, jemals wieder Gorki zu lesen. Klara besitzt vier Bände Gorki, da wird einer wie Karl stutzig.

Karl versucht sich zu erinnern, was ihn an Gorki so abgeschreckt haben könnte, er kommt nicht darauf. Fünfzehn Jahre ist das her, und Karl vermag sich nur zu erinnern, daß ihnen allen die Lektüre lästig gewesen ist. Hat vergessen, warum. So ist das mit Vorurteilen: Irgendwann steht nurmehr eine leere Hülle da.

Karl macht es sich im Sessel bequem, beginnt zu lesen, die frühen Erzählungen. Karl steigt ein in eine andere Zeit, ein anderes Leben, liest von düsteren Kellern, Barfüßigen, Bettlern, Huren und Dieben. Nicht Abscheu ist es, was Karl betroffen macht. Karl empfindet Betroffenheit über sich selbst. So sagt er es später Klara. Einstweilen aber liest er, vergißt, daß er hatte Tee machen wollen, bevor Klara kommt. Nun macht Klara selbst den Tee, winkt ab auf Karls Entschuldigung, sagt: Die alte Maroffke ist tot. – Karl sagt, daß er es weiß. – Mehr als eine Woche soll sie gelegen haben, erzählen sie im Haus. – Klara ist schweigsam an diesem Abend. Karl und Klara lesen, trinken Tee. Klara will zeitig zu Bett: Nein, Karl muß sich nicht auch schon hinlegen, und das Licht stört sie nicht. – Karl legt sich trotzdem hin, sie löschen das Licht. Beide wissen sie, daß vorerst nicht an Schlaf zu denken ist. Liegt's am starken Tee, daß sie keine Ruhe finden? – Hast du sie gekannt, fragt Karl schließlich, so leise, daß Klara die Frage überhören könnte, nicht zu antworten brauchte. – Keiner hat sie gekannt, sagt Klara, wenn du damit meinst, ob ich was weiß von ihr. Sie hat schon immer hier gewohnt, jedenfalls vor uns anderen schon. Sie hat Kittelschürzen getragen und die streunenden Katzen gefüttert. Wir haben oft geschimpft darüber, im ganzen Haus rannten die Katzen umher, es stank auch. – Sie schweigen. Nach einer Weile beginnt Karl von Wolf zu erzählen, wie der eines Montagmorgens tot war, seit zwei Tagen schon. – Es ist die gleiche Geschichte, sagt Karl: Keiner hat es gewußt. Es stirbt wer, und niemand hat es geahnt, keiner bemerkt es. – Ja, sagt Klara, das ist es wohl. Ich werde sicher lange nicht an der Tür vorübergehen können, ohne daß ich dran denken muß: Ist gestorben in einem Haus voller Leute, die das einfach nicht mitgekriegt haben. Niemand hat sie vermißt. – Jeder der beiden erzählt seine Geschichte, die Geschichten berühren einander, gewiß, und doch spricht jeder für sich, läßt den anderen zuhören, dem Selbstgespräch folgen in der schützenden Dunkelheit. – Ich war noch ein paar Stunden, bevor er sich erhängt hat, mit ihm zusammen. Da hat er's schon gewußt. – Wieder Schweigen. Bis Karl zu erzählen beginnt, von den Abenden bei Judith, einem Mädchen aus Karls Klasse. Da begannen sie sich zu treffen, acht, zehn Schüler, ohne Zwang oder Aufforderung. Saßen bei Tee, den sie in einem Emailleeimer gebrüht hatten, hörten Musik von Joan Baez und Bob Dylan, redeten von Wolf, kramten Geschichten aus und kamen unversehens auf sich selbst zu sprechen. Wie sie lebten, wovor sie Angst hatten. Immer weniger glichen die Abende der Totenbeschwörung, die sie anfangs gewesen waren.

Karl sagt: Da habe ich gehört, wie ein Mädchen aus unserer Klasse weinte, weil der Vater sie schlug, sie, die Achtzehnjährige, und nur, weil sie einen Freund hatte. Sie sollte lernen, das Abitur stünde vor der Tür. Das hatte niemand gewußt, und wir haben ihr nicht helfen können. Bald nach dem Abitur hat sie ihren Freund geheiratet. – Der Mann war schon dreißig, fällt Karl ein, so alt ist er jetzt. Und wie alt ist ihm der Mann, den Angelika damals heiratete, vorgekommen. – Damals, an einem dieser Abende, habe ich zum ersten Mal gesagt, wie schlimm es für mich war, kein Mädchen zu haben. Die Geschichte mit Marlene zählte einfach nicht, das war Anatomie, und es ist ja nie wirklich etwas passiert. Ich meine, ich habe nie mit ihr geschlafen.

Karl sieht das Bild, wie sie in Judiths Zimmer sitzen, es ist fast dunkel, nur eine Kerze brennt: Karl hält den Kopf gesenkt, hat die Ellbogen auf die Knie gestützt, den Kopf in den Händen redet er. Wenn ich dich nicht sehe, siehst du mich auch nicht – ein Kinderspiel. Und die Angst, daß wer lachen könnte. Obwohl er doch wußte, daß sie ihm zuhören würden, und keiner hatte Grund zu lachen. Der Mut, den es zu reden gekostet hatte, wärmte.

Blau zeichnet sich der Himmel im Fenstviereck ab, im Hof singt ein Betrunkener das Lied von der kleinen Kneipe. – Es geht alles weiter, sagt Klara. – Ist es nicht gut, daß es so ist? – Klara antwortet nicht. Sie hat zu weinen begonnen, sie weint, bis sie schläft.

Drei Wochen vergehen, was sind schon drei Wochen. Drei Wochen sind eine Ewigkeit für einen, der eingesperrt ist in die Wände einer Wohnung, mag sie ihm auch gefallen, fühlt er sich längst nicht mehr fremd darin. Draußen ist ein Sommer aufgestiegen wie selten einer, nicht einmal die Nächte bringen Abkühlung. Heiß ist es in der Wohnung, über den Mittag kaum zu ertragen. Karl schwitzt, ohne sich zu regen. Unter dem Gips laufen winzige Rinnsale von Schweiß, daß es juckt und brennt auf der Haut. Wie soll Karl sich kratzen? Immer wieder fährt er instinktiv mit der Hand an den Gips, läßt dann den Arm resigniert baumeln.

In der ersten Woche hat Karl noch viel gelesen, dann weniger, kaum eine Stunde hielt er noch aus, bis er den Inhalt des Gelesenen nicht mehr erfaßte, der Text zu Brei verlief.

Seit Tagen sitzt Karl am Fenster, starrt in den Hof, wo selten genug etwas geschieht. Karl wäre froh, gingen die Fenster der Wohnung zur Straße hinaus: er könnte Menschen sehen und Autos. So hört er nur, wie der Verkehr vorbeizieht, mit stetem Lärm. Und die Kinder hört er. Nie hat Karl verstanden, daß Leute stundenlang aus dem

Fenster sahen, wie die Alten in G., die stahlen dem lieben Herrgott die Tage. Nun ist er selbst solch ein Tagedieb wider Willen. Zwar könnte er auf die Straße gehen, aber die Überwindung der vier Treppen hält Karl davon ab, auch fürchtet er, eine Stufe zu verfehlen und zu stürzen.

Karl ist mürrisch geworden in diesen Tagen. Kaum gelingt es Klara noch, ihn aufzuheitern, bei aller Liebe! Klara bringt Karl Blumen. – Ja, sagt er dazu: Genau wie im Krankenhaus. – Klara bäckt ihm Kartoffelpuffer, sein Lieblingsgericht (dabei kann Klara Kartoffelpuffer nicht ausstehen), stellt sich bei der Hitze, die ohnehin in der Küche herrscht, an den Herd, in den Dampf, das spritzende Öl. Und Karl? Er dankt es ihr wenig. Lustlos ißt er zwei von den Puffern, er hat keinen Appetit. Da ist's Klara, der sanftmütigen, denn doch zuviel: mit Schwung befördert sie die restlichen Puffer in den Mülleimer. – Es gäbe auch Schlimmeres, sagt Klara, das sei gewiß ein schwacher Trost für Karl, aber er solle es sich vorzustellen versuchen: Wir haben da jetzt eine Frau mit angebrochener Wirbelsäule, die muß wenigstens ein Vierteljahr in einem Gipsbett liegen, ohne mehr als die Arme bewegen zu können. – Karl verspricht Besserung. Es klingt nicht sehr überzeugend. Schon am nächsten Tag gibt es neuen Verdruß. Klara ist gleich nach der Arbeit mit Benjamin hinausgefahren vor die Stadt, zum Baden. Spät kommen die beiden nach Hause, gegen acht Uhr erst. Da beschwert sich Karl, es wäre ja schön, daß sie überhaupt noch kämen, obgleich er gern mal ein Stündchen allein sei. Klara sagt nichts dazu. Sie weiß ja, was los ist mit Karl. Solche Sachen erlebt sie im Krankenhaus täglich dreimal. Da kann man nichts machen, nicht, solange die Wut, der Zorn noch frisch sind. – Karl ärgert sich beharrlich weiter, nun schon darüber, daß Klara nicht reagiert. Nicht einmal eine Antwort kriegt er, sitzt den ganzen Tag da wie bestellt und nicht abgeholt, wartet von vier bis acht, dabei waren sie baden! Als Klara zu Bett geht, sieht er, daß Klaras Körper schon gebräunt ist, einen Schimmer dunkler geworden sind auch Brüste und Gesäß. – Sie hat also nackt gebadet, denkt Karl, hat sich von allen begaffen lassen. – So verrannt ist er in seinen Zorn, daß er nicht merkt, wie lächerlich dieser Gedanke ist. Er selbst badet am liebsten nackt, es ist unangenehm, in einer Badehose zu stecken, deren Gummi kneift, kneifen muß, will man nicht Gefahr laufen, die Hose zu verlieren.

Oft, bisweilen bis zum Verdruß seiner Zuhörer, hat Karl seine Theorie verbreitet, wie unsinnig es sei, nicht jeden baden zu lassen, wie er möchte, nackt oder bekleidet. Karl findet, die Trennung nach Textil- und Nacktstränden ist der Inbegriff der Verklemmtheit: Der Mensch muß ein Verhältnis zu seinem Körper haben, hat Karl mehr als einmal erklärt. Jetzt aber stellt Karl Betrachtungen darüber an, wie fremde, lüsterne Männer Klara begafft haben werden, die doch ebensoviel Recht dazu haben wie Karl! Die Eifersucht, denn das ist es, was ihn quält, läßt ihn lange nicht zum Schlafen kommen, zudem bei dieser Wärme und angesichts der Lust, die Karl bei der Betrachtung von Klaras Körper wieder aufgestiegen ist. Karl scheut sich, selbst Abhilfe zu schaffen, es ist ihm peinlich, auch wenn Klara schläft. Womöglich weckt sie ein Geräusch, Karls schneller gehender Atem ... Er schaut hinüber zu Klaras Lager. Nackt, bloß mit einem Laken zugedeckt, liegt sie dort, hat Karl den Rücken zugewendet. Und dieser Anblick macht die Sache auch nicht besser.

Am nächsten Tag entschuldigt sich Karl bei Klara. Schließlich reicht es, daß sie ihn versorgt. Und ist es ihre Schuld, daß Karl ein Gipsbein hat? – Klara sagt, daß es schon vergessen sei. – An diesem und den folgenden Tagen gibt sich Karl Mühe, freundlich zu sein. Es gelingt ihm, denn der Tag, an dem der Gips entfernt werden soll, rückt näher. Karl und Klara reden wieder miteinander.

Eines Abends fragt Karl: Was ist mit dir? Du hast noch kaum von dir gesprochen! Ach, sagt Klara, da ist nicht viel zu sagen. Meinen Vater habe ich nie gesehen, war wohl ein verheirateter Mann aus Mutters Betrieb. Mutter ist im Lampenwerk, Materialausgabe. Der hat sie mal eingeladen, ein Fläschchen Wein und so. Da war seine Frau zur Kur. Nee, in die Wohnung ist Mutter nicht mitgegangen, kam nicht in Frage, also in ein Lokal. Es waren dann wohl drei Flaschen, na, und wenn Mutter was getrunken hat, wird sie fröhlich. So wird es gewesen sein: Sie sind in so ein Hotel gegangen, in Westberlin, zwei Stunden hat der Mann gebucht, Kognak aufs Zimmer bestellt, so nobel war das dort, und Mutter, das Schaf, hat ihn rangelassen. – Na ja, setzt Klara nach einer Pause fort, es hat sein Gutes gehabt, sonst wäre ich nicht da. Der Mann hat natürlich 'ne Menge Zeug von großer Liebe erzählt, bis er Mutter soweit hatte, und am nächsten Tag war sie wieder die Kollegin Friedländer, die Frau in der Kittelschürze. Als sie ihm gesagt hat, daß sie schwanger ist, war er ziemlich nervös, keine Spur mehr von großer Liebe, tausend Mark hat er locker gemacht, wenn sie nur den Mund hielte und nie wieder was verlangte. Und Mutter ist prompt darauf eingestiegen. Tausend Mark war ungeheuer viel Geld bei den paar Kröten, die sie verdiente.

Da haben sie beide ein Stück gemeinsame Geschichte. Karl erzählt von seinem Vater im Bayerischen, den er nicht kennt, dafür aber das leidige Geldproblem um so besser. – Nee, sagt Klara, ein Fahrrad hat sie auch nicht gekriegt; nicht mal so'n verrosteter Karren, wie Karl einen bekam, ist für sie abgefallen: Und nun habe ich selbst ein Kind, und der Vater ist auch über alle Berge. – Und ich bin ein Vater geworden, der über alle Berge gegangen ist. Es muß einem doch anhängen, meinst du nicht?

Klara zuckt die Schultern: Vielleicht. Ich habe es besonders gut machen wollen. Der Bernd, Benjamins Vater, das war die große Liebe, wirklich. Das kommt nicht noch mal. Von dem wollte ich ein Kind. Ist doch normal, wie? Und dann kam das Kind und er freute sich auch, bis er plötzlich eines Tages erklärte, er sei noch nicht reif für die Familie, und er wolle noch was erleben. Seine Eltern haben ihn rausgeschmissen, als sie es erfuhren. Die geben mir manchmal Sachen für den Jungen. Das Rausschmeißen hat natürlich nichts genutzt, war Quatsch, inzwischen haben sie's eingesehen. Und ich, was hätte ich machen sollen? Ihn festhalten, auf Knien anflehen oder was? Da ist er gegangen. Den Rest weißt du. Was ich arbeite, und die Geschichte mit Georges. Eigentlich hätte ich studieren sollen, meine Mutter wollte es unbedingt: Der Kerl soll sich noch wundern, hat sie gesagt, wollte meinem Vater was beweisen, daß sie mich auch allein … Na, du kennst das ja. Aber so ein großes Licht bin ich in der Schule nicht gewesen, und Lust zum Studieren hatte ich auch keine.

Viel wird an diesem Abend erzählt. Karl fragt noch, ob denn Klaras Mutter nicht einen anderen Mann hätte heiraten können: Es gibt doch Männer, die keine Kinder zeugen können. Oder einen Witwer? – Nee, sagt Klara, so was wollte sie nicht. Ich habe sie das gleiche gefragt, als ich sechzehn war, und sie hat mir geantwortet: einen, der nicht kann, hätte sie nicht gewollt, und 'n Witwer, bloß, daß das Kind einen Namen kriegt, auch nicht. Wenn schon, denn schon, hat sie gesagt, aber es hat sich keiner gefunden zum Heiraten. Über Nacht sind immer mal Männer dagewesen, ist ja klar, wer hält das schon aus auf die Dauer …

Dies wäre der Punkt gewesen, an dem Karl hätte fragen können, wie sie, Klara, es denn aushielte. Sagen, daß er es auch nicht leicht hat …

Klara beendet die Pause. Peinlich lange hat sie gedauert, beiden ist deutlich geworden: sie haben das gleiche gedacht, es muß so gewesen sein. Indes – je mehr von dieser vertrackten Zeit davonlief, um so unmöglicher war, die unausgesprochene Frage doch noch zu stellen. Klara steht auf: Magste 'n Bier? – Sie holt zwei Flaschen, ohne Karls Nicken noch gesehen zu haben. – Ob Karl schon das Neueste weiß? – Nein, Karl weiß es nicht, woher soll er es wissen, es hat nicht in der Zeitung gestanden. – Karl erfährt, daß Julie nicht mehr im Krankenhaus arbeitet. Klara macht es spannend, sie will den Karl unruhig werden sehen, will (o weibliche List!) wissen, wie es um Karl steht, wenn von Julie die Rede ist. Schließlich kann sie nicht fragen: He, Karl, liebst du sie noch und wie sehr? – Es ist dies eine der Fragen, die man nicht stellt. – Soso, sagt Karl, hat aufgehört. – Er merkt selbst, sein Gleichmut ist zu stark, um glaubhaft zu sein. Natürlich hat ihn der bloße Name hellhörig gemacht, aber das ist auch nicht anders zu erwarten. Hätte Klara Marions Namen gesagt, in welchem Zusammenhang auch immer – es wäre Karl nicht anders ergangen. – Was tut sie jetzt? – fragt Karl. – Nichts. – Klara treibt es auf die Spitze. – Was heißt: nichts? – Sie richtet ihr Heim ein, ein Häuschen im Grünen. – Wieso, sagt Karl, wieso Häuschen? –

Es ist mit der Zeit ein recht einfältiger Dialog geworden. Klara merkt es auch. Karl erfährt, daß Julie nun Frau Geldner heißt, jawohl, sie hat geheiratet. Ende der Fünfziger ist der Mann, Schauspieler, ja, genau der, der in den Filmen immer den, na, du weißt schon. –

Ja, Karl weiß. Er hat es schon längst gewußt. Schon in der Klinik war da jene Ahnung, daß er Julies Wohnung leer finden wird. Das ist es, was ihn umwirft. Karl lacht. So plötzlich beginnt er zu lachen, daß Klara erschrickt: Der wird doch nicht am Ende verrückt geworden sein? War's zuviel, mit einem Mal? – Nein, sagt Karl, der Klaras Blick richtig gedeutet hat (manchmal bekommt Karl so etwas mit): Nein, ich werde nicht verrückt. Es ist nur, weil ich es geahnt habe. – Nun ist es Klara, die nicht weiß, worauf er hinaus will. Karl nimmt einen langen Zug aus der Bierflasche, lacht noch einmal kurz auf, dann erklärt er. Erzählt auch, wie Julie ihm gesagt hat, womöglich würde sie einen reichen, älteren Herren heiraten: Nun hat sie es also getan. Und der Herr Geldner trüge doch seinen Namen gewiß zu Recht? – Klara bestätigt es: Sieh zu, daß dein Bein in Ordnung kommt. In vierzehn Tagen ist bei Geldners Sommerfest, und wir – du und ich – sind eingeladen. – Er käme doch mit? – Ja, sagt Karl, er wüßte nicht recht, obgleich, was spräche dagegen? – Allenfalls der Gips. Doch der Gips kommt ab.

Zwei Tage nach diesem Abend ist es soweit. Mit einer Fräse, deren Geräusch an das einer Motorsäge erinnert, wird der Gips aufgetrennt. Karl hat die ganze Zeit Angst, der Pfleger, ein bärtiger Bursche, der sehr forsch zu Werke geht, könne ihn verletzen mit dieser Höllenmaschine. Doch es geht gut, was Karl für ein Zeichen hält, daß auch die Röntgenbilder befriedigend ausfallen werden. Auch ist Karl am Morgen, auf dem Weg hierher, einem Schornsteinfeger begegnet, was bekanntlich Glück verheißt. (Noch besser ist es freilich, einen Schornsteinfeger anzufassen, das hat sich Karl aber nicht getraut.)

Der Vormittag dehnt sich ewig lang, überall muß Karl warten, schließlich in der Ambulanz. Noch sitzt Karl in einem Krankenfahrstuhl, womöglich jenem, in dem er seine Ausflüge in den Park unternommen hat. Noch ist das letzte Wort nicht gesprochen.

Dann geht alles sehr schnell. Eine Ärztin erklärt Karl, es sei soweit alles in Ordnung. Sie sieht ihn nicht an dabei, schreibt in Karls Krankenblatt. Er bekommt eine Gehhilfe von der Sozialversicherung für die Zeit des Laufenlernens, rennen wird er vorläufig nicht können. Nun, das ist es auch nicht, wonach sich Karl am dringendsten sehnt. Zur Gymnastik wird er kommen müssen, dreimal die Woche. Die Schwester drückt Karl die »Gehhilfe« genannte Krücke in die Hand: Probiernsemal, jawoll, die paßt, und in drei Wochen kommse wieder her. Hier ist das Rezept für die Gymnastik, da müssense sich gleich noch Termine holen, wissense, wo das ist? – Karl weiß es nicht, er bekommt den Weg gewiesen und vergißt ihn wieder. Fragt sich durch, es ist ihm egal. Den Gips ist er los, das zählt.

Auf dem Heimweg (Natürlich geht Karl zu Fuß!) kann er der Versuchung nicht widerstehen, dicht vor dem Ziel kehrt er doch noch in eine Kneipe ein, Kastanien, Ecke Oderberger, trinkt am Tresen zwei Bier, lieber keinen Schnaps, drückt der mürrischen Wirtin ein Zweimarkstück in die Hand: Stimmt. Karl humpelt hinaus in den sonnigen Vormittag. Die Autos stinken kein bißchen an diesem Tag, niemals wieder wird der Senefelderplatz so schön aussehen wie heute, ausschließlich schöne Mädchen begegnen Karl, mit fröhlichen Brüsten unter den dünnsten T-Shirts der Welt. Im Konsum kauft Karl zwei Flaschen Wein, ja, und eine Flasche Sekt. Wer hätte das für möglich gehalten: Karl, der keinen Sekt mag (Schade ums Geld, sagt er sonst.) – Karl also kauft Sekt! – Wenn mir das einer gesagt hätte, ich würde mal Sekt kaufen, aus freiem Entschluß! – denkt Karl. Da ist er oben. – Klara wird staunen, und Sekt leistet sie sich bestimmt nicht oft! – Karls Freude ist stärker als das Stechen und Kribbeln in seinem Bein. Es schmerzt, Karl kann es nicht leugnen. Auch hat er für den Aufstieg nicht viel weniger Zeit gebraucht als vorher, als der Gips noch am Bein war. Karl legt sich hin, wird ein Stündchen ruhn.

Als Karl erwacht, ist Klara bereits da. Karl tastet rasch nach seinem Bein, tatsächlich – der Gips ist ab. – Er ist ab, ruft Karl hinaus in die Küche: Er ist ab, der verfluchte

Gips! – Karl geht hinaus zu Klara, sie umarmt und küßt ihn. Wer weiß, was daraus hätte werden können, wäre Benjamin nicht zu Hause gewesen. Aber er ist da, erklärt gerade: Ich habe Durst! – Klara gibt dem Jungen zu trinken. Karl öffnet den Kühlschrank, holt den Sekt heraus. – Sekt? – wundert sich Klara, holt Gläser; es sind keine Sektgläser. – Ob er auch daraus trinkt, fragt Klara. – Karl zeigt ihr einen Vogel.

Als die Flasche geleert und Karl fast ein wenig betrunken ist (Natürlich stößt ihm das Zeug auf!), sagt er, daß er eigentlich gar keinen Sekt mag, aber in solch einem Fall … Da beginnt Klara zu lachen. Am Ende ist auch sie nicht mehr ganz nüchtern? Wer trinkt vor dem Abendbrot auch Sekt! – Nein, Klara kann sich kaum beruhigen: Und ich dachte, wenigstens du trinkst das Zeug gern! – Das ist in der Tat ein Grund zur Heiterkeit. Karl stimmt in Klaras Gelächter ein. Benjamin wundert sich, will wissen, worüber die beiden lachen. Karl versucht es ihm zu erklären, aber der Versuch geht in Klaras ansteckendem Gelächter unter. Benjamin schüttelt verständnislos den Kopf und geht würdevoll aus der Küche.

In diesem Moment kommt Klaras Mutter herein. – Die Mütter kommen immer im passenden Augenblick, denkt Karl und erinnert sich jenes Sonntags, an dem er Marion von Julie erzählen wollte. Und Marion brachte ihre Mutter mit zum Kaffee.

Es ist das erste Mal, daß Karl und Klaras Mutter einander begegnen. Klaras Mutter ist gut bei Kräften, das zeigt ihr Händedruck. Klara hat ihr von Karl erzählt, und Klaras Mutter erfaßt die Lage mit einem Blick. Hat das Gelächter ihrer Tochter noch gehört, sieht die Sektflasche auf dem Tisch, was soll sie da denken? – Ob sie den Jungen mitnehmen soll, sie führe morgen aufs Land zu ihrer Schwester. – Klara nickt.

Es dauert nicht lange, da sind Klaras Mutter und Benjamin verschwunden. – Was die sich wohl gedacht hat? – fragt Klara. Sie sieht Karl an. – Dann laß es uns doch tun, zum Teufel, sagt Karl.

Spät abends sitzen Karl und Klara in der Küche. Sie essen. Sie sind beide nackt, so, wie sie Karls Lager verlassen haben, nackt und ungewaschen, daß jener Geruch von Begierde und Genuß sie noch umgibt. Sie trinken Wein zum Essen, gesprochen wird kaum. Zuviel ist offen, ungesagt.

Was ist passiert? Sie haben sich auf Karls Wort hin ausgezogen, Klara hat die Wohnungstür verschlossen, die Klingel abgestellt. Sie haben sich auf Karls Bett gelegt, einander in die Arme genommen und gestreichelt, eine lange Zeit. Bevor Karl zu Klara kam, hat er gesagt, sie soll nicht böse sein, wenn er sie zu schnell verläßt, sie soll Geduld haben. – Klara hat das verstanden, hat Karl gestreichelt, bis er ein zweites Mal zu ihr gekommen ist.

Das ist geschehen. Nichts Außergewöhnliches, könnte wer sagen, und das ist wahr und unwahr zugleich. In biblischen Zeiten hieß es, wenn zwei miteinander schliefen, sie erkannten sich. Wenn Karl und Klara einander erkannt haben, was erwartet dann einer vom anderen?

Da ist Karl. – Armer Karl, nun hast du gar keine Frau mehr, hatte Marion am Tag ihrer Scheidung gesagt. – Ist er nun im Begriff, wieder eine Frau zu haben? – Du kannst nicht umsteigen, wie von einem Zug in den anderen, hatte Julie gesagt. Und nun Klara. Sie hatten eine Gelegenheit, es hat ihnen gut getan. Wozu die Dinge unnötig komplizieren?

Da ist Klara. Bernd, die große Liebe, kommt nicht wieder. Georges wird auch nicht wiederkommen. Mutter hat ab und an einen zum Schlafen mit nach Hause genommen. Man muß die Feste feiern, wie sie fallen. Ein geläufiger Spruch. Soll sie Karl fragen, ob er bleibt? Wird er bleiben wollen? Will sie es denn, daß er bleibt? So viele

Fragen ... Karl und Klara tragen einen verborgenen Kampf aus, schweigend, scheinbar nur mit Essen beschäftigt: da werden Brote in auffälliger Gründlichkeit bestrichen, wird die Butter bis in jeden Winkel verteilt. Und doch wird einer beginnen müssen zu reden.

Endlich bricht Karl das Schweigen. Er stellt es geschickt an, läßt alles offen. Unverfänglich fragt er: Nun kannst du mich ja rauswerfen, wo ich wieder auf eigenen Füßen stehe? – Da hat Klara den Schwarzen Peter in der Hand: So eilig ist es nicht, sagt sie. – Ein diplomatischer Satz, nun ist Karl wieder dran. Was soll er sagen? – Karl schlägt vor, ins Zimmer zu gehen. Sie räumen den Tisch ab, tragen den Wein und die Gläser hinüber, Klara sucht eine Schallplatte aus. Da sagt Karl sehr beiläufig und so leise, daß Klara den Satz hätte überhören können: Für zwei ist die Couch ein bißchen schmal, meinst du nicht? – Klara legt die Platte auf: Man könnte ja, sagt sie, ohne sich umzudrehen, so ein Lager aus Holz und Matratzen bauen, wie Georges eines hatte. Im Keller ließen sich Bretter finden. – Sie lassen es dabei bewenden. Mehr wird nicht gesagt. Keine Versprechen, kein Schwur! Gebranntes Kind scheut's Feuer.

Da hat sie sich also aufgegeben, fängt Karl unvermittelt von etwas ganz anderem zu reden an. (So scheint es immerhin) – Du meinst Julie? – Karl nickt: Georges hat einmal gesagt, wenn es einem Mann gelänge, sie festzuhalten, würde sie eine andere werden. – Jeder hat mal an Märchen geglaubt, gibt Klara zurück. Julie ist von ihrem Prinzen mit jedem Mann, den sie geliebt hat, ein Stück weggerückt. – Klara lacht: Sie ist nicht jünger geworden dabei. Das hat sie gewußt. – Karl denkt über Klaras Rede nach. Sie hat ihn erstaunt. – Sind Klara und Julie nicht Freundinnen, denkt Karl, und da fällt ihm etwas auf: Sowohl Georges als auch ihn, Karl, hat Klara von Julie übernommen. Aus zweiter Hand sozusagen. Ob es das ist, was sie so reden läßt? – Klara sagt, wenn die Unschuld verloren ist, stimmen die Märchen nicht mehr. – Karl versteht, was Klara meint, jedenfalls nicht nur die Unschuld, die ein Mädchen verliert, wenn es zum ersten Mal mit einem Mann schläft. Karl wundert sich noch immer. Er hat Klara unterschätzt. Karl sieht Klara an: Es ist schon gut, wenn wir uns nichts vormachen, sagt er.

Da ist das Gespräch an jenem Punkt, von dem sie beide, Karl und Klara, hatten ablenken wollen. Nun ist doch noch ein Satz gesagt, der sie betrifft. Sie wollen einander nichts vormachen. Haben sich also wirklich erkannt?

Am Montag der folgenden Woche ist es mit dem geruhsamen Leben vorbei! Bereits um sieben Uhr wird Karl zum Turnen erwartet. Vorbei ist das Wochenende. An beiden Tagen sind Karl und Klara zum Baden gefahren, an einen See nördlich der großen Stadt. Vom Bus aus war es noch ein ziemliches Stück Weg, Karl hatte Mühe mit dem Laufen. Hat sich am See ausgezogen und in den Sand gelegt. Es waren nur wenige Leute hier, kein Lärm, und jeder badete, wie er wollte, nackt oder bekleidet. Karl staunte: Das gab es also. Gebadet hat Karl freilich nicht, das war seinem Bein nicht zuzumuten. Klara indes schwamm weit hinaus, querte den See, und Karl folgte ihr mit den Augen. – Wenn sie da draußen einen Krampf bekommt, dachte Karl und war froh über die Anwesenheit anderer Männer. Wie hätte er sie retten sollen? Mochten die Männer Klara ruhig ansehen. Solche Gedanken sind dem Karl gekommen. – Du hast ja Angst um sie, sagte er zu sich selbst.

Beim Turnen wird Karl gelobt, sehr schön machen wir das, und er soll das Bein nicht zu sehr belasten, von drohenden Entzündungen ist die Rede. – Nein, die können wir nicht gebrauchen, solch eine Entzündung, nimmt Karl den Ton der jungen Dame auf, jenen seltsamen Plural des Gesundheitswesens, wohl eine Art von vertrauensbildender Maßnahme.

Vom Krankenhaus fährt Karl in den Betrieb. Er muß sich in Erinnerung bringen, mitteilen, daß es nunmehr die längste Zeit gedauert hat, nach einem Schonplatz fragen. Natürlich trifft Karl weder Gerd noch die anderen Kollegen an. Sie sind unterwegs. Aber in der Kaderleitung wollen sie ihn sprechen, erfährt Karl vom Meister. – Dort sagt man ihm, er, der Kollege Groß, könne, sobald er gesund sei, in der Abteilung Ökonomie beginnen, ohnehin sei dort eine Stelle unbesetzt, und überhaupt: Wolle denn Karl ewig auf dem Auto bleiben? – Seltsam, denkt Karl, fast die gleichen Worte hat Gerd gebraucht, als er ihn im Krankenhaus besuchte. – Nein, ewig wird er wohl nicht auf dem Auto bleiben können, das gibt Karl zu: Indes, seine Kaderakte wiese doch einen Makel auf, das könne dem Kollegen Kaderleiter doch keinesfalls verborgen geblieben sein? – Nein, das ist es nicht. Aber man schätzt den Karl als guten Kollegen, fleißig und pünktlich. – Sieh an, der will doch was, denkt Karl. – Ob er nicht Lust hätte, die freie Buchhalterstelle für länger als vorübergehend auszufüllen? – Von Erwachsenenqualifizierung ist die Rede. Da ist die Katze aus dem Sack, und Karl kommt sich überfahren vor. Was soll er jetzt sagen? Er hat nie daran gedacht, Buchhalter zu werden, ausgerechnet Buchhalter! Aber warum eigentlich nicht? – Karl spricht von seinen mangelnden Fähigkeiten im Kopfrechnen. – Dafür gibt es Taschenrechner, erfährt Karl. Die er sicher zu bedienen lernen würde. – Er wird es sich durch den Kopf gehen lassen. Er sagt Bescheid. – Der Kaderleiter verabschiedet Karl geradezu herzlich: Er hoffe, Karl entschiede sich im Sinne seines Vorschlages.

Der Kaderleiter hofft es wirklich, obgleich nicht ganz uneigennützig. Er verbindet, wie es heißt, gesellschaftliche und persönliche Interessen. Denn es ist etwas geschehen, wir vermuten es schon, wovon Karl nichts weiß: Eine vorgesetzte Behörde hat in Karls Betrieb eine Revision gemacht, dabei kam ans Licht, daß der Kollege Groß entschieden überqualifiziert für seine ausgeübte Tätigkeit ist. Dem Kaderleiter ist nahegelegt worden, den Zustand zu verändern, man wird nachfragen. Nun ja, auch ein Kaderleiter ist nur ein Mensch, hat ein Bedürfnis nach Ruhe und Harmonie. Da will er sehen, die vorgesetzte Behörde möglichst schnell zufriedenzustellen. Wer verstünde das nicht?

Karl lenkt seine Schritte wie von selbst in Richtung Hackescher Markt, in Margots Kneipe zieht es ihn. Es geht auf Mittag, da wird er Gerd treffen, falls er seine Gewohnheiten nicht geändert hat: Mal sehen, was der von Buchhaltern denkt! – Auch wird Margot sich freuen, Karl lebend vor sich zu sehen, ein wenig hinkend zwar, aber gesund und durstig wie immer.

Soll ich dir wirklich 'n Bier geben, sagt Margot als erstes zu Karl: Vielleicht schmeißt du dich heute mal vor den Bus? – Dann umarmt Margot Karl. Das ewige Fragespiel beginnt: Wie es ihm geht, ob es schlimm war, wie es denn bloß hat passieren können. – Karl antwortet, so gut er kann, trinkt ein Bier dazu, fragt nach Gerd. – Nein, Gerd wird nicht kommen. Gerd ist an der See. – Karl setzt sich an den Tisch, an dem er an jenem Morgen gesessen hat, nachdem er wußte, daß Julie ihn gehen ließ. Eine Wurst hat Margot ihn damals zu essen genötigt. – Haste Knacker, fragt Karl. – Margot hat Knacker. Karl bestellt ein Paar. – Während Margot die Knacker aus der Küche holt, tritt der Professor in die Kneipe, nimmt Karl wahr, setzt sich zu ihm.

Du bist ein Dichter, hab' ich gehört, eröffnet Karl das Gespräch. – Die Blonde, Miß Germania, der Professor wüßte doch wer, hätte es ihm gesagt. – Schön, sagt der Professor, bin ich ein Dichter. Ändert das was? – Nee, aber ich kenne nicht mal deinen Namen, womöglich haste Bücher geschrieben! – Der Professor sagt Karl seinen Namen. Allerdings, den kennt Karl, und Bücher hat der Professor auch geschrieben. – Nun sag bloß nicht »Sie« zu mir! Sind halt so Gedichte, wer liest die schon. – Und ich soll Buchhalter werden, sagt Karl, er muß es loswerden. – Karl bietet dem Professor eine Knacker an: Buchhalter, wie findste das? – Mir hat mal ein Kneipier gesagt, eigentlich ist es egal, was du machst, ob Gedichte schreiben oder Bier zapfen, Hauptsache, du bist glücklich dabei. Das war'n kluger Mann, der hat sich vierzig Jahre nicht hinter seinem Tresen fortbewegt, die Welt kam zu ihm. – Du mußt aufhören, setzt der Professor fort, vor dir selbst wegzulaufen, das ist es. Du bist einmal fortgegangen, es war gut so, nehme ich an, nun mußt du sehn, daß du Halt bekommst. – Da hätte ich ja auch bleiben können, wo ich war, oder? – Wo du jetzt bist, bist du aus eigener Kraft hingelangt, das ist schon ein Unterschied. Stell dich nicht dümmer, als du bist! – Natürlich, es stimmt. Karl denkt an das Bild, wie er sich selbst hat mählich treiben sehen in einem Fluß. Woher weiß der Professor eigentlich von Karl, das fällt ihm jetzt erst ein. – Von Klara. Der Professor wohnt in einem Haus mit Klaras Mutter, da kennt man sich eben. Klara, da sind sie ja beim Thema. Und was weiß Karl vom Professor? Er wird ihn fragen. Eine lange Sitzung wird das werden, mit reichlich Bier!

Als Karl sich vom Professor verabschiedet, vor Klaras Haus (der Professor hat ihn zur Vorsicht heimgebracht), sagt Karl: Mann, ich hab' aber 'n ganz schönen Zacken weg.

Langsam, noch vorsichtiger als sonst, steigt Karl die Treppen hinauf. Es ist schon spät, nach zehn. Als Margots Kneipe um sieben schloß, sind der Professor und Karl weitergezogen, in eine Kneipe auf der Pieckstraße,

Karl hat den Namen vergessen. Karl und der Professor haben ihre Freundschaft begossen, die das heutige Besäufnis überdauern wird. Noch bei Margot hatte Karl sich ein Herz gefaßt und gesagt, es sei ja schön, wie der Professor sich um ihn sorge: Aber wenn ich dich ansehe, säufst, bis du umfällst, und diese Geschichte mit der Blonden – da frage ich mich, warum du deine Sprüche nicht selbst anwendest. Nimmste mir das übel? – Nein. – Und dann erzählte der Professor seine Geschichte. Es ist die klassische Situation gewesen: Da sitzen zwei am Kneipentisch, und einer erzählt dem anderen seinen Kummer. In der Kneipe darfst du ehrlich sein, packst nach ein paar Bieren deine Angst auf den Tisch. Dir wird zugehört, es gilt das Gesetz der Zeitlosigkeit. Die Zeit bleibt einfach stehen, und morgen kannst du auf die Verschwiegenheit des anderen rechnen. Nie wird er dich erinnern, was du gesagt hast, nie wirst du eine Anspielung machen. Freilich, mit dem Professor wird Karl nicht das letzte Mal geredet haben, dessen ist er sich gewiß.

Zwei Treppen hat Karl geschafft, die Hälfte, und es dreht sich ihm im Kopf. Er muß eine Pause machen, ist nichts Gutes mehr gewöhnt, wie man so sagt.

Siehste, hatte der Professor seine Rede begonnen: Als ich so alt war, wie du jetzt bist, ach Scheiße, unterbrach er sich selbst: Das ist ja genau einer der Sätze, die ich nie hören konnte! Also, ich bin auch verheiratet gewesen, mit allem Zubehör. Wohnung, Kind. Bevor ich zum Schreiben kam, war es Nacht. Da war in der Wohnung zu putzen, das Kind brauchte seine Ordnung, die Frau wollte was von mir. Am Ende kam ich mir vor wie eingesperrt. Da bin ich abgehauen. Ich wollte da 'raus, Ruhe, eine Wohnung für mich, wo es scheißegal war, ob Gardinen an den Fenstern hingen oder nicht, gewaschen oder dreckig. An keine Zeit gebunden sein, Mittagessen um vier, Abwaschen zweimal im Monat. Das ging sehr gut. Ich konnte schreiben, war mein eigener Herr, und eine Frau zum Schlafen ließ sich allemal finden, wenn mir's so war. Alle Leute fanden, daß es mir gut ginge. Alle haben meine Frau bedauert, die nun allein war. Kein Mensch hat daran gedacht, daß wir uns, wäre ich geblieben, das Leben zur Hölle gemacht hätten, geprügelt vielleicht, oder tagelang nicht geredet miteinander, jeder verbittert wegen des anderen. Einer zahlt immer drauf. – Ja, da bist du also glücklich und besäufst dich aus lauter Lebensfreude? – Nee, da ist ja der Haken: So, wie ich lebe, muß ich leben, aber ich kann es nicht. Ich brauche das Alleinsein und halte es doch nicht aus, renne wie ein Tiger durch meine Wohnung. Mit einemmal sehe ich die drekkigen Fenster, den Schmutz auf dem Fußboden, die unordentlichen Bücherstapel. In der Küche stinkt's nach vergammelten Lebensmitteln. Da reiße ich aus, in die Kneipen, das hilft. Ich trink' mir die Blonde schön, geh mit ihr mit, nur, daß ich nicht nach Hause muß. – Und weiter? – Es vergeht, wenn du das meinst. Es geht immer so weiter …

Nach so einem Tag, einer Nacht, kann ich wieder eine Weile arbeiten. Da trinke ich fast nichts. Bis zum nächsten Mal. – Hättest du nicht wieder eine Frau finden können, eine, die dir viel Zeit läßt, die es akzeptiert? – Das Wort ging Karl schwer über die Lippen. Silbe für Silbe. Der Schnaps tut sein Werk. – Möglich, antwortete der Professor, vielleicht. Aber je mehr Zeit vergangen ist, um so schwieriger ist das. Du hast keinen Mut mehr, es zu versuchen. – Sie schwiegen eine Weile, tranken ihre Gläser aus, bestellten neu. – Ich werde bei Klara wohnen bleiben, sagte Karl endlich. – Mit Julie im Kopf, hetzte der Professor. – Vorbei, sagte Karl, wirklich vorbei. – Es ist merkwürdig, sagte der Professor kichernd, Männer und Frauen kommen zusammen und laufen voreinander davon. Das Patriarchat ist abgeschafft, und an seine Stelle tritt das schöne Wort Gleichberechtigung. Männer und Frauen stehen staunend wie die Kinder vorm Christbaum, angesichts der Freiheit, freundlich miteinander umzugehen. Es ist ihnen nicht gegeben, scheint's. – Karl folgte der Rede des Professors staunend und verzweifelt zugleich: Der Professor sprach laut und gestikulierte dabei, baute Sätze, in deren verworrenen Enden Karl sich verlor. – Hierarchische Struktur, sagte der Professor und: Männliches Prinzip. – Vor Karls Augen verschwamm das Gesicht des Professors zu einem Doppelbild. Karl kniff ein Auge zu. – Glaubste wohl nicht, dröhnte der Professor. – Doch, versicherte Karl. – Soviel bekam er mit: Er soll es mit Klara versuchen. Obwohl es eigentlich nicht geht. – Verstehste das? – Karl darauf: Wir sind übereingekommen, daß wir uns nichts vormachen wollen. – Karl war stolz darauf, wie gut er den Satz herausbekommen hatte. – So, kicherte der Professor, übereingekommen seid ihr, so nennt man es jetzt. Nun ja. Hauptsache, du machst der Klara keinen Ärger, immerhin kenne ich sie länger als dich. Schon als Kind hab' ich sie gekannt, daß du es weißt! – Ich werde ein Bett für uns bauen, sagte Karl unvermittelt, womöglich, um den Professor von seiner Redlichkeit zu überzeugen, wer weiß. Auch Karl weiß es nicht mehr, jetzt, da er den Flur betritt, einen Moment stehen bleibt, um Luft zu holen, Standfestigkeit zu üben. – Ein Bett, hatte der Professor gefragt, ein Bett baust du? – Karl bejahte. Erzählte von den Regalen, die er in M. gebaut hatte: So was macht mir Spaß. – Oh, sagte der Professor, da würde er aber hellhörig, Regale! Da wäre bei ihm zu tun, unbedingt, und ein Meterchen Holz ließe sich wohl finden!

Erst machen sie einen zum Buchhalter, und dann sollst du auch noch tischlern bei den Leuten. Ein bißchen viel Perspektiven an einem Tag, denkt Karl. Er wird es morgen überlegen, mit Klara besprechen, aber erst mal überschlafen. Schlafen muß er jetzt. – Karl geht durch die Küche, ins Zimmer. Da sitzt Klara am Tisch, den Kopf auf die verschränkten Arme gelegt. Karl braucht einen Augenblick, bevor er's in den trunkenen Schädel bekommt: Klara weint. Er steht da und weiß nicht, was er tun soll. Zögernd geht er schließlich auf Klara zu, sie sieht nicht hoch: Ist was passiert, fragt er töricht. Legt Klara die Hand auf die Schulter, kommt ins Schleudern bei dieser Bewegung, verliert das Gleichgewicht. – Ich hab' ein bißchen viel getrunken, mit dem Professor. Er läßt dich grüßen. – Karls Mühe, die Worte deutlich zu artikulieren, verrät ihn: Du bist besoffen, sagt Klara endlich, und ich sitze hier und warte. – Aber Klara, sagt Karl. Mehr fällt ihm nicht ein. – Du bist ein Idiot, Karl Groß. – Das ist das letzte, was Karl an diesem Tag von Klara hört. Wortlos geht sie zu Bett, rückt ganz dicht an die Wand, daß Karl viel mehr Platz hat, als er braucht. – Da ist er also, der erste Streit. Mit diesem Gedanken schläft Karl ein.

Der Tag des Sommerfestes ist ein Samstag Ende Juli. Schon vormittags war es drückend schwül gewesen, Wolken zogen auf, ein Gewitter kam und verging, der Regen aber blieb. Aus dem heftigen Gewitterguß war ein gleichmäßiger, anhaltender Regen geworden.

Karl und Klara gehen nebeneinander dem Haus der Geldners zu. Es ist kühl geworden, Klara friert, sie hat keine Strümpfe anziehen wollen: Wozu Strümpfe im Hochsommer, hat sie gesagt. – Karl hat seinen Arm um Klaras Schultern gelegt. Wenn Julie uns so kommen sieht, denkt Karl, und der Gedanke ist ihm ein bißchen peinlich.

Das Haus der Geldners erweist sich als massive, zweigeschossige Villa, ein wenig zurückgesetzt, davor Rasen und Nadelgehölze. Rasch gehen sie auf den Eingang zu, Karl zieht sein verletztes Bein kaum sichtbar noch nach.

An der Tür begrüßt sie der Hausherr, strahlend, trotz des Wetters: Ein schönes Wetter haben Sie da mitgebracht! – Das sagt er sicher jedem, denkt Karl. – Nun aber 'rein in die gute Stube, in den Garten würden sie ja wohl nicht gehen mögen. Schade, draußen wäre es natürlich noch schöner gewesen, aber was soll man machen ... – Jetzt kommt auch Julie, sie begrüßen sich, Karl holt die mitgebrachte Kleinigkeit, wie er sagt, aus einer Plastiktüte. – Aber sie hätten doch keine Geschenke mitbringen sollen, so war es doch ausgemacht. – Karl und Klara beteuern nochmals, es sei nichts als eine kleine Aufmerksamkeit. – Ein Kochbuch, wie reizend, stellt Geldner fest. – Julie sagt fast nichts, läßt ihren Mann reden. Sie sieht aus, wie Karl sie in Erinnerung hat, und doch fremd. Ob es das Kleid ist, denkt Karl, ein Kleid von dieser nachlässigen Eleganz muß ein Vermögen gekostet haben. – Karl und Klara werden herumgeführt, vorgestellt. Etliche bekannte Künstler sind unter den Gästen, alle Künste scheinen paritätisch vertreten zu sein. Die Damen und Herren geben sich locker, Karl und Klara sind Freunde der Frau Gemahlin, aha, und die Freunde seiner Frau, sagt Geldner, seien auch seine Freunde.

Karl und Klara sehen sich die Zimmer an. Es sind große Räume, die Decken geziert mit Ornamenten im Jugendstil. Schwere, dunkle Möbel in allen Räumen. – Gefällt es Ihnen, fragt Geldner. – Ja, sagt Karl. – Und Klara ergänzt, es sei wunderschön. – Auf dem Flügel steht ein großer Strauß exotischer Blumen. Die hat Herr Brüschke geschickt, erfährt Karl von Geldner, der Karls Blick gefolgt ist. – Haben sicher sehr viel Geld gekostet? – Der Hausherr bestätigt es. – Da muß es ihm ja gut gehen, sagt Klara. – Geldner verabschiedet sich von Karl und Klara. Neue Gäste sind zu begrüßen, Karl und Klara sollen sich amüsieren, das Getränkebüfett hätten sie ja wohl gesehen, auch sei auf der Terrasse inzwischen der Grill in Gang gesetzt, und keine Angst, die Terrasse sei überdacht.

Später sitzen Karl und Klara auf einem geschwungenen Sofa, sie haben sich eine Flasche Wein und Gläser mitgenommen. Schweigend sehen sie dem Fest zu. Sie haben verschiedene Fleischsorten vom Grill probiert, es hat ihnen vorzüglich geschmeckt, auch die Salate aller Art, die dazu gereicht wurden. Jetzt wird getanzt zu internationaler Musik, die seine Diskothek böte. So hat sich der Mann am Mikrophon ausgedrückt.

Klara ist ein paarmal zum Tanz aufgefordert worden. Karl tanzt nicht. Er hat es nie gelernt. Karl langweilt sich, er kennt keinen der Gäste. Julie hat sich den ganzen Abend lang nur von weitem sehen lassen. – Wenn sie nicht herkommt, denkt Karl, ich gehe auch nicht hin. – Je ausgelassener das Fest wird, desto stiller werden Karl und Klara. Klaras letzter Tänzer, irgendein Regisseur oder Kameramann, was weiß denn Klara, was weiß denn Karl, hat Klara zu einem Spaziergang in den Garten überreden wollen: Wunderschöne Skulpturen hätte der Geldner dort stehen, sehr anregend. – Klara hatte abgelehnt. Wenig später sahen sie den Mann mit einer blonden, nicht mehr ganz jungen Frau im Garten verschwinden.

Unbemerkt mußte der Professor hereingekommen sein, plötzlich steht er da: Hallo, sagt er zu Klara und Karl, tolle Stimmung hier, wie? – Geldner eilt mit einem Glas Sekt herbei: Ein Dichter in unserer Mitte, wie schön! – Nee danke, sagt der Professor zu dem angebotenen Glas, schaut den Geldner gar nicht richtig an: Ich hab' mir selbst was mitgebracht. Von eurem Edelschnaps kriege ich Kopfschmerzen. – Spricht's und zieht eine Flasche billigsten Fusels aus dem Jackett, Cottbuser Klaren. – Aber bitte, sagt Geldner, wie Sie meinen. – Als er weg ist, fängt der Professor zu lachen an, er kann gar nicht wieder aufhören, es schüttelt ihn so, daß Karl und Klara mitlachen müssen. Endlich beruhigen sie sich, der Professor hat vom Lachen den Schluckauf bekommen. Er öffnet die Flasche: zu dritt, der Reihe nach trinken sie daraus. – Anders hältst du es hier nicht aus, sagt der Professor, ich hab' da meine Erfahrungen. –

Allmählich leeren sie die Flasche. – Was ist, sagt der Professor, baust du mir die Regale? – Ja, sagt Karl, am Montag komme ich zu dir, nach der Arbeit. – So, es geht also wieder los. – Ja, nun geht es los. – Oder geht es weiter? Hat Karl eine Zeit der Unrast gebraucht, bis er nun Buchhalter ist und Frau hat und Kind. Ist er am Ende der alte geblieben?

Die Gesellschaft beginnt sich aufzulösen. Taxi auf Taxi fährt vor. Ein einziges Paar tanzt noch, den letzten Walzer, diskret weist der Herr von der Diskothek darauf hin. Da sieht Karl Julie in den Garten gehen, er sieht Klara an, sie lächelt. Karl steht auf, geht Julie nach. Sturm ist aufgekommen. Woher kommt dieser Sturm? Statuen stürzen. Karl sieht Julie davongehen, hört einen Namen rufen. Geldner ist es, der neben Karl getreten ist. – Wo gehst du hin, ruft Geldner, läuft ihr nach. – Julie, sagt Karl, geht zurück ins Haus. – Gehen wir, fragt der Professor, er hat eine Flasche Kognak vom Büfett geholt: Für den Weg, sagt er. Wer weiß, wann wir heimkommen. – So gehen sie.

Mitteldeutscher Verlag Halle · Leipzig

Konrad Potthoff
Rückkehr aus der Wüste oder Der Siebentagering

Roman
288 Seiten, Leinen
Best.-Nr.: 639 220 6

Thomas Tänzer, 30, kehrt aus Algerien zurück und muß erkennen: Die zwei Jahre Arbeit in der Ferne, im exotischen Wüstenland hinterm Mittelmeer haben ihn nicht vor seinen Problemen bewahrt. Im Gegenteil: Nun sieht er sich doppelt und dreifach in Konflikte gestellt. Sein Vater, den er lange gemieden hat, liegt im Sterben, das Kind der mittlerweile von ihm geschiedenen Frau hat sich ihm völlig entfremdet, dafür hat die Frau, deren Ehe in Algerien zerbrach, ihm eine Tochter geboren, aber verschwiegen . . . Potthoff erzählt von der Bestandsaufnahme eines jungen Mannes, von den ersten sieben Tagen einer Rückkehr, in denen er zwischen farbiger Erinnerung und bedrängender Gegenwart seine raschen Entscheidungen zu treffen hat.

Leseprobe:

Etwas ist geschehen.

Die ganze Zeit über ist Thomas schon unruhig gewesen, aber er hat sich nicht erklären können, warum. Natürlich, er fliegt nicht gern. Er mag nur den Start, wenn die Maschine zitternd und bebend gegen die Bremsen ankämpft, um dann loszuschnellen . . . Nein, etwas anderes, Außergewöhnliches muß geschehen sein. Etwas, das seinem Unbehagen einen Sinn gibt.

Der Klang der Triebwerke hat sich nicht verändert, er ist so monoton wie zuvor.

Schaut Thomas zum Fenster hinüber, ist der Himmel noch immer zum Anfassen nah und hat nichts Verheißungsvolles an sich. Schwarz und kalt beginnt er nur wenige Meter über dem Flugzeug.

Thomas beugt sich über den leeren Sitz neben sich, um nach unten sehen zu können. Noch vor wenigen Minuten haben sie Sizilien überflogen, nun müssen sie eigentlich wieder über dem Mittelmeer sein, seine Oberfläche ist im Dunst nur zu ahnen.

Und da erschrickt Thomas.

Nichts ist von der ruhigen, nur von weißen Schiffsspuren durchschnittenen, dunstigen Bläue zu entdecken. Stattdessen wälzen sich graugelbe Wellen unter ihm dahin. Wie ein riesiges Tuch im Wind.

Das kann nur Sand sein!

Aber ein Sandsturm über dem Meer in dieser Stärke? Angestrengt starrt er nach unten. Und plötzlich erkennt er zu seinem Entsetzen die rauchenden Kämme riesiger Sicheldünen. Und am Horizont die Gipfel von Zeugenbergen – wie Inseln in einem sturmgepeitschten Ozean sehen sie aus.

Sie fliegen über die Wüste.

Thomas will aufstehen, schreien: Das ist die falsche

Richtung! Doch er ist wie gelähmt. Was soll er hier? Er will nach Hause! Er ist vorhin in die Maschine gestiegen, um dieses Land für immer zu verlassen. Er will nichts davon mehr sehen, schon gar nicht die Wüste.

Und nun? Vielleicht ist er ins falsche Flugzeug gestiegen.

Er blickt zur Seite, wo eben noch ein Kollege von ihm gesessen hat. Aber Rolf ist verschwunden. Dafür sind neue Passagiere an Bord. Still sitzen sie auf Fensterplätzen und schauen nach unten. Und alle kommen ihm bekannt vor, obwohl ihre Gesichter in dem seltsamen Licht nur schwer zu erkennen sind. Sitzen dort nicht Doris, Sabine, Mohammed, die Eltern . . .

Hört mich an, ich will nach Hause . . . ich verspreche es, alles wird anders werden!

Inzwischen ist der Sandsturm abgezogen. Fremde, sich scharf abzeichnende Konturen bis hin zum Horizont. Das Flugzeug ist wie ein Funke über der Schwärze eines erloschenen Feuers. Unerbittlich trägt es Thomas in die Wüste zurück.

Als Thomas erwacht, ist er schweißgebadet und atmet schwer. Verwirrt schaut er um sich und dann rasch aus dem Fenster. Beruhigt lehnt er sich schließlich zurück, sie fliegen über dem Mittelmeer.

Rolf, sein ehemaliger Kollege, sieht ihn von der anderen Seite des Ganges fragend an. Er fliegt noch weniger gern als Thomas. Doch Thomas beachtet ihn nicht. Sie haben sich nichts mehr zu sagen.

Für Thomas Tänzer ist Algerien Vergangenheit, endgültig.

Wäre das nicht der Fall, säßen er und Rolf sicher nebeneinander und hätten sich auch unterhalten. Auf der Farm ist wenig Platz gewesen, und man hat miteinander auskommen müssen – doch das ist nun vorbei.

Andere Kollegen sind Thomas weniger gleichgültig gewesen, mit manchen war er befreundet. Mit Gustav zum Beispiel und natürlich mit Doris ... Doch das ist schon lange her, Gustav und Doris sind seit Monaten wieder in der Heimat.

Im hinteren Teil der Maschine singen Algerier. Nachher, wenn das Flugzeug gelandet sein wird, werden sie laut rufend Allah danken, daß er sie beschützt hat. So einfach kann das sein.

Die Stewardeß kommt und fragt nach Wünschen. Thomas verlangt Bier, Rolf auch. Sie bekommen beide keins mehr. Rolf stöhnt, holt seinen Flachmann hervor und trinkt. Sonst braucht er ihn nur, wenn die Maschine Kurven fliegt oder in Luftlöcher gerät.

Thomas ahnt, weshalb Rolf gerade jetzt einen Schluck benötigt. Auch er hat die Formen des Mädchens bewundert und leicht beschämt bemerkt, daß er sie nicht einfach nur ansah, sondern anzustarren begann.

Er und Rolf haben auf der Farm als »Junggesellen« gegolten, wobei Thomas' Status nie ganz eindeutig gewesen ist. Im ersten Jahr war er ja noch verheiratet, und Sabine sollte mit dem Sohn nachkommen, und dann passierte die Sache mit Doris ... Die bewirkte immerhin, daß bei Thomas nicht die ungesunden Symptome verdrängter Männlichkeit auftraten.

Rolf dagegen ist die zweijährige, fast vollständige sexuelle Enthaltsamkeit am meisten zu Kopf gestiegen. Er hat an nichts anderes mehr denken können. Aber auch seine Enthaltsamkeit ist nicht vollkommen gewesen. Mindestens einmal ist er ins Bordell gegangen, Thomas weiß das, er hat ihn begleitet. Und auch von der sowjetischen Dolmetscherin weiß Thomas, schließlich war er der Kraftfahrer der Brigade, er kam herum ...

Vor etwa drei Monaten ist es gewesen. Thomas hatte im Ort eingekauft und an der geschlossenen Schranke auf den Zug warten müssen. Und da brachten die sowjetischen Kollegen Rolf angeschleppt. Thomas ahnte, was geschehen war, hütete sich aber, irgendwelche Kommentare abzugeben. Er ließ den ganzen Trupp einsteigen, und als die Schranke sich hob, fuhr er sie alle zur Farm, damit sie mit Napoleon, dem Brigadeleiter, ihr Problem debattieren konnten.

Später erfuhr Thomas, was geschehen war.

Mit verschämten Blicken auf dem Basar hatte es begonnen. Und es hatte nur einen einzigen Höhepunkt gegeben, doch Rolf wird ihn sicher nicht als solchen betrachtet haben. Zwar griff man ihn in der Nähe des Bettes des Mädchens auf, doch zu Rolfs Leidwesen auf dem Hinweg, nicht auf dem Rückweg.

Während der Fahrt zur Farm war Thomas noch bereit zu glauben, daß es nun einen mächtigen Skandal gab. Doch die Angelegenheit wurde mit dem Mantel der deutsch-sowjetischen Freundschaft zugedeckt. Rolf allerdings war um eine Erfahrung reicher: Ideologische Freundschaft schließt die sexuelle nicht unbedingt ein – besonders dann, wenn in beiden Brigaden die Frauen, besonders die unverheirateten, in der Minderzahl sind.

Es existiert noch ein anderer Grund, weshalb Thomas sich so gut an den Morgen an der Schranke erinnert. Dort im Schatten der Eukalyptusbäume hat er nämlich über sein Verhältnis zu seinem Vater nachgedacht und einen wichtigen Entschluß gefaßt. Gerade rechtzeitig, bevor die empörten sowjetischen Kollegen an die Windschutzscheibe klopften . . .